CW01082536

Kontinuitäten und Brüche

Studien des Forschungsverbundes SED-Staat an der Freien Universität Berlin

Herausgegeben von Klaus Schroeder
und Jochen Staadt

Band 27

Zu Qualitätssicherung und Peer Review der vorliegenden Publikation

Die Qualität der in dieser Reihe erscheinenden Arbeiten wird vor der Publikation durch beide Herausgeber der Reihe geprüft.

Notes on the quality assurance and peer review of this publication

Prior to publication, the quality of the work published in this series is reviewed by both editors of the series.

Matthias Dornfeldt / Enrico Seewald (Hrsg.)

Kontinuitäten und Brüche

Albanien und die deutschen Staaten 1912–2019

PETER LANG

Bibliografische Information der Deutschen Nationalbibliothek
Die Deutsche Nationalbibliothek verzeichnet diese Publikation
in der Deutschen Nationalbibliografie; detaillierte bibliografische
Daten sind im Internet über http://dnb.d-nb.de abrufbar.

Covergestaltung: Jochen Staadt

Foto Rückseite: Bundeskanzlerin Angela Merkel im Gespräch
mit dem albanischen Ministerpräsidenten Edi Rama in
dessen Amtssitz in Tirana am 8. Juli 2015.
Foto: Bundesbildstelle B 145 Bild-00336217
Fotograf: Jesco Denzel

Gedruckt mit Unterstützung der Deutsch-Albanischen
Wirtschaftsgesellschaft e.V.

Gedruckt auf alterungsbeständigem, säurefreiem Papier.
Druck und Bindung: CPI books GmbH, Leck

ISSN 0946-9052
ISBN 978-3-631-79632-0 (Print)
E-ISBN 978-3-631-79935-2 (E-PDF)
E-ISBN 978-3-631-79936-9 (EPUB)
E-ISBN 978-3-631-79937-6 (MOBI)
DOI 10.3726/b16031

© Peter Lang GmbH
Internationaler Verlag der Wissenschaften
Berlin 2019
Alle Rechte vorbehalten.

Peter Lang – Berlin · Bern · Bruxelles · New York ·
Oxford · Warszawa · Wien

Das Werk einschließlich aller seiner Teile ist urheberrechtlich
geschützt. Jede Verwertung außerhalb der engen Grenzen des
Urheberrechtsgesetzes ist ohne Zustimmung des Verlages
unzulässig und strafbar. Das gilt insbesondere für
Vervielfältigungen, Übersetzungen, Mikroverfilmungen und die
Einspeicherung und Verarbeitung in elektronischen Systemen.

Diese Publikation wurde begutachtet.

www.peterlang.com

Inhaltsverzeichnis

Vorwort

Für die meisten Deutschen ist Albanien noch immer ein unbekanntes Land. Trotz steigender Touristenzahlen, allerdings von niedrigem Niveau, und trotz neuer Reiselektüre, bleibt das Land in all seiner Vielfalt terra incognita.

Wissenschaftliche Literatur über Albanien ist selten, zumal über die Vorkriegsgeschichte und die Zeit der kommunistischen Diktatur. Das vorliegende Buch, das die Deutsch-Albanische Wirtschaftsgesellschaft e.V. begrüßt und fördert, ist deshalb so wertvoll, weil es uns den politischen Rahmen eines Jahrhunderts aufzeigt, in dem wirtschaftliches Handeln und damit der immer wieder neue Aufbau bilateraler Wirtschaftsbeziehungen, stattfand. Die Herausgeber Matthias Dornfeldt und Enrico Seewald haben mit ihren Beiträgen zu den diplomatischen Beziehungen zwischen Deutschland und Albanien schon wertvolle Vorarbeit geleistet.

Heute steht Albanien in einem marktwirtschaftlich geprägten Wirtschaftssystem mit einer über die Assoziierung hinausreichenden immer engeren Anbindung an die Europäische Union. Albanien wird bald die offizielle Aufnahme von Beitrittsverhandlungen mit der EU begrüßen können. Diese positiven Entwicklungen sind durch die starke Entwicklungshilfe Deutschlands als wichtigstem Geberland für Albanien angestoßen worden. Dadurch konnten Wirtschaftswachstum und Außenhandelsverflechtungen gesteigert werden. Leider hat die Entwicklung der Privatwirtschaft und der privaten Investitionen bisher nicht dieselbe Aufmerksamkeit gefunden, so dass die Privatwirtschaft nicht ihre in einer Markwirtschaft übliche Rolle als Wachstumsmotor spielen kann. – Auch hier gibt das vorliegende Buch historische Einblicke und Rückblicke.

Natürlich gab es auch in der Zeit der kommunistischen Diktatur Wirtschaftsbeziehungen Albaniens nicht nur zur DDR sondern auch zu bundesrepublikanischen Unternehmen. Albanien hatte in dieser Zeit – ähnlich wie alle kommunistischen Wirtschaftssysteme – den Außenhandel mangels Devisen nur im Rahmen von Gegengeschäften zugelassen. Ware gegen Ware – Countertrade – war die Vorschrift. Für Unternehmen aus dem Westen waren – neben den schwierigen Reisemöglichkeiten und Visumserteilungen – vor allem das Auffinden albanischer Ware mit Vermarktungspotential im Westen überaus kompliziert. Gegenware wurde noch am ehesten in den Branchen des Bergbaus und der landwirtschaftlichen Produktion gefunden; Produktionssektoren, die auch heute noch unverändert interessant sind. Auf dieser Gegengeschäftsbasis wurde ein bescheidenes Außenhandelsvolumen auch in kommunistischer Zeit zwischen der Bundesrepublik Deutschland und Albanien abgewickelt. Nicht verschwiegen werden darf dabei, dass für die albanische Staatsführung benötigte Güter wie Pharmaprodukte aus knappen westlichen Devisen in bar bezahlt wurden. Auch die wenigen Autos der Parteielite dürften kaum über Gegengeschäfte nach Albanien gekommen sein.

Die Aufarbeitung der kommunistischen Vergangenheit ist ein sehr wichtiger Bestandteil dieses Buches. Ohne Aufarbeitung kein Bruch mit der Vergangenheit und kein Aufbruch in eine freiheitliche Wirtschafts- und Gesellschaftsordnung. Würde dieses Buch eines Tages um eine Studie zu den deutsch – albanischen Wirtschaftsbeziehungen ergänzt werden, ergäbe sich ein wünschenswert noch vollständigerer Überblick über die Interdependenz von politisch – geschichtlichen Rahmenbedingungen und den daraus resultierenden ökonomischen Beziehungen.

Hans-Jürgen Müller
Präsident der Deutsch – Albanischen Wirtschaftsgesellschaft e.V.

Einleitung

Für ein deutsches Lexikon war Albanien 1908 „das wildeste, unzivilisierteste und unbekannteste Land Europas.“ Bald darauf entwickelte sich dieses Land zu einem international anerkannten Staat. Er nahm amtliche Beziehungen zu vielen Ländern auf, auch zu Deutschland. Der Besetzung Albaniens durch fremde Truppen im Zweiten Weltkrieg folgte eine fast fünfzigjährige kommunistische Diktatur. Seit deren Überwindung befindet sich Albanien auf dem Weg in die Gemeinschaft europäischer Staaten, in die es eigentlich schon vor hundert Jahren eingegliedert werden sollte.

Die amtlichen Beziehungen Albaniens zu Deutschland begannen ebenfalls vor etwa hundert Jahren. Paskal Milo hat diese lange Periode auf der Basis albanischer archivalischer Überlieferungen aufgearbeitet und in albanischer Sprache dargestellt. Eine deutsche Gesamtübersetzung seines Werkes existiert nicht, ebensowenig eine deutschsprachige Gesamtdarstellung zu den bilateralen Beziehungen. Delina Binaj hat ein Kapitel der Studie von Paskal Milo für unser Buch übersetzt. Die Herausgeber dieses Sammelbandes konnten ihre Forschungen dazu in der Zeitschrift für Balkanologie und in einer von der Deutschen Botschaft Tirana herausgegebenen zweisprachigen Broschüre publizieren. Marenglen Kasmi hat seinen ebenfalls in der Zeitschrift für Balkanologie erschienenen Beitrag für dieses Buch überarbeitet. Das Buch von Michael Schmidt-Neke über die albanische Königsdiktatur ist eines der wenigen Standardwerke zur albanischen Geschichte in deutscher Sprache. In unserem Band schildert er die deutsche Besatzungszeit nach den Erinnerungen einiger Militärs. Georg Herbstritt widmet seinen Beitrag der Kooperation der Geheimdienste Albaniens und der DDR. Die Kontaktaufnahme deutscher Unternehmer zu Albanien schildert Peter Spary, der Mitbegründer der Deutsch-Albanischen Wirtschaftsgesellschaft. Den letzten, aber vielleicht lebendigsten Beitrag bringt Hellmut Hoffmann, der seine Zeit als deutscher Botschafter in Tirana in den Jahren 2013 bis 2016 in positiver Erinnerung behalten hat. Unser Buch endet mit dem Schlusswort der jetzigen Botschafterin Susanne Schütz. Sie schildert die weiteren Schritte Albaniens auf dem Weg in die Europäische Union. Hilfe und Unterstützung dabei leistet die Deutsch-Albanische Wirtschaftsgesellschaft, die durch substanzielle Zuwendungen den Druck dieses Buches fördert.

Das vorliegende Werk ist in enger Abstimmung mit der albanischen Botschaft in Berlin und der deutschen Botschaft in Tirana erarbeitet worden. Der Botschafter der Republik Kosovo in Deutschland, Skender Xhakaliu, hat die

Übersetzung des Kapitels aus dem Buch von Paskal Milo finanziert und der Forschungsverbund SED-Staat an der Freien Universität Berlin hat diesen Sammelband in seine Schriftenreihe aufgenommen. Dafür sind die Herausgeber sehr dankbar.

Nach dem Bericht des westdeutschen Botschafters Friedrich Kroneck über die „Politische Lage der Sozialistischen Volksrepublik Albanien" vom 18. Dezember 1989 habe Albanien nach dem Zweiten Weltkrieg in erstaunlicher Weise seine Unabhängigkeit gewahrt, dafür aber den hohen Preis der Armut bezahlt. „Die sich in Europa abzeichnenden Umwälzungen werden auch Albanien nicht unberührt lassen. So oder so wird sich das Land den neuen Entwicklungen anpassen müssen und diese Anpassung wird von ihm eine enorme ... Flexibilität verlangen, wenn es seinen Platz im 21. Jahrhundert finden und nicht wegen Zuspätkommens bestraft werden will. [...] Es wäre tragisch, wenn dieses zwar verschlossene, rückständige und mißtrauische, im Grunde aber freundliche, ehrliche und liebenswerte Volk [...] unter die zu kurz Gekommenen der Geschichte fallen würde." Es fiel nicht unter die zu kurz Gekommenen der Geschichte. In dem Vierteljahrhundert seit dem Ende der kommunistischen Diktatur hat Albanien eine beeindruckende Entwicklung genommen; möge es bald seinen Platz in der Europäischen Union einnehmen.

Berlin, im Frühjahr 2019
MATTHIAS DORNFELDT, ENRICO SEEWALD

Marenglen Kasmi

Die deutsch-albanischen Beziehungen 1912–1939[1]

Bis in die 1980er Jahre war Albanien das einzige europäische Land und eines der wenigen Länder der Welt, mit denen die Bundesrepublik Deutschland keine diplomatischen Beziehungen pflegte. Die Verhandlungen über deren Aufnahme begannen im April 1984 und endeten im Herbst 1987 mit der Errichtung der Botschaften in Bonn und Tirana. „Spät kamen Sie, doch sie kamen – bundesdeutsche Diplomaten nach Albanien", schrieb Wolf Oschlies in seiner Studie über Albanien, in der er den jüngsten diplomatischen Partner Westdeutschlands vorstellte.[2] Aber wodurch waren die deutsch-albanischen Beziehungen vom Beginn des 20. Jahrhunderts bis zum Ende der 1930er Jahre bzw. bis zur italienischen Okkupation Albaniens gekennzeichnet?

In einer Gesamtbewertung, einschließlich der Zeit des Zweiten Weltkrieges, können die deutsch-albanischen Beziehungen in drei Perioden eingeteilt werden.

Die erste Phase dauerte von 1900 bis zum Ersten Weltkrieg. In dieser Zeitspanne unterstützte die deutsche Politik die außenpolitischen Interessen Österreich-Ungarns in Albanien. Allerdings zögerten Kaiser Wilhelm II. und seine Regierung in kritischen Momenten nicht, gegen österreichische Interessen zu entscheiden, um das Gleichgewicht zwischen den europäischen Mächten aufrechtzuerhalten.

Die Zeit zwischen den Weltkriegen bildete eine zweite Periode, in der die deutsch-albanischen Beziehungen durch die zunehmende politische, wirtschaftliche und militärische Einmischung Italiens in Albanien gekennzeichnet waren. Seit Anfang der zwanziger Jahre, lange Zeit bevor von einer Teilung der Einflusssphären auf dem Balkan zwischen Hitler und Mussolini die Rede sein kann, zielte die deutsche Albanienpolitik darauf ab, eine Kollision zwischen der Tätigkeit

---

1 Der überarbeitete Beitrag wurde zuerst 2013 in der Zeitschrift für Balkanologie ZfB 49 (2013) 1 veröffentlicht.

2 Vgl. Oschlies, Wolf: Bonns neuer Partner in Europas „Wetterecke". Zur Aufnahme diplomatischer Beziehungen Albanien – Bundesrepublik Deutschland. (= Berichte des Bundesinstituts für ostwissenschaftliche und internationale Studien 43), Köln 1987, S. 1.

deutscher Unternehmen und italienischen Interessen zu verhindern. Vor diesem Hintergrund lässt sich in den Grundzügen der deutschen Außenpolitik dieser Phase eine ältere Kontinuität politischen Desinteresses an Albanien feststellen – angefangen vom Berliner Kongress 1878 über die Londoner Botschafterkonferenz 1912–1913 bis in die Jahre 1920–1930. Das beste Beispiel hierfür ist die Debatte im Reichstag vom 14. Mai 1914 über den Etat des Auswärtigen Amtes. Der deutsche Prinz Wilhelm zu Wied herrschte zu diesem Zeitpunkt schon seit über zwei Monaten in Albanien. Der sozialdemokratische Abgeordnete Hermann Wendel meinte dazu, der Prinz habe sich dort „als Privatmann in ein Privatabenteuer gestürzt; denn für das deutsche Volk in seiner Gesamtheit ist es viel wichtiger, ob nächsten Sonntag gutes Wetter ist, als was mit Albanien samt seinem Mbret [albanisch für König] da unten geschieht. (Heiterkeit.)“[3]

In den frühen 1920er Jahren entstand in deutschen Wirtschaftskreisen im Gegensatz zur Politik ein gewisses Interesse an Albanien. Jedoch ging die Aktivität der deutschen Unternehmen in Albanien im Laufe der Jahre aufgrund der italienischen Konkurrenz zurück.

Obwohl das Dritte Reich die italienische Annexion Albaniens 1939 anerkannt hatte, war Hitler aufgrund wichtiger strategischer Überlegungen bereit, ein Abkommen auf Kosten Italiens bzw. Albaniens mit Griechenland zu schließen. Als der italienisch-griechische Krieg 1940–1941 ins Stocken geriet, versuchte Admiral Wilhelm Canaris auf Hitlers Befehl im Dezember 1940 mit dem griechischen Gesandten in Madrid eine Vereinbarung zu treffen. Das Deutsche Reich wollte Truppen nach Albanien entsenden und zur Beendigung des italienisch-griechischen Krieges beitragen. Anschließend hätte Griechenland alle eroberten albanischen Gebiete in Südalbanien erhalten, falls die griechische Regierung die Neutralität Griechenlands erklärt und die Präsenz der englischen Marine in griechischen Gewässern nicht mehr geduldet hätte.[4] Jedoch zeigte sich die griechische Regierung unter diesen Bedingungen nicht bereit zum Verhandeln.

Die dritte Periode der deutsch-albanischen Beziehungen stellt schließlich die deutsche Besetzung Albaniens in den Jahren 1943–1944 dar. Sie ist gleichzeitig auch der Höhepunkt der wechselseitigen Beziehungen. Im Gegensatz zu den ersten zwei Perioden ist die 14-monatige deutsche Herrschaft in Albanien durch konkrete politische, wirtschaftliche und militärische Aktionen gekennzeichnet.

---

3 Verhandlungen des Reichstags, Band 295, Stenographische Berichte, S. 8840.

4 Vgl. Schramm v. Thadden, Eleonore: Griechenland und die Großmächte im II. Weltkrieg, Wiesbaden 1955, S. 7.

Die Geschichte deutsch-albanischer Beziehungen mit ihren Besonderheiten und Problematiken ist sowohl in der deutschen als auch in der albanischen Historiographie bisher wenig berücksichtigt worden. Zudem erschweren immer noch vorherrschende stereotype Vorstellungen einen wissenschaftlichen Zugang. Jedoch lassen sich die Beziehungen in der Zeitspanne 1912–1943 anhand der Akten des Politischen Archivs des Auswärtigen Amtes und des Bundesarchivs in Berlin-Lichterfelde gut schildern. Besonders hilfreich war die Überlieferung der Mission in Tirana, die nicht nur Auskunft über die Entstehung der deutsch-albanischen diplomatischen Beziehungen geben, sondern auch über die politischen, wirtschaftlichen und kulturellen Beziehungen Albaniens zu Deutschland und anderen Staaten, vor allem zu Italien und Jugoslawien, berichten. Die spärlichen Akten der albanischen Archive bzw. des Archivs des albanischen Außenministeriums über die deutsch-albanischen Beziehungen helfen das Bild vervollständigen, obwohl eine Auswertung dieses Archivbestandes zu keiner neuen Erkenntnis geführt hat.

Um einen Überblick über die deutsch-albanischen Beziehungen 1912–1939 zu geben, wird in diesem Beitrag zunächst die Rolle des Deutschen Kaiserreichs bei der Gründung des albanischen Staates auf der Botschafterkonferenz 1912–1913 in London beleuchtet. Dies ist insofern wichtig, als die auf der Konferenz verfolgte deutsche „Balancepolitik" wesentliche Auswirkungen auf die Zukunft Albaniens hatte. In einem zweiten Schritt wird die Herrschaft des deutschen Prinzen Wilhelm zu Wied in Albanien im Jahre 1914 beschrieben. Des Weiteren wird kurz die Errichtung der deutschen diplomatischen Vertretung in Albanien im Jahre 1922 geschildert und die Problematik einer albanischen diplomatischen Mission in Berlin ausführlich behandelt. Die Relevanz dieser Betrachtung liegt darin, dass man dabei nicht nur die Funktionsweise der albanischen Verwaltung und die Grundzüge der albanischen Außenpolitik – sowie der deutschen Albanienpolitik – erkennen, sondern auch die schrittweise erfolgten italienischen Vorbereitungen für die Annexion Albaniens nachvollziehen kann. Anschließend werden die deutsch-albanischen wirtschaftlichen Beziehungen und die deutsche sowie die österreichische Kulturpolitik in Albanien analysiert.

Das Deutsche Kaiserreich und die „albanische Frage" auf der Londoner Botschafterkonferenz 1912–1913

Die Londoner Botschaftervereinigung 1912–1913, die auch als Botschafterkonferenz Eingang in die Geschichtsschreibung gefunden hat, gehörte zu den politisch und völkerrechtlich bedeutsamsten Ereignissen Europas in jener Zeit.[5] Die

5 Vgl. Niemeyer, Theodor: Die Londoner Botschaftervereinigung. München 1914, S. 5.

formlose Organisation dieser Besprechungen wurde noch dadurch unterstrichen, dass kein offizielles Protokoll angefertigt wurde und die Teilnehmer einer Schweigepflicht über die Verhandlungen unterlagen. Hanns Christian Löhr stellt mit Recht fest, dass die Besprechungen fast familiären Charakter hatten, da die Botschafter Österreich-Ungarns, Russlands und Deutschlands, nämlich Graf Albert von Mensdorff, Graf Alexander von Benckendorff und Fürst Max Lichnowsky, verwandt waren.[6] An den Sitzungen nahmen außerdem noch der italienische Botschafter Marchese Guglielmo Imperali und der französische Botschafter Jules Cambon teil. Der britische Außenminister Sir Edward Grey führte den Vorsitz in der Konferenz.

Der deutsche Staatssekretär Alfred von Kiderlen-Waechter vom Auswärtigen Amt war zunächst gegen die Einberufung einer gemeinsamen Konferenz der Großmächte mit dem Ziel, eine Lösung der Probleme auf dem Balkan zu finden, denn er hielt den Krieg zwischen dem Balkan-Bund und der Türkei für unabwendbar und wollte dessen Verlauf erst abwarten.[7] Erst als die Balkankriege eskalierten und die serbische Armee in Albanien bis nach Durrës an der Adria vormarschierte, griff Kiderlen-Waechter den Gedanken der Organisation einer gemeinsamen Konferenz wieder auf. Er schlug vor, dass die Großmächte sich auf ein Programm einigen und zwischen den zerstrittenen Parteien vermitteln sollten. In Zentrum dieses Programms stand die Lösung der albanischen Frage bzw. die Anerkennung der Selbständigkeit Albaniens. Des Weiteren sollten Serbien nur Zugeständnisse in Form einer Eisenbahnverbindung zu einem der Adriahäfen gemacht, aber eine neue Grenzziehung zugunsten Serbiens verhindert werden.[8] Diesen beiden Punkten fügte Grey am 21. November 1912 noch einen dritten Punkt hinzu, nämlich die Verhandlung über die Zukunft der türkischen Ägäis-Inseln, die Italien nach dem Ende des Tripolis-Krieges und Griechenland während des ersten Balkankrieges besetzt hatten. Als dieser Vorschlag die Zustimmung aller sechs Mächte fand, schlug Grey offiziell eine Botschafterkonferenz vor.[9]

---

6 Vgl. Löhr, Hanns Christian: Die Gründung Albaniens. Wilhelm zu Wied und die Balkan Diplomatie der Großmächte 1912–1914. Frankfurt am Main 2010, S. 39.

7 Siehe auch: Puto, Arben: Pavarësia shqiptare dhe diplomacia e Fuqive të Mëdha 1912–1914 – Die Unabhängigkeit Albaniens und die Diplomatie der Großmächte 1912–1914. Tiranë 1978, S. 148; Biagini, Antonello: Historia e Shqipërisë nga zanafilla deri në ditët tona – Die Geschichte Albaniens seit der Entstehung bis heute, Tiranë 1998, S. 106–121.

8 Vgl. Löhr, Hanns Christian: Die Gründung Albaniens, S. 40.

9 Vgl. Niemeyer, Theodor: Die Londoner Botschaftervereinigung., S. 5; Löhr, Hanns Christian: Die Gründung Albaniens, S. 41.

Fürst Lichnowsky hatte bezüglich der albanischen Frage genaue Anweisungen erhalten. Er hatte mit den anderen Dreibundkollegen geschlossen zu handeln und sollte sich auch dafür einsetzen, dass Albanien als ein eigenständiger neuer Staat gegründet würde. Die Grenzen Albaniens sollten nach ethnischen und „natürlichen" bzw. geographischen Gegebenheiten bestimmt werden.[10]

Der Verlauf der Verhandlungen zeigte, dass Deutschland bezüglich seiner Position sehr flexibel blieb. Berlin wünschte keinesfalls wegen Österreich-Ungarn einen Krieg mit Russland, das sich für den Balkan-Bund einsetzte. Österreich-Ungarn wiederum setzte sich für ein großes Albanien ein, das in der Lage sein würde, dem Druck der Nachbarstaaten standzuhalten. Die österreichischen politischen Interessen stimmten mit den Forderungen der Albaner überein. Jedoch kann diese Übereinstimmung nicht als eine Art Unterstützung der albanischen Nationalisten gewertet werden. Während die albanischen Nationalisten nach einem großen ethnischen Albanien strebten, ging es Wien eher um die Schaffung eines möglichst großen Pufferstaates auf dem Balkan. Aus diesem Grund wollte Wien auch keinen serbischen Adriahafen. In dieser Hinsicht gab es aber in Berlin immer weniger Verständnis, denn wie bereits erwähnt hatte Kaiser Wilhelm II. kein Interesse, nur wegen „eines serbischen Adriahafens" einen Krieg mit Russland zu führen.[11]

Um den Frieden in Europa nicht zu gefährden, gab die deutsche Politik nach. Die Grenzen dieses neuen Staates sollten angesichts der veränderten Situation auf dem Balkan durch Verhandlungen bestimmt werden. Damit setzte Berlin der Wiener Politik deutliche Grenzen. Das Deutsche Reich würde ein militärisches Vorgehen gegen Serbien auch politisch nicht unterstützen. Der österreichisch-ungarische Außenminister Leopold Berchtold gab schließlich auf Druck Berlins nach und akzeptierte, dass Gjakova an Serbien fiel, allerdings unter der Bedingung, dass Shkodra bei Albanien verblieb.[12]

Die Lösung der albanischen Frage enthüllte die Ungereimtheiten politischer Visionen Wilhelms II. und seiner Regierung. Im November 1912 hatte der Kaiser die Richtlinien der deutschen Außenpolitik bezüglich der Balkankrise deutlich gemacht. Demzufolge sollte das Deutsche Reich eine neutrale Stellung einnehmen. Kurze Zeit später, als sich die Konflikte auf dem Balkan weiter zuspitzten und Wilhelm II. glaubte, dass ein deutsch-russischer Krieg nicht mehr zu verhindern

10 Vgl. Löhr, Hanns Christian: Die Gründung Albaniens, S. 61.

11 Ebenda. S. 44

12 Lord Edward Grey: Fünfundzwanzig Jahre, Memoiren, Band I. München 1926, S. 257; Nolte, Ernst: Geschichte Europas 1848–1918. Von der Märzrevolution bis zum Ende des Ersten Weltkrieges. München 2007, S. 118–123.

war, bezog er eine entgegengesetzte Position. Er verlangte nun von seinem Kanzler und vom Staatssekretär des Auswärtigen Amtes, dass Wien volle Unterstützung zur Erfüllung seiner Ambitionen auf dem Balkan bekommen sollte. Und er war bereit, die Krise auch mit Waffengewalt zu lösen. Dieser Kurswechsel entsprach nicht den politischen Vorstellungen des Reichskanzlers Theobald von Bethmann Hollweg und des Staatssekretärs Alfred von Kiderlen-Waechter, denn als Politiker bevorzugten sie mehr die Mittel der Diplomatie als die Militärgewalt und das Betreiben einer solchen „nervösen Hampelmannpolitik“.[13] Demzufolge verfolgte die deutsche Regierung eine Doppelstrategie.[14] Einerseits unterstützte sie Österreich und war somit indirekt an einer Gründung und Konsolidierung des neuen albanischen Staates interessiert. Andererseits versuchte sie weiter die Balance zwischen den europäischen Großmächten zu bewahren. Dem Reichskanzler gelang es durch seine Doppelstrategie den Kaiser vom Albanienprojekt zu überzeugen, von dem Wilhelm II. allerdings gern Abstand genommen hätte. In kritischen Momenten, wenn die Stellung Österreich-Ungarns gefährdet war, wie z.B. in der Skutari-Krise, stellte das deutsche Kaiserreich Wien die entsprechende politische und militärische Unterstützung.[15] Dann verfolgte das Reich wieder den alten Kurs, indem die deutsche Politik kategorisch jede Konfrontation zwischen den europäischen Mächten bezüglich der Lösung des albanischen Problems zu verhindern versuchte und sich für die Schaffung des albanischen Staates im Rahmen des europäischen Konzertes einsetzte.

---

13 Vgl. Löhr, Hanns Christian: Die Gründung Albaniens, S. 48.

14 Theodor Niemeyer schätzte die politische Lage Europas 1912–1913 wie folgt ein: „Russlands und Österreichs Balkaninteressen standen sich diametral gegenüber. Italiens Bedürfnisse lagen in der Hauptsache in derselben Richtung wie diejenigen Österreichs. Wäre 1912 oder 1913 infolge der Unterstützung der serbisch-montenegrinischen Ansprüche durch Russland der Krieg ausgebrochen, so hätte dieser Italien als nächstinteressierte Macht sofort auf dem Kriegsschauplatz gefunden, und an seiner Seite selbstverständlich nicht nur Österreich, sondern auch Deutschland, daneben aber wahrscheinlich ferner die Türkei, sowie den einen oder den anderen der Balkanstaaten. England hätte mit Frankreich für Russland eintreten müssen und zwar wahrscheinlich durch Waffenhilfe. Eine solche Kriegslage musste für England nicht nur aus allgemeinen Gründen unheilvoll, sondern zufolge der primären aktiven Beteiligung Italiens und der Teilnahme östlicher Staaten politisch und militärisch unvorteilhaft erschienen.“ Niemeyer, Theodor: Die Londoner Botschaftervereinigung, S. 32–33.

15 Vgl. Schiel, Rüdiger: „Skutari 1913/14 – eine frühe «Joint» oder eine «Combined Operation»?“ In: Bernhard Chiari, Gerhard P. Groß (Hrsg.): Am Rande Europas? Der Balkan – Raum und Bevölkerung als Wirkungsfelder militärischer Gewalt. München 2009, S. 89–105.

Der deutsche Prinz Wilhelm zu Wied und Albanien

Am 29. Juli 1913 wurde in einer dreistündigen Sitzung der Londoner Botschafterkonferenz die Frage des albanischen Status endgültig geregelt. Albanien sollte von einem ausländischen Fürsten regiert werden, der innerhalb von sechs Monaten ernannt werden musste.[16] Bis zur Wahl des Fürsten sollte eine Internationale Kommission die Verwaltung des Landes übernehmen, die aus einem Vertreter Albaniens und je einen Vertreter der übrigen Mächte bestand. Die Kommission sollte die Grundzüge der Gemeindeverwaltung und die Verwaltung des Landes im Allgemeinen kennenlernen und den Europäischen Mächten sodann Vorschläge für die weitere Organisation des Landes unterbreiten. Mit der Organisation der albanischen Gendarmerie wurden schwedische Offiziere beauftragt. Als die schwedische Regierung dies jedoch ablehnte, erklärte sich die holländische Regierung bereit und entsandte rasch eine militärische Mission nach Albanien.

Die Auswahl des neuen Fürsten war eng mit der neuen Staatsform Albaniens verbunden. Michael Schmidt-Neke hat die zahlreichen Kandidaten in drei Gruppen eingeteilt, nämlich erstens die Gruppe der Ausländer, deren weitläufige familiäre Verbindungen nach Albanien bzw. zu Skanderbeg sie zu politischen Ambitionen ermutigte. Keiner von ihnen war 1913 noch in der engeren Wahl. Zur zweiten Gruppe gehörten die albanischen Machthaber, wie Ismail Qemali, Prenk Bib Doda und Esat Pashë Toptani. Während Prenk Bib Doda nur ein albanisches Fürstentum mit der Mirdita als Zentrum anstrebte, erhob Esat weiterhin Ansprüche auf die Herrschaft über ganz Albanien. Für die Großmächte war es ebenso schwierig wie für die Albaner selbst, sich auf einen albanischen Bewerber zu einigen. Da in diesem Kreis jede Wahl von den jeweils anderen nicht akzeptiert würde, wäre das Projekt zum Scheitern verurteilt. Zur dritten Gruppe gehörten die Mitglieder ausländischer Fürstenhäuser aus Deutschland, Frankreich, Italien, der Türkei, Ägypten und anderer.[17]

---

16 Vgl. Niemeyer, Theodor: Die Londoner Botschaftervereinigung, S. 25; siehe auch Wilhelm, Fürst von Albanien, Prinz zu Wied: Denkschrift über Albanien. (nicht veröffentlichtes Manuskript von 1917), S. 6; Castellan, Georges: History of the Balkans. From Mohammed the Conqueror to Stalin. New York 1992 (= East European Monographs No. CCCXXV), S. 382–385; Schevill, Ferdinand: History of the Balkan Peninsula. From the Earliest Times to the Present Day. New York 1966, S. 473–479.

17 Vgl. Schmidt-Neke, Michael: „Fürst Wilhelm von Albanien Faktoren". In: Aspekte der Al-banologie 18, (Akten des Kongresses „Stand und Aufgaben der Albanologie heute", 3.-5. Oktober 1988, Universität zu Köln, Herausgegeben von Walter Breu, Rolf Ködderitzsch und Hans-Jürgen Sasse), S. 209.

Bei der Fürstenwahl traten die Divergenzen zwischen Österreich und Italien deutlich hervor. Jedoch einigten sich die beiden Mächte sowie die anderen vier auf den deutschen Prinzen Wilhelm zu Wied. Seine Wahl erfolgte aus rein pragmatischen Gründen: Wied stammte aus einem Land, das die geringsten direkten Interessen in Albanien hegte, das in keiner Verbindung mit den Nachbarstaaten Albaniens stand, nicht mit dem albanischen Problem vertraut war und somit von keiner der rivalisierenden Gruppen vereinnahmt werden konnte.[18] Am wichtigsten war, dass Wied als Protestant keiner der in Albanien existierenden Religionen angehörte. Des Weiteren war er arm und deshalb auf die Unterstützung durch die Großmächte angewiesen, wodurch er leicht unter Kontrolle gehalten werden konnte. Diese Tatsachen offenbaren, dass gerade die oben genannten Schwächen sowie die mangelnde politische Qualifizierung bezüglich der Balkanpolitik die ausschlaggebenden Gründe für seine Wahl waren.

Prinz Wilhelm zu Wied war der zweite Sohn des Fürsten Wilhelm zu Wied und mit Prinzessin Sophie von Schönburg-Waldenburg verheiratet. Seit 1911 diente er als Rittmeister beim 3. Garde-Ulanen-Regiment in Potsdam. Ihre Kinder waren Prinzessin Marie Eleonore und Prinz Carol Viktor. Der deutsche Reichstag befasste sich intensiv mit der Wahl Wieds zum Herrscher Albaniens. Der sozialdemokratische Abgeordnete Hermann Wendel[19] kritisierte in der Debatte am 14. Mai 1914 die Art und Weise des Umgangs mit Albanien stark. Er betonte dabei, dass die Grenzen Albaniens entsprechend der Interessen der Großmächte festgelegt wurden, ohne die albanischen Forderungen zu berücksichtigen, und jetzt solle auch noch ein deutscher Prinz den Albanern das rechte monarchische Bewusstsein beibringen. Der Parlamentarier ließ es „dahingestellt, wie schmeichelhaft es für das offizielle Preußen ist, dass sich die Mächte einig waren: für diesen zurückgebliebensten, unzivilisiertesten, wildesten Volksstamm Europas eignet sich als Oberhäuptling nur ein feudaler Herr vom preußischen Kasernenhof."[20]

---

18 Ebenda, S. 210.

19 Hermann Wendel hatte als einer von wenigen Reichstagsabgeordneten persönliche Balkanerfahrung und eine eigene, stark serbophile Meinung zu den balkanischen Verhältnissen. Das schlägt sich auch in seiner Wortwahl im Zitat nieder. 1912 war er als Kriegsberichterstatter für das sozialdemokratische Parteiorgan „Vorwärts" in Serbien tätig, wo er Sprache und Kultur kennenlernte. Siehe dazu seine Bücher „Kreuz und quer durch den slawischen Süden; von Marburg bis Monastir, von Belgrad bis Buccari, Krainer Tage" sowie „Der Kampf der Südslawen um Freiheit und Einheit", Frankfurt am Main 1922 bzw. 1925.

20 Verhandlungen des Reichstags, Band 295, Stenographische Berichte, S. 8840.

Nicht nur die Sozialdemokratische Partei, sondern fast die gesamte deutsche Politik stand der Wahl des Prinzen zu Wied skeptisch gegenüber. Staatssekretär Gottlieb von Jagow vom Auswärtigen Amt bezog keine klare Stellung, als Wied am 10. Juli 1913 dessen Meinung über seine Wahl erfahren wollte. Seine Aufgabe wurde als so schwer empfunden, dass im Reichstag mit einer gewissen Ironie geäußert wurde, „ein Ameisenhaufen ist eine bequeme und angenehme Sitzgelegenheit im Vergleich zu diesem albanischen Thron."[21] Auch Wilhelm II. war skeptisch und schrieb später dazu: „Sehr wenig erbaut war ich daher, als die Wahl auf den Prinzen Wilhelm zu Wied fiel. Ich schätze ihn als vornehme, ritterliche, feinfühlige Natur hoch, hielt ihn aber für jenen Posten für ungeeignet. Der Prinz war mit den Verhältnissen auf dem Balkan viel zu wenig vertraut, um diese dornenvolle Aufgabe mit Erfolg übernehmen zu können."[22]

Anfang Dezember 1913 erklärte Wied sich bereit, unter gewissen Bedingungen den Posten zu übernehmen. Seine wichtigsten Forderungen waren: Anerkennung durch die Großmächte, Zustimmung des albanischen Volkes durch eine Deputation und Garantie einer Anleihe von 75 Millionen Francs durch die Großmächte, welche die Finanzierung der notwendigsten öffentlichen Arbeiten und Einrichtungen des neuen Staates garantieren sollte.[23]

Inzwischen eskalierte die Lage im Südalbanien. Auch die Vorgänge im Inneren des Landes wurden immer bedrohlicher. Die Repressalien griechischer Banden gegen die albanische Bevölkerung nahmen zu. Dabei wurden sie von regulären Offizieren und Unteroffizieren der Armee geführt. Eine drohende Zersplitterung des Landes konnte nur durch eine schnelle Beseitigung dieses «fürstenlosen Zustandes» verhindert werden, schrieb Wied in seiner Denkschrift über Albanien.[24] Nachdem Wied einen Vorschuss von zehn Millionen Francs empfangen hatte, kam er am 7. März 1914 in Durrës an, wo er jubelnd begrüßt wurde.

Erst nach seiner Ankunft wurde ihm die Brisanz der Lage vollkommen bewusst. Drei Aufgaben harrten zunächst einer dringenden Lösung, nämlich die Organisation der inneren Verwaltung, die Regelung der Finanzen und die epirotische Frage.[25] So bestimmte Wied zuerst einen Premierminister für seine

---

21 Hermann Wendel in seiner Rede am 14. Mai 1914, ebenda.

22 Wilhelm II.: Ereignisse und Gestalten aus den Jahren 1878–1918. Leipzig und Berlin 1922, S. 136.

23 Vgl. Wilhelm, Fürst von Albanien, Prinz zu Wied (1917), S. 15.

24 Ebenda. S. 17.

25 Vgl. Thopia, Karl: „Das Fürstentum Albanien. Eine zeitgeschichtliche Studie". In: Ludwig von Thalloczy (Hrsg.): Illyrisch-albanische Forschungen, Band II. München, Leipzig 1916, S. 246–247. Karl Thopia war ein Pseudonym für Carl Buchberger

Regierung. Von Österreich-Ungarn und Italien wurde ihm der 75-jährige Turhan Pascha, ein pensionierter Minister und Diplomat in türkischen Diensten albanischer Herkunft, empfohlen. Gegen die Zusicherung seiner Rente erklärte sich Turhan Pascha bereit, den Posten zu übernehmen. Er war ein erfahrener Politiker, jedoch für den Posten ungeeignet. Turhan Pascha hatte als Kind Albanien verlassen und war mit der Politik seines Landes nicht vertraut. „Turhan war ein angenehmer, liebenswürdiger Greis, von höflichen Umgangsformen, jedoch wenig ausgezeichnet durch Intelligenz und Energie. Sein Charakter war weich, ängstlich und alles eher als der eines «*homme à poigne*». Neben dem neuen Fürsten hätte es aber umso mehr einer starken Persönlichkeit bedurft, als die Schwierigkeit der zu lösenden Aufgabe die volle Energie und Tatkraft eines echten Staatsmannes verlangt hätte."[26] Daneben sollte ein Ministerium aufgestellt und dessen nachgeordnete Behörden eingesetzt werden.[27] Auch die Aufstellung der Gendarmerie, die Zentralisierung der Finanzen sowie das Kennenlernen des Landes standen auf der Tagesordnung. Schon in den ersten Tagen muss Wied bewusst geworden sein, dass er nicht lange über dieses Land herrschen würde.

Die Voraussetzungen, unter denen die Großmächte einen albanischen Staat gründen wollten, waren viel ungünstiger als bei den anderen Balkanstaaten. Die verspätete sozialökonomische Entwicklung des Landes, die hohe Analphabetenrate, die religiöse Heterogenität, das Fortbestehen der türkisch gesinnten albanischen Elite, die fehlende Infrastruktur und die Rückständigkeit der albanischen Gesellschaft sowie der Bauernaufstand in Mittelalbanien und die militärischen Auseinandersetzungen mit den Nachbarländern machten es der provisorischen Regierung unmöglich, stabile Verhältnisse zu schaffen.[28]

(14. August 1887 – 6. Mai 1974), ein österreichischer Diplomat, der 1913 als Vizekonsul und Mitwirkender in der südalbanischen Grenzkommission sowie 1914 als Mitglied der Kabinettskanzlei des Prinzen Wied agierte.

26 Thopia, Karl: „Das Fürstentum Albanien", S. 246–247.

27 Das Regierungskabinett setzte sich aus acht Ministern zusammen, nämlich Turhan Pascha als Ministerpräsident, Esat Pascha Toptani als Innen- und Kriegsminister, Myfit Bej Libohova als Justiz- und Religionsminister, Dr. Gaqi Adhamidhi als Finanzminister, Dr. Mihal Turtulli als Unterrichts- und Gesundheitsminister, Aziz Pascha Vrioni als Minister für Handel und Landwirtschaft, Prenk Bib Doda Pascha als Minister für Öffentliche Arbeiten und Hasan Prishtina als Minister für Post- und Fernmeldewesen. Schmidt-Neke, Michael: Entstehung und Ausbau der Königsdiktatur in Albanien (1912–1939); Regierungsbildungen, Herrschaftsweise und Machteliten in einem jungen Balkanstaat. München 1987, S. 36.

28 Vgl. Schmidt-Neke, Michael: „Fürst Wilhelm von Albanien Faktoren", S. 22.

Die Akzeptanz und die Bereitschaft der Großmächte hielten sich bei der Gründung des albanischen Staates in Grenzen. Die deutsche Regierung wollte sich in diese Angelegenheit nicht einmischen. Wilhelm II. will das Ende voraus gesehen haben und schrieb später über die Wahl Wieds: „Es war mir überhaupt unsympathisch, dass ein deutscher Fürst sich dort blamieren sollte."[29] Diesem Gedanken folgend sah die deutsche Regierung Wied nie als einen Repräsentanten ihrer Politik.

Letztendlich trug auch Wied selbst schuld an seinem Scheitern. Seine Unentschlossenheit, die Art seiner Führung, die sich nur auf die Rolle eines konstitutionellen Herrschers beschränkte und seinen Ministern vollständig die Staatsgeschäfte überließ, konnte in diesen chaotischen Verhältnissen kein besseres Ergebnis erzielen. Während seine Regierung nur aus Albanern bestand, beschäftige er in seinem Hofkabinett nur Ausländer. Auch die Tatsache, dass Wied die albanische Sprache nicht beherrschte und mit «seinem Volk» entweder auf Deutsch oder schriftlich auf Albanisch kommunizierte, und das in einem Land mit einer sehr hohen Analphabetenrate, führte zur Minderung seiner Popularität. Die Meinung der Albaner vom Prinzen zu Wied ist folgender in der Abend-Ausgabe des „Berliner Lokalanzeigers" vom 2. Juni 1914 wiedergegebenen Äußerung Essad Paschas zu entnehmen: „Als wir einen preußischen Kavallerieoffizier zum Herrscher bekamen, da hatten wir doch erwartet, daß er zunächst allein ins Land kommen und das, was er in Potsdam gelernt, sowie das Geld, das er mitbrachte, dazu benutzen werde, um sich aus dem guten albanischen Material, das er vorfand, zunächst einmal ein Musterbataillon als Kern einer künftigen Armee zu drillen. Stattdessen scheint ihm aber mehr an Repräsentation und häuslichen Annehmlichkeiten zu liegen; er steht zu stark unter dem Einfluss seiner Gattin. Ich weiß nicht, ob dieser Fürst bei all seiner Vornehmheit und Loyalität das ist, was wir brauchen."

Einen Monat nach Ausbruch des Ersten Weltkrieges, am 3. September 1914, sechs Monate nach seiner Ankunft in Albanien, verließen Wied und seine Familie das Land. Ihm war klar geworden, dass er Albanien verlassen musste: „Allein den Intrigen Italiens ausgeliefert, ohne auf die Unterstützung Deutschlands und Österreich-Ungarns rechnen zu können, nur mit einer kleinen, mangelhaft bewaffneten Schar Albaner, hätte ich nicht die geringste Aussicht gehabt, den Serben und Montenegrinern, sowie den italienischen Schiffsgeschützen Widerstand leisten zu können."[30] Nach seiner Rückkehr nach Deutschland diente er im Stab der Garde-Kavallerie-Division an der Westfront ohne sein Gastland zu

29 Wilhelm II.: Ereignisse und Gestalten aus den Jahren 1878–1918, S. 136.

30 Wilhelm, Fürst von Albanien, Prinz zu Wied: Denkschrift über Albanien, S. 48.

vergessen. Anfang 1915 meinte er, die Stimmung in Albanien habe sich zu seinen Gunsten gewendet und bat Wilhelm II. um Zuteilung zur österreichisch-ungarischen Armee zwecks Vorbereitung der Rückkehr nach Albanien. Der Kaiser ließ ihm durch den Reichskanzler über die Ablehnung des Gesuchs informieren mit dem Hinweis, der Platz für deutsche dienstfähige Prinzen wäre in der deutschen Armee.[31] Wied ließ sich davon nicht entmutigen und suchte zunächst das Gespräch mit Jagow. Der Staatssekretär las die Absicht Wieds in dessen entsprechendem Schreiben zwischen den Zeilen und antwortete: „Nachdem Ihre Herrschaft in Durazzo zunächst einmal durch den Weltkrieg ein Ende gefunden hat, würde ich – falls Sie überhaupt noch an eine Rückkehr denken – die Ereignisse abwarten, denn zu einer Rückeroberung scheinen mir, vorderhand wenigstens, alle Bedingungen und Elemente zu fehlen".[32]

Im Frühjahr 1918 sah Wied die politische Lage derart verändert, dass er Wilhelm II. um Entlassung aus der Armee ersuchte, um sich ganz der Arbeit für „sein Land" widmen zu können. Als Rechtfertigung steht in dem Gesuch: „Ich habe sowohl Eurer Majestät Regierung als auch der Österreichisch-Ungarischen Regierung den Vorschlag unterbreitet, durch Aufruf meiner Albaner zu den Waffen gegen die Italiener, die österreichisch-ungarische Front in Albanien durch eine albanische Armee von mindestens 50 000 Mann zu unterstützen. (...) Nach unzweifelhaften Nachrichten aus Albanien hängt der weitaus größte Teil der Albaner in unentwegter Treue mir an und erwartet sehnlichst meine Rückkehr." Die Leitung des Auswärtigen Amtes wollte es der österreichisch-ungarischen Regierung überlassen, „ihm die Undurchführbarkeit seiner kriegerischen Träume klarzumachen."[33]

Wieds Interesse an seinem Gastland bestand auch nach dem Krieg fort. Seine Pläne scheiterten jedoch am Geld. Trotz seiner Bemühungen gelang es ihm nicht, den Thron in Albanien wieder zu erklimmen. Die gesamtpolitische Situation in Europa hatte sich geändert. Seine sechsmonatige Erfahrung als Herrscher in Albanien hatte gezeigt, dass der Aufbau des Staates Albanien nicht durch die Einrichtung einer Xenokratie möglich war. Seine Zeit war abgelaufen und er konnte nichts anderes tun, als sich enttäuscht über die europäischen Staaten zu beklagen.[34] Mehr noch

31 PAAA, R 4299, Bl. 13 – 22. Wied hatte in dem Schreiben an Wilhelm II. vom 24. Februar 1915 den Wunsch formuliert, „auf irgendeine Weise in mein Land zurückzukommen." Der Kaiser notierte dazu: „er ist verrückt!"

32 Ebenda, Bl. 23 – 36.

33 Ebenda, Bl. 68 – 70 und 75/76.

34 Fünfzehn Jahre später, am 12. Dezember 1929, schrieb Wilhelm zu Wied im Zusammenhang mit einer in England erschienenen Buchpublikation über Albanien an Botschafter Rudolf Nadolny in Konstantinopel: „Wenn ich jetzt nach fünfzehn Jahren

aber war er von seiner Heimat enttäuscht: „England schickt für jeden Koch oder Hausknecht, dem im Ausland ein Haar gekrümmt wird, ein Kriegsschiff“, schrieb er im Sommer 1918 an seinem Bruder Viktor, den deutschen Gesandten in Schweden, „und was macht Deutschland für seinen Prinzen im Auslande?“[35] Es ist ein Paradox der Geschichte, dass Wied der jüngste Monarch in Europa und zugleich der Erste war, dem der Weltkrieg die Macht aus der Hand riss. Nach dem Krieg lebte Wilhelm zu Wied mit seiner Familie in Bayern und später auf einem Landgut in der rumänischen Moldau. Als die Rote Armee in Rumänien einrückte, flüchtete er, inzwischen verwitwet, mit seiner Tochter in ein Sommerschloss des rumänischen Königs in die Karpaten. Er starb drei Wochen vor Kriegsende. Sein Grab wurde 1991 in der Lutherischen Kirche von Bukarest entdeckt. Während der kommunistischen Zeit war es unter einer hölzernen Verschalung versteckt gewesen.[36]

Die Errichtung der deutschen diplomatischen Vertretung in Tirana

In einer Mitteilung des albanischen Ministeriums für öffentliche Arbeiten und Ackerbau an das Preußische Handelsministerium vom 26. Februar 1922 wird der Erwerb von Konzessionen zur Ausbeutung von Mineralien wie Petroleum und Kohle sowie des Holzreichtums, der Wasserkraft und anderes angeboten. Die deutsche Industrie werde dazu höflichst eingeladen. Deren Wirtschaftsverbände wollten Einzelheiten erfahren. Das Auswärtige Amt ließ über seine Auslandsmissionen deshalb Erkundigungen einholen. Freiherr Wernher von Ow-Wachendorf von der Gesandtschaft in Belgrad verfaßte nach Gesprächen mit dem zur Errichtung der albanischen Mission dort beauftragten Legationssekretär Tefik Mborja eine neunseitige Aufzeichnung über Albanien, an deren Schluß steht: „Die Stimmung für Deutschland soll im ganzen Lande gut sein. Man hofft, daß sich die deutsche Industrie an der Erschließung des Landes und bei der Bewerbung um Konzessionen beteiligen wird.“ Das Auswärtige Amt schickte

---

die Ereignisse wieder durchlese, so ist mir natürlich klar, dass ich vieles anders und besser hätte machen sollen. Aber jeder Leser wird doch zugeben müssen, dass die Lage damals in Albanien nicht einfach gewesen ist. Es sind wohl auch gerade diejenigen, die am wenigsten sich mit den dortigen Verhältnissen vertraut gemacht haben, die die schärfsten und absprechendsten Urteile über meine damalige Tätigkeit abgegeben haben.“ PAAA, Nachlass Rudolf und Änny Nadolny, Band 86.

35 Vgl. Schmid, Thomas: „Der verratene Prinz“. Berliner Zeitung vom 28. Juni 1997.

36 Ebenda. Seine Tochter starb 1956 in einem rumänischen Straflager, der Sohn 1973 in München. Damit war die albanische Linie des Hauses Wied erloschen.

eine Abschrift des Berichts dem Konsulat in Triest. Konsul Axel Toepke verglich ihn mit dem dort gesammelten Material und hielt den Inhalt für zutreffend. Sein albanischer Kollege Ali Asllani bestätigte die Angaben. Das Land müsse aber unbedingt fremdes Kapital aufnehmen, „da seine eigenen Mittel gering sind. (…) In erster Linie will man Anleihen aufnehmen, für deren Rückzahlung die natürlichen Schätze des Landes genügend Sicherheit bieten würden." Die Stimmung in Albanien gegenüber Deutschland wäre durchaus günstig.[37]

Die Maßnahmen für die Errichtung einer deutschen diplomatischen Vertretung in Tirana begannen im November 1922. Der albanische Konsul in Bari, Lec Kurti, berichtete am 30. November 1922 Außenminister Pandeli Evangjeli über ein offizielles Gespräch mit Freiherrn Wilhelm von Schoen von der deutschen Botschaft in Rom. Er habe ihn aufgefordert, seiner Regierung die Absicht der Reichsregierung über die Eröffnung einer diplomatischen Vertretung in Albanien sowie von Honorarkonsulaten in den großen Städten mitzuteilen. Das Ziel dieses Vorhabens war die Aufnahme der Handels- und Wirtschaftsbeziehungen. Laut Kurti sollten jedoch dadurch die italienischen Interessen in Albanien nicht tangiert werden.[38] Nachdem sich die albanische Regierung für die Aufnahme der diplomatischen Beziehungen bereit erklärt hatte, ernannte Staatssekretär Ago von Maltzan am 28. Mai 1923 Gesandtschaftsrat Radolf von Kardorff zum Geschäftsträger des Deutschen Reiches in Albanien. Er beantragte zunächst beim Auswärtigen Amt eine Informationsreise, um geeignete Dienst- und Wohnräumlichkeiten zu besichtigen.

Das Leben in Tirana war für einen Mitteleuropäer alles andere als einfach. Wie Kardorff selbst betonte, wurde die schwierige Wohnungsfrage *„im kleinen und völlig orientalischen Tirana"* dank der Unterstützung der albanischen Regierung geregelt. Ihm sei vom albanischen Außenministerium „ein zwar mit allen Mängeln des Orients versehenes doch ohne allzu großen Aufwand zurechtstutzbares Haus" gezeigt worden.[39] Während der Besetzung von Tirana durch die österreichisch-ungarische Armee im Ersten Weltkrieg war dort das Hauptkommando untergebracht. Nach dem Krieg diente es der höchsten muslimischen Verwaltungsbehörde. Das Gebäude in der „Rruga e Mësuesit" (Lehrerstraße) war gleichzeitig Kanzlei und Residenz der deutschen Mission. In der albanischen Publikation Shqypnija e Ilustrueme – Illustriertes Albanien von 1929 wird die Anschrift der Vertretung mit „Rruga e Ministris P. Mbrendshme" (Straße des Innenministeriums) angegeben, da das Innenministerium in der Nähe lag.

37 PAAA, Botschaft Rom – Quirinal, Band 721a.

38 Arkivi Qendror i Shtetit (AQSH), Fondi 251, Viti 1922, Dosja 89, Fleta 1–5.

39 Bericht vom 25. August 1923: PAAA, R 72406, Abteilung II, Albanien, Akten betreffend: Politisches, Band 1.

Unweit von der deutschen Mission stand das Haus des Ministerpräsidenten. Dicht daneben hatte die italienische Gesandtschaft ihren Sitz.

Das Haus der deutschen Vertretung in Tirana 1923–1932, im Hintergrund der Dajti-Berg (Mali i Dajtit)

Ehemaliges Dienst- und Wohngebäude der deutschen Vertretung in Tirana 1923–1932, Aufnahme von 2016; Foto: Marenglen Kasmi

Die deutsche Mission wurde 1925 unter Leitung von Radolf von Kardorff zur Gesandtschaft; Albanien 1928 zur Monarchie. Der neue Gesandte Siegfried Hey übergab am 30. September 1929 König Zogu das Beglaubigungsschreiben. Im Jahr darauf wurde die Gesandtschaft aus Kostengründen in ein Konsulat umgewandelt. Nachfolger von Konsul Siegfried Hey wurde 1931 Erich von Luckwald, der ab Anfang 1932 zugleich als Geschäftsträger fungierte. Er schilderte das in der Nähe der Wohnvilla des Königs liegende Missionsgebäude und dessen Umgebung so: „Gegenüber … lag die bescheidene Residenz der Königin, deren Garten aus einigen Kübeln bestand, die mit kärglichen Pflanzen versehen waren. Daneben halb versteckt ein brüchiger zweistöckiger roher Ziegelbau: die alte Gesandtschaft, jetzt Deutsches Konsulat. Meine neue Arbeitsstätte!" Die Mitarbeiter hätten in wahren Puppenstuben einer Parterrebaracke vor dem Hauptgebäude gearbeitet, „beheizt durch albanische Mangals: Kupferschalen mit brennendem Holzkohlenfeuer! […] Und die Garage? In der linken Hofseite befand sich ein löchriges Gerippe aus verkümmertem Rohrgeflecht, unfähig auch nur den geringsten Regen abzuhalten und das in einem Land, wo es im Frühling und Herbst oft wolkenbruchartigen Regen gab! Und der Garten? Er bestand eigentlich nur aus Sand und gelegentlichen Grasflecken, sowie einer armlangen dicken Schlange, die als Glücksspender am liebsten in jedem Garten gehalten wurde!" Das Hauptgebäude war nicht viel besser: „Ich betrachtete als erstes die Innentreppe, die man, wie ich hörte, nur mit bespanntem Regenschirm bei Unwetter besteigen konnte. Mein Schlafzimmer lag unweit, ebenso die in halber Etage liegende ‚Bequemlichkeit', die ich in einem Winkel fand, der so eng war, dass der brave Nuredin Dibra [Kawasse] mir den Rat gab, während der Benutzung ja nicht die Tür zu schließen; ich würde sonst den einsamen Ort wegen Platzmangels nie wieder verlassen können! Nach dem Befolgen seines Rates ging ich zufrieden zu Bett und schlief wie ein Toter." Am nächsten Tag betrachtete er vom Dach der Mission aus die Umgebung. „Entzückend waren die ineinander geschachtelten Dächer aus sonnengebräunten runden Ziegeln und schon an diesem Morgen begann ich die kleine bescheidene Haupt- und Residenzstadt des kleinen Königreiches Albanien zu lieben!" Handelsattaché Franz von Scheiger informierte den neuen Missionschef über die Geschichte seines Gastlandes. Er war als Offizier der österreichischen Armee nach Albanien gekommen und galt als perfekter Kenner der albanischen Sprache sowie

„der letzten Hintergründe des albanischen Volkscharakters und aller Schliche der führenden Persönlichkeiten."[40]

Erich von Luckwald sorgte zunächst für die Errichtung eines Dienst- und Wohngebäudes. Eines Tages erschien im Konsulat Vehbi Frashëri, der Sohn von Mehdi Frashëri, mit dem Architekten Kemal Butka und legte Pläne für den eventuellen Neubau des Konsulatsgebäudes vor. Der Grund und Boden war ein Geschenk des Königs Zogu an Mehdi Frashëri und lag neben der neuen griechischen Gesandtschaft vor den Toren Tiranas an der Straße nach Elbasan. Luckwald ließ den Bau vom Auswärtigen Amt vorfinanzieren.[41] Fremdfinanzierungen waren Anfang der 1930er Jahre in Albanien üblich. So entstanden in Tirana viele neue Villen, die meistens von Italienern gemietet wurden.

Dienst- und Wohngebäude der deutschen Vertretung in Tirana 1938 (Quelle: E. Çela)

40 PAAA, Erinnerungen des Gesandten a.D. Dr. Erich von Luckwald, III. Teil, S. 10 – 12.
41 Ebenda, S. 23/24.

Dienst- und Wohngebäude der Vertretung des Deutschen Reiches in Tirana 1932 – 1944, später Botschaftsgebäude der Deutschen Demokratischen Republik, Aufnahme von 2016 (Foto: Marenglen Kasmi)

Für den Neubau eines deutschen Missionsgebäudes sprach auch, dass sich inzwischen viele Deutsche und Österreicher in Albanien niedergelassen hatten. Das alte Haus bot keine Möglichkeit, sie bei Empfängen unterzubringen. Im Jahre 1934 wurde das Konsulat wieder in eine Gesandtschaft umgewandelt und bis zum 20. November 1936 von Erich von Luckwald geführt, der einen großen Beitrag zur Intensivierung der Zusammenarbeit zwischen beiden Ländern leistete. Ihm folgte 1936 Eberhard von Pannwitz. Nach der italienischen Besetzung Albaniens am 9. April 1939 wurde die deutsche Gesandtschaft in Tirana in ein Generalkonsulat umgewandelt. Am 18. Dezember 1941 wurde Eberhard von Pannwitz von Generalkonsul Martin Schliep abgelöst. Er blieb bis Oktober 1944 auf diesem Posten und war somit der letzte amtliche Vertreter des Reiches in Albanien. Vor seiner Abreise hatte er mit Militärverwaltungsrat Schultze-Waltrop (Vorname fehlt) von der Stadtkommandantur Tirana vereinbart, die Dienstwohnung der Mission und die dort befindlichen dienstlichen und persönlichen Gegenstände unter dessen Obhut zu nehmen. Den Schlüssel der

Villa sollte Frau Shehriar Çelo, die Tochter des Hausbesitzers Mehdi Frashëri, bekommen, die das Haus anschließend bewohnen sollte. Dies war jedoch nicht der Fall. Gleich am Tag nach seiner Abreise wies die Stadtkommandantur die Villa als Wohnhaus und Casino dem Kommandeur eines in Tirana eingerückten Wehrmachtsteils zu. Nach dem Krieg wurde das Haus in der Rruga „Asim Zeneli" (Asim Zeneli Straße) enteignet und verstaatlicht und diente zeitweilig der Vertretung der Deutschen Demokratischen Republik als Quartier. Die Familie Frashëri erhielt das Haus erst 1994, nach dem Sturz des Kommunismus in Albanien, wieder zurück.

Die Problematik der Errichtung einer albanischen diplomatischen Vertretung in Berlin

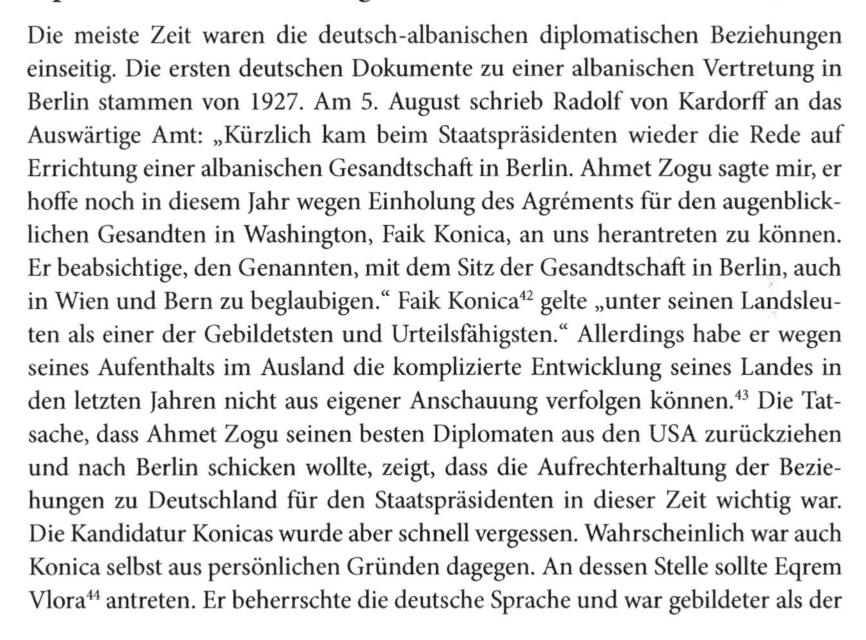

Die meiste Zeit waren die deutsch-albanischen diplomatischen Beziehungen einseitig. Die ersten deutschen Dokumente zu einer albanischen Vertretung in Berlin stammen von 1927. Am 5. August schrieb Radolf von Kardorff an das Auswärtige Amt: „Kürzlich kam beim Staatspräsidenten wieder die Rede auf Errichtung einer albanischen Gesandtschaft in Berlin. Ahmet Zogu sagte mir, er hoffe noch in diesem Jahr wegen Einholung des Agréments für den augenblicklichen Gesandten in Washington, Faik Konica, an uns herantreten zu können. Er beabsichtige, den Genannten, mit dem Sitz der Gesandtschaft in Berlin, auch in Wien und Bern zu beglaubigen." Faik Konica[42] gelte „unter seinen Landsleuten als einer der Gebildetsten und Urteilsfähigsten." Allerdings habe er wegen seines Aufenthalts im Ausland die komplizierte Entwicklung seines Landes in den letzten Jahren nicht aus eigener Anschauung verfolgen können.[43] Die Tatsache, dass Ahmet Zogu seinen besten Diplomaten aus den USA zurückziehen und nach Berlin schicken wollte, zeigt, dass die Aufrechterhaltung der Beziehungen zu Deutschland für den Staatspräsidenten in dieser Zeit wichtig war. Die Kandidatur Konicas wurde aber schnell vergessen. Wahrscheinlich war auch Konica selbst aus persönlichen Gründen dagegen. An dessen Stelle sollte Eqrem Vlora[44] antreten. Er beherrschte die deutsche Sprache und war gebildeter als der

42 Zu Konica siehe: Ikonomi, Ilir: Faik Konica – Jeta në Washington – Das Leben in Washington. Tirana 2011 und Elsie, Robert: Faik bey Konitza. http://www.elsie.de/pdf.articles/2000IntroKonitza.pdf.

43 PAAA, Tirana 1, Akte „Albanische Gesandtschaft in Berlin 1927–1939".

44 Zu Vlora siehe: Kaleshi, Hasan: „Vlora, Ekrem". In: Mathias Bernath, Felix von Schroeder, Karl Nehring (Hrsg.): Biographisches Lexikon zur Geschichte Südosteuropas, Band IV. München 1981, S. 425–428.

Durchschnitt der leitenden albanischen Kreise. Zudem galt er „als einer der besten Kenner seines Landes."[45] Dieser Plan, obwohl er auf den ersten Blick einen soliden Eindruck machte und vom Staatspräsidenten selbst entworfen war, entsprach jedoch nicht ganz den Vorstellungen der albanischen Regierung.

Einige Zeit nach seinem Gespräch mit Zogu meldete Kardorff, dass die albanische Regierung beabsichtige, das Konsulat in Wien in eine Gesandtschaft umzuwandeln. Das Berufskonsulat wurde von Çatin Saraçi geführt. Saraçi gehörte zu den engsten Freunden Zogus und war mit ihm über geheime und dunkle Kanäle verbunden.[46] Es war aber nicht bekannt, ob der Konsul Saraçi, „der sein Amt zu allerlei merkwürdigen Geschäften missbraucht", auch den neuen Posten in Wien bekleiden würde. Die neue Gesandtschaft sollte zudem für Berlin, Prag und Budapest zuständig sein. Der neue Plan widersprach der früheren Absicht des Königs Zogu und erklärte sich nach deutscher Interpretation daraus, dass „dem neuen albanischen Vertreter eine durch ... Saraçi gut vorbereitete Pfründe zu allerhand Nebengeschäften verschafft werden soll."[47] Kurze Zeit später hieß es, dass Eqrem Vlora den Posten übernehmen sollte. Inzwischen unternahm die albanische Regierung aber einen anderen Schritt und schickte Eqrem Vlora als Gesandten nach London. Diese Handlungsweise war nicht nachvollziehbar, denn Zogu hatte ihn vorher offiziell benachrichtigen lassen, dass er ihn für den Posten in Berlin vorgeschlagen hatte. Genau wie die meisten anderen Repräsentanten der politisch mächtigen Familien des albanischen Grundadels konnte Eqrem Vlora nicht gerade als ein Anhänger von Ahmet Zogu betrachtet werden. Die Bedrohung ihrer unter dem türkischen Regime zum größten Teil erworbenen Besitzrechte durch die Revolutionsregierung Fan Nolis im Jahre 1924 hatte diese Adelsschicht ins Lager Ahmet Zogus getrieben. Nachdem Zogu aber seine Herrschaft gefestigt hatte, eliminierte er systematisch ihren politischen Einfluss. So sah sich ein Teil des albanischen Adels gezwungen, nun die Nähe zu Italien zu suchen. Italien nutzte diese Chance als Gegengewicht gegen den nicht immer hinreichend zur Zusammenarbeit bereiten Zogu.[48] Diese Handlung der

45 Bericht von Legationssekretär Siegfried Mey, damals kommissarischer Leiter der Gesandtschaft Tirana, vom 12. Oktober 1927: PAAA, R 72442, Abteilung II, Albanien Politik 8, Akten betreffend: Diplomatische und konsularische Vertretungen Albaniens im Ausland und umgekehrt.

46 Siehe auch: Saraçi, Çatin: Zogu i shqiptarëve, një histori e jetuar – Der Zog der Albaner, eine erlebte Geschichte. Tiranë 2006 (= Shtëpia Botuese 55).

47 Bericht vom 4. März 1929: PAAA, R 72442.

48 Bericht von Hans Georg von Mackensen, dem kommissarischen Leiter der Gesandtschaft Tirana, vom 21. Juni 1929, ebenda.

albanischen Regierung bzw. des Königs Zogu war in erster Linie auf den Druck der italienischen Gesandtschaft zurückzuführen. Die Italiener waren gegen die Eröffnung einer albanischen diplomatischen Mission in Berlin, weil sie eine Zunahme wirtschaftlicher und politischer Interessen Deutschlands in Albanien fürchteten. Ein häufiger Meinungswechsel war typisch für König Zogu. Für ihn sei „nicht entscheidend, was er sagt, sondern was er tut."[49] Wenn man die Prinzipien, auf die Zogu seine Macht aufgebaut hatte, und die Komplexität der albanischen Gesellschaft betrachtet, lässt sich feststellen, dass Zogu ein Gleichgewicht zwischen seinen Anhängern und seinen Feinden zu halten versuchte.[50] Insofern gab er jedem sein Wort – daran gehalten hat er sich aber selten.

Die Diskussion über die Wahl des albanischen Gesandten in Berlin ging weiter, und zwar oft in Form von Gerüchten. In diesem Rahmen wurde spekuliert, dass das albanische Parlament bald der Eröffnung einer diplomatischen Vertretung für Berlin, Wien, Bern und Prag, aber mit dem Hauptsitz in Wien, zustimmen würde. Dieses Mal hatte König Zogu für den Gesandtenposten einen Angehörigen seines Vertrautenkreises, Jak Koçi, vorgesehen. Um dieser Entscheidung zuvorzukommen, sprach Hans Georg von Mackensen, der kommissarische Leiter der Gesandtschaft in Tirana, mit Außenminister Rauf Fico und dessen Generalsekretär Xhaferr Vila. Mackensen konnte dabei erkennen, dass der Minister mit einer starken Gegenströmung zu kämpfen hatte, die den ständigen Sitz der Gesandtschaft – vielleicht im Zusammenhang mit der Kandidatur Koçis – nach Wien legen wollte. Er nannte während des Gespräches zwar nicht dessen Namen, aber seine Andeutungen ließen den Schluss zu, dass mindestens starke Versuche im Gange waren, „den König zu Gunsten einer bestimmten Persönlichkeit und ihrer Wünsche für Wien zu gewinnen."[51]

Fico informierte Mackensen am 18. Juli 1929 offiziell über die Entschlossenheit seiner Regierung, eine Gesandtschaft für Mitteleuropa einzurichten. Der Stelleninhaber sollte in Berlin, Wien, Prag und Budapest beglaubigt werden. Da bei der albanischen Regierung die Befürworter Wiens jedoch zu stark waren, schlug Fico eine elegante Lösung vor. Die Stelle des Gesandten sollte so

---

49 Bericht Mackensens vom 8. August 1929: PAAA, R 72443, Abteilung II, Albanien Politik 9, Akten betreffend: Diplomatische und konsularische Vertretungen Albaniens in Deutschland.

50 Siehe auch: Fischer, Bernd J.: King Zog and the Struggle for Stability in Albania. New York 1984 (= East European Monographs 159) und Schmidt-Neke, Michael: Entstehung und Ausbau der Königsdiktatur in Albanien (1912–1939); Regierungsbildungen, Herrschaftsweise und Machteliten in einem jungen Balkanstaat. München 1987.

51 Bericht Mackensens vom 8. Juni 1929: PAAA, R 72443.

eingerichtet werden, dass dem Gesandten überhaupt keine permanente Residenz zugewiesen würde. Der Gesandte sollte vielmehr an jedem der vier Regierungssitze jeweils zwei bis drei Monate im Jahr amtieren. Diese Lösung sei vor allem durch die finanziellen Verhältnisse des Landes geboten. Die Regierung war nicht in der Lage, die Einrichtung und den Unterhalt von vier diplomatischen Vertretungen zu finanzieren. Dem Gesandten würde ein Budget zur Verfügung gestellt, aus dem er die Ausgaben an allen vier Orten einschließlich der Kosten für seine dortigen Büros zu bestreiten hätte. Der Außenminister wollte die Meinung der deutschen Regierung zu seinem Vorschlag wissen. Berlin war für ihn nicht nur das Zentrum der Diskussion zur Frage der albanischen Minderheiten, sondern als erfahrener Diplomat und Politiker bemühte er sich überdies um korrekte diplomatische Beziehungen mit der deutschen Regierung. Hinzu kam die Tatsache, dass Deutschland, im Unterschied zu einigen anderen europäischen Staaten, schon seit Jahren eine diplomatische Mission in Albanien unterhielt. Die Wichtigkeit der Aufrechterhaltung der Beziehungen mit Deutschland wurde auch dadurch betont, dass er – falls für die deutsche Regierung nur eine Gesandtschaft mit dem Hauptsitz in Berlin in Frage kommen sollte – auf die Einrichtung der Gesandtschaft lieber ganz verzichten wollte. Das wäre zwar unangenehm, etwa wegen der 250 albanischen Studenten in Österreich, für die eine Vertretung in Wien nötig sei, aber er würde „lieber überhaupt auf die Errichtung einer Gesandtschaft für Mitteleuropa bis auf Weiteres verzichten, ehe er einen Akt vornehme, der bei uns auch nur entfernt als eine nicht genügende Rücksichtnahme auf die Stellung des Reiches angesehen werden könnte.“ Mackensen ersuchte die Zentrale um telegrafische Weisung.[52]

Es gab keinen ersichtlichen Grund, weshalb die deutsche Regierung gegen diesen Plan Einspruch erheben sollte. Obwohl Deutschland mit Österreich, Ungarn und der Tschechoslowakei gleichbehandelt wurde und keinen Vorzug genoß, war das albanische Außenministerium bereit, auf die Eröffnung einer diplomatischen Vertretung in Wien zu verzichten. Die Einrichtung einer Gesandtschaft in Wien wäre unter diesen Umständen aber eine logische und notwendige Entscheidung gewesen. Die deutsche Regierung hatte nichts gegen ein solches Vorgehen, solange nicht die Gefahr bestand, dass Wien zum Zentrum der albanischen Diplomatie in Mitteleuropa wurde. Staatssekretär Bernhard von Bülow vom Auswärtigen Amt telegrafierte Mackensen am 1. August 1929: „Gegen albanischen Vorschlag keine Bedenken, falls Gewähr dafür vorhanden, dass Gesandter nicht größeren Teil des Jahres in Wien verbringt.“ Mackensen informierte

52 Bericht Mackensens vom 18. Juli 1929, ebenda.

Fico entsprechend. Die Errichtung einer albanischen Gesandtschaft in Berlin scheiterte damals. Im Auswärtigen Amt bestand daran eh „kein allzu großes Interesse“ und der Fakt konnte als Argument für die Umwandlung der Mission in Tirana in ein Konsulat 1930 verwendet werden.[53]

Einen neuen Schub bekam der Plan der albanischen Regierung Mitte der 1930er Jahre. Die Beziehungen zwischen Zogu und Italien steckten in der Krise, denn Zogu weigerte sich, den am 27. November 1926 zwischen Italien und Albanien unterzeichneten „Freundschafts- und Sicherheitspakt“ (Erster Tirana-Vertrag) zu verlängern. Der Pakt hatte eine Laufzeit von fünf Jahren. Albanien bekam von Italien Kredite sowie Unterstützung bei der Bewaffnung und Ausbildung der Polizei und der Armee.[54] Die nächste Abfuhr holte sich Italien, als es Albanien erfolglos für eine Zollunion zu gewinnen suchte.[55] Anfang 1933 schloss Albanien zudem alle Privatschulen, womit der italienische Kultureinfluss empfindlich geschmälert wurde.[56] Italien reagierte darauf mit wirtschaftlichen und militärischen Repressionen, erreichte jedoch nur, dass König Zogu vergeblich die Beziehungen mit anderen Ländern Europas zu verstärken versuchte. Es zeigte sich, dass er außenpolitisch isoliert war, dass die europäischen Mächte Italiens Vorzugsstellung in Albanien akzeptiert hatten und Albanien als Außenposten Italiens betrachteten.[57] In diesem Rahmen reaktivierte der König

---

53 Telegrammentwurf mit Notiz sowie Berichte Mackensens dazu vom 3. und 8. August 1929 und Aktennotizen vom 20. August 1929 und 21. August 1930, ebenda.

54 Siehe: Zamboni, Giovanni: Mussolinis Expansionspolitik auf dem Balkan. Italiens Albanienpolitik vom I. bis zum II. Tiranapakt im Rahmen des italienisch-jugoslawischen Interessenkonflikts und der italienischen „imperialen“ Bestrebungen in Südosteuropa. Hamburg (= Hamburger Historische Studien, 2), S. 19–26 und Kacza, Thomas: Zwischen Feudalismus und Stalinismus. Albanische Geschichte des 19. und 20. Jahrhunderts. Berlin 1970, S. 83–87.

55 Zogu war zwar mit italienischer Unterstützung König geworden, er versuchte aber, sich von der italienischen Umklammerung zu befreien oder sie zumindest zu lockern. Rom war durch diese Demonstration der Eigenständigkeit Zogus verärgert und begann das Projekt einer Zollunion zu entwickeln, um Albanien noch enger an sich zu binden. Eine Zollunion war für Albanien finanziell nicht tragbar, da der größte Teil des albanischen Außenhandels über Italien lief und die Zölle etwa ein Viertel der albanischen Staatseinnahmen ausmachten. König Zogu weigerte sich trotz massiven italienischen Drucks, sich auf eine Zollunion einzulassen, worauf Italien schließlich im Januar 1933 auf das Projekt verzichtete. Bartl, Peter: Albanien – Vom Mittelalter bis zur Gegenwart. Regensburg 1995, S. 219.

56 Vgl. Oschlies, Wolf: Bonns neuer Partner in Europa, S. 10.

57 Ebenda, S. 220.

seine alten Pläne für die schon mehrmals verschobene Errichtung einer albanischen Gesandtschaft für Mitteleuropa mit Hauptsitz in Berlin. Dieses Mal gab es jedoch Anzeichen, dass er es ernst meinte. Die Gesandtschaft in Berlin sollte der Gesandtschaft in Paris gleichgestellt werden. Angesichts der fehlenden finanziellen Mittel für den Unterhalt der neuen Vertretung entschied sich Zogu dazu, die diplomatischen Vertretungen in Ankara und Sofia zu schließen.[58] Der Grund dieser Entwicklung war in erster Linie nicht nur auf einen rein politischen Utilitarismus, sondern auch auf die persönliche Sympathie Zogus für Hitler und Deutschland zurückzuführen. So bat der König den Gesandten Erich von Luckwald im Januar 1934, „dem Herrn Reichskanzler seine tiefe Bewunderung und Zuneigung sowie die schrankenlose Anerkennung für alle Regierungsmaßnahmen des letzten Jahres zu übermitteln, durch die allein das deutsche Volk wieder zum Aufstieg kommen werde. In herzlicher Weise betonte der König seine und seines Volkes Gefühle aufrichtiger Freundschaft für das deutsche Volk und seinen Führer, den er bittet, sich Albaniens und seines Königs zu erinnern, sobald Deutschland im Südosten Europas einen Stützpunkt brauche." Luckwald betonte in seinem Bericht, der König habe aus innerer Überzeugung gesprochen und seine Versicherungen ernst gemeint.[59] Bedeutungsvoll erscheint auch der Umstand, dass König Zogu den Beschluss zur Errichtung einer diplomatischen Vertretung in Berlin zwei Tage nach der Unterzeichnung des Balkanpakts befahl.

Der Balkanpakt war ein am 9. Februar 1934 für sieben Jahre geschlossenes militärisches Bündnis zwischen der Türkei, Griechenland, Rumänien und Jugoslawien. Er war als ein defensives militärisches Bündnis konzipiert, in dem diese Staaten sich gegenseitig die Sicherheit ihrer Grenzen garantierten. Jedoch gewährte dieses Bündnis nur gegen Angriffe anderer Balkanstaaten Schutz, denn bei Angriffen anderer europäischer Staaten waren die Bündnispartner nicht zum Beistand verpflichtet. Die Pflege und der Ausbau der Beziehungen Albaniens mit den mitteleuropäischen Staaten sollte als Gegengewicht zum Balkanpakt dienen. Die Reichsregierung ging jedoch nicht in diese Falle, denn ihr war nicht daran gelegen, durch diese politische Demonstration des Königs Zogu in die Balkanpolitik eingespannt zu werden. Ministerialdirektor Gerhard Köpke, der Leiter der für Albanien zuständigen Abteilung II, schrieb Luckwald am 13. März 1934 privat, „bei aller Würdigung der Sympathien des Königs für Deutschland und bei dankbarer Anerkennung für das Entgegenkommen, daß Sie dort persönlich

58 Bericht von Erich von Luckwald vom 15. Februar 1934: PAAA, R 72443.

59 Bericht vom 27. Januar 1934: PAAA, Tirana 1, Akte „Albanische Gesandtschaft in Berlin 1927–1939".

und bei Wahrnehmung der deutschen Interessen stets gefunden haben, möchten wir doch nicht Berlin zum Zentrum der albanischen Betätigung gemacht wissen." Auch die voraussichtliche Verärgerung der Türkei und Bulgariens wegen Schließung der albanischen Gesandtschaften sollte nicht auf dem Konto Berlins verbucht werden. Es schien dem Auswärtigen Amt auch nicht wünschenswert, „dass das schon zum Wasserkopf ausgeartete hiesige diplomatische Korps noch durch eine kleine exotische Gesandtschaft erweitert wird." Luckwald solle unter Einsatz seines ganzen diplomatischen Geschicks diese Gedankengänge seiner Gastregierung einigermaßen verständlich übermitteln und „dem König seine freundliche Absicht in ebenso freundlicher Weise ausreden."[60] Die Errichtung einer albanischen Gesandtschaft in Berlin 1934 wurde auch durch Intervention der italienischen Botschaft verhindert. Die Pläne stagnierten bis 1936, teils weil Luckwald bei jeder passenden Gelegenheit der albanischen Regierung davon abriet und teils wegen Geldmangels.[61] Hinzu kamen noch die innenpolitischen Schwierigkeiten des Jahres 1935. Das Parlament verweigerte dem König die bisherige bedingungslose Gefolgschaft. Einige Adlige aus Südalbanien wagten unter der Führung von Nuredin Bei Vlora sogar den Aufstand. Um seine Krone nicht zu verlieren, näherte sich Zogu Italien wieder an.[62]

Im Oktober 1935 wurde in Albanien das sogenannte „deutsche Kabinett" des Ministerpräsidenten Mehdi Frashëri gebildet. Bezeichnend für dieses Kabinett war, dass viele Regierungsmitglieder die deutsche Sprache beherrschten und mit der deutschen Kultur vertraut waren. Damit beabsichtigte König Zogu, die deutschen Aktivitäten im Land zu beleben und ein Gleichgewicht mit den albanisch-italienischen Beziehungen zu erreichen. Auch die albanischen gebildeten Schichten wünschten sich eine Annäherung an Deutschland. Die politischen Neuigkeiten aus Deutschland wurden mit großem Interesse verfolgt. Nicht nur die Machtergreifung Hitlers 1933, sondern auch der Tod des Reichspräsidenten Paul von Hindenburg 1934 „wurden in der Stadt durch Lautsprecher mit deutschen Kommentaren bekannt gegeben."[63] Was allerdings beim König und überall in Albanien am meisten für Begeisterung sorgte, war die Eingliederung des Saargebietes in das Deutsche Reich 1935. Dies begründete sich vor allem dadurch, dass diese Entwicklung aus albanischer Sicht auch die Wiedervereinigung aller albanischen Gebiete unterstützte.

---

60 Abschrift des Briefes, ebenda.

61 Aktennotiz Luckwalds vom 12. Juni 1936, ebenda.

62 Vgl. Oschlies, Wolf: Bonns neuer Partner in Europa, S. 10.

63 PAAA, Erinnerungen des Gesandten a. D. Dr. Erich von Luckwald, III. Teil, S. 37.

Im Jahre 1936 äußerte der albanische Außenminister Fuad Asllani gegenüber dem Gesandten Erich von Luckwald wiederholt die Absicht des Königs, eine albanische diplomatische Mission in Berlin eröffnen zu wollen. Gemäß den Anweisungen des Auswärtigen Amtes sollte Luckwald erneut versuchen, diese Aktion zu stoppen. Für die unangenehme Rücksprache wählte er Ministerpräsident Frashëri aus und versuchte, ihm die Haltung der deutschen Regierung verständlich zu machen. Die Reichsregierung könne nicht anders handeln, denn die Empfindlichkeit der italienischen Regierung in dieser Frage sei sehr groß. Diese Problematik verstand Frashëri, bat allerdings dringend darum, „Deutschland möge sich in seinen politischen Entschlüssen gegenüber Albanien nicht durch dritte Mächte beeinflussen lassen."[64] Die Reichsregierung gab jedoch durch ihre konstante Stille in Bezug auf Italiens Albanienpolitik zu verstehen, dass sie dessen Interessen in Albanien akzeptierte.[65] Am 10. Oktober 1936 ersuchte die albanische Regierung Luckwald erneut, dem Auswärtigen Amt den Wunsch zu übermitteln, *„für Deutschland und zunächst für Österreich eine Albanische Gesandtschaft mit Sitz in Berlin zu errichten"* und das Agrément für den bisherigen Generalsekretär des albanischen Außenministeriums, Eqrem Vlora, als Gesandten einzuholen. Er solle von Vehbi Frashëri im Rang eines Legationssekretärs begleitet werden, der im Vorjahr Ehrengast beim Reichsparteitag der NSDAP in Nürnberg gewesen war. *„Die beiden Genannten sind als Freunde des III. Reiches erprobt."*[66] Trotz Erteilung des Agréments trat Eqrem Vlora den Posten nicht an. Er wurde bei den Parlamentswahlen im Februar 1937 Abgeordneter.[67]

Der König änderte seine Meinung über die Person des Gesandten auch wieder. Anstelle von Eqrem Vlora bevorzugte Zogu jetzt seinen Kultusminister Nush Bushati. Diese Wahl fand jedoch beim neuen deutschen Gesandten Eberhard von Pannwitz keine Zustimmung. Er berichtete, Bushati wäre Mitte der 1920er Jahre in Wien Sekretär von Fan Noli gewesen, nachdem dieser Albanien 1924

---

64 Aktennotiz Luckwalds vom 12. Juni 1936: PAAA, Tirana 1, Akte „Albanische Gesandtschaft in Berlin 1927–1939".

65 Vgl. Kühmel, Bernhard: Deutschland und Albanien, 1943–1944. Die Auswirkungen der Besetzung und die innenpolitische Entwicklung des Landes. Bochum 1981 (Inauguraldissertation zur Erlangung eines Doktors der Philosophie in der Abteilung für Geschichtswissenschaft der Ruhr-Universität Bochum), S. 81–83.

66 Bericht von Erich von Luckwald vom 10. Oktober 1936: PAAA, Tirana 1, Akte „Albanische Gesandtschaft in Berlin 1927–1939".

67 Bericht von Eberhard von Pannwitz vom 4. Februar 1937, ebenda.

hatte verlassen müssen. Bushati hätte in Wien als Verbindungsmann zwischen Noli und der sowjetischen Gesandtschaft fungiert. Deshalb wären aus deutscher Sicht die Bedenken gegen Bushati begründet.[68] Diese Personalpolitik des Königs und seiner Regierung in Bezug auf die Wahl des albanischen Gesandten, die von Intrigen beherrscht war, passte sehr gut zur deutschen Albanienpolitik. Einerseits hatte die deutsche Regierung im Jahre 1936 das Agrément für Eqrem Vlora erteilt und somit offiziell ihre Bereitschaft für die weitere Pflege der bilateralen Zusammenarbeit bestätigt, anderseits war ihr aber an einer baldigen Eröffnung der albanischen Mission in Berlin gar nicht gelegen. Das Tauziehen nahm im Herbst 1938 ein Ende. In August ernannte der König den ehemaligen Außenminister Rauf Fico zum außerordentlichen Gesandten und bevollmächtigten Minister in Berlin. Er übergab Hitler am 21. November 1938 auf dem Berghof am Obersalzberg bei Berchtesgaden das Beglaubigungsschreiben und sagte in seiner Ansprache: „Ich bin stolz darauf, daß mein Souverän mich als ersten Vertreter des albanischen Königreiches zu dem von uns Albanern viel bewunderten neuen Großdeutschen Reich entsandt hat. Meine vornehmste Aufgabe wird es sein, die so glücklich bestehenden gegenseitigen kulturellen und wirtschaftlichen Beziehungen zu vertiefen und enger zu gestalten." Der Reichskanzler begrüßte in seiner Erwiderung den Entschluss des Königs zur Errichtung einer Gesandtschaft in Deutschland.[69]

---

68 Bericht vom 7. Juni 1937, ebenda.

69 Aktennotiz vom 23. November 1938, ebenda.

Cher et Grand Ami, Voulant resserrer de
plus en plus les liens d'amitié si heureusement
établis entre Nos Etats, J'ai fait choix de Monsieur Rauf Fico pour se rendre auprès de
Votre Excellence comme Mon Envoyé Extra-
ordinaire et Ministre Plénipotentiaire. Les
qualités qui le distinguent, son dévouement
à Ma personne, les talents et le zèle dont il a don-
né de si éclatantes preuves dans les hautes fonc-
tions qui lui ont été précédemment confiées, Me
persuadent que Votre Excellence voudra bien
l'accueillir avec bienveillance et accorder foi et
créance en toutes les communications qu'il sera
dans le cas de Lui adresser, conformément à ses
instructions, lesquelles auront principalement
pour but de rechercher les moyens les plus propres
à maintenir et à consolider les relations de bonne
intelligence qui subsistent entre Nos deux Pays.
Je saisis avec empressement cette occasion pour
renouveler à Votre Excellence les assurances
de la haute estime et de l'inaltérable amitié

Fait à Tirana,
le 15. Juillet 1938

A Son Excellence
Monsieur Adolf Hitler
Führer et Chancelier du Reich

Lieber und großer Freund,
in dem Wunsch, die zwischen unseren Staaten so glücklich geknüpften Bande der Freundschaft mehr und mehr zu festigen, habe ich Herrn Rauf Fico ausgewählt, um sich als Mein Außerordentlicher Gesandter und Bevollmächtigter Minister zu Euerer Exzellenz zu begeben. Die ihn auszeichnenden Qualitäten, seine Hingabe an Meine Person, seine Talente und der Eifer, von dem er in den hohen Funktionen, die ihm zuvor anvertraut waren, schon so glänzende Beweise gegeben hat, haben mich überzeugt, das Eure Exzellenz ihn gern mit Wohlwollen empfangen und ihm Vertrauen und Glauben schenken in allen Mitteilungen, die er gelegentlich an Euch richten wird, in Übereinstimmung mit seinen Instruktionen,

die grundsätzlich als Ziel haben, die am besten geeigneten Mittel zu finden, um die Beziehungen des guten Verständnisses, die zwischen unseren beiden Ländern bestehen, aufrecht zu erhalten und zu festigen. Ich benutze gern diese Gelegenheit, um Euerer Exzellenz die Versicherungen der Hochschätzung und der unveränderlichen Freundschaft zu erneuern.

Gegeben in Tirana, ***Zogu***
den 15. Juli 1938. *Ekrem Libohova*

Seiner Exzellenz
Herrn Adolf Hitler
Führer und Kanzler des Reiches

Gewiss hatten die schlechten diplomatischen Fähigkeiten Zogus die Entwicklung verzögert, aber hauptsächlich lag es an der starken Einmischung der italienischen Politik in albanische Staatsangelegenheiten, dass die Eröffnung der albanischen Gesandtschaft in Berlin erst zehn Jahre später als ursprünglich beabsichtigt erfolgte. Rauf Fico konnte seinen Posten erst antreten, nachdem Eberhard von Pannwitz die Zustimmung des italienischen Gesandten Francesco Jacomoni in Tirana erhalten hatte.[70] Italien hatte Albanien zu diesem Zeitpunkt schon fest in der Hand und fürchtete nichts mehr, als dass eine Annäherung Albaniens an Deutschland seine Pläne für die Eroberung Albaniens noch gefährden könnte. Rauf Fico übte seine Tätigkeit als Gesandter nur neun Monate aus. Wenige Wochen nach der am 7. April 1939 eingeleiteten Besetzung Albaniens teilte der von den Italienern eingesetzte albanische Außenminister Xhemil Dino dem Gesandten Pannwitz mit, dass die albanische Regierung beabsichtige, Fico zurückzurufen und – wie es vor drei Jahren bereits geplant war – an dessen Stelle Eqrem Vlora zu entsenden, sobald die neue Verfassung Albaniens als Teil der italienischen Personalunion verabschiedet sei. Staatssekretär Ernst von Weizsäcker erteilte am 24. Mai 1939 telegrafisch das Agrément.[71] Laut der am 3. Juni 1939 vom neuen „gemeinsamen" italienischen König oktroyierten neuen Verfassung sollte die albanische Diplomatie aber nun zentral von Rom geführt werden. Demzufolge notifizierte der Gesandte Fico am 6. Juni 1939 die Aufhebung der albanischen diplomatische Vertretung in Berlin dem Reichsaußenminister Joachim von Ribbentrop.[72]

Nachdem Italien im September 1943 kapituliert und die deutsche Wehrmacht Albanien besetzt hatte, entschied sich die albanische Regierung, Rrok Gera als außerordentlichen Gesandten nach Berlin zu entsenden. Die Entsendung fand

70 Telegramm von Eberhard von Pannwitz an das Auswärtige Amt vom 27. Juni 1938, ebenda.

71 Bericht vom 26. April und Drahterlaß vom 24. Mai 1939, ebenda.

72 Original der Note in: PAAA, R 28845.

aber nie statt. Obwohl die Reichsregierung während der 14-monatigen Besatzungsherrschaft in Albanien die Existenz eines unabhängigen großalbanischen Staates propagierte, hat sie ihn *de facto* niemals anerkannt. Nach den Kriterien des Völkerrechts lässt sich für die Zeit der deutschen Besatzung in Albanien 1943–1944 kaum von einer wirklichen Unabhängigkeit des albanischen Staates sprechen. Wie ernst die Reichsregierung die Unabhängigkeit der Albaner wirklich nahm, wird aus der schon erwähnten Begebenheit deutlich, wonach erst im Juli 1944 die diplomatischen Beziehungen mit Albanien aufgenommen wurden. Wie bitter dies auch sein mochte, die albanischen Kollaborateure um Mehdi Frashëri nahmen die Versprechungen einer Unabhängigkeit ernst und bemühten sich um eine internationale Anerkennung Albaniens.[73]

Die deutsch-albanischen wirtschaftlichen Beziehungen

Im Gegensatz zur politischen Bedeutung Albaniens aufgrund seiner geostrategischen Lage trat Ende der zwanziger Jahre die wirtschaftliche Bedeutung des unerschlossenen und unentwickelten Albaniens für die anderen europäischen Länder zurück. Der Petroleumrausch der Jahre 1924–1925 war verflogen, nachdem „die Engländer und Italiener ohne wesentliches Resultat gebohrt haben."[74] Für die deutsche Wirtschaft kam hauptsächlich der Export von Industrieerzeugnissen in Betracht. Die Handelsbeziehungen mit Albanien liefen auf Meistbegünstigungsniveau. Der Notenwechsel vom 4./14. August 1926 regelte, dass für die Zollbehandlung im Warenverkehr beiderseits autonom die meistbegünstigte Behandlung des anderen Teils galt, und zwar „provisorisch in Erwartung der Regelung der Handelsbeziehungen durch einen Handelsvertrag."[75]

Deutsche Waren erfreuten sich in Albanien im Vergleich zu den vielfach minderwertigen italienischen Produkten großer Beliebtheit. Zu den Artikeln, die in steigendem Maße Absatz in Albanien fanden, gehörten neben Flaschenbier, Farben, Kurz- und Eisenwaren auch Maschinen und Medikamente.[76] Etwa

73 Vgl. Kasmi, Marenglen: Die deutsche Besatzung in Albanien 1943–1944. Potsdam 2013 (= Potsdamer Schriften zur Militärgeschichte 20), S. 27–30.

74 Bericht von Radolf von Kardorff vom 23. Januar 1929: PAAA, Tirana 2, Akte „Aufzeichnungen Albanien 1926 – 1929 politisch und wirtschaftlich".

75 Mitteilung von Gesandtschaftsrat Felix Benzler vom Sonderreferat Wirtschaft an dessen Leiter Karl Ritter vom 11. Januar 1933: PAAA, R 105838, Handakten Carl Clodius, Akten betreffend: Albanien.

76 Bericht von Radolf von Kardorff vom 23. Januar 1929: PAAA, Tirana 2, Akte „Aufzeichnungen Albanien 1926 – 1929 politisch und wirtschaftlich".

60% des albanischen Bierkonsums wurden im Jahre 1929 aus Deutschland gedeckt.[77]

Der neue Markt Albanien wurde von deutschen Unternehmen schnell entdeckt. In einem Schreiben des Auswärtigen Amts an die deutsche Botschaft im Rom vom 30. Mai 1924 steht: „Für die Erschließung Albaniens bestehen in Deutschland eine Reihe großzügiger Projekte, so besonders über Bahnbauten, über Schaffung einer albanischen Industrie zur Verwertung der Landesprodukte und über Errichtung von Flugverbindungen in Albanien selbst und mit den Nachbarländern." Die Albaner stünden dem Engagement „der deutschen Industrie in Albanien freundlich gegenüber, da sie wissen, daß die Deutschen im Gegensatz zu Franzosen, Engländern und Italienern lediglich wirtschaftliche Interessen verfolgen."[78]

Die an Albanien interessierten deutschen Firmen waren seit 1924 in einem „Albanischen Syndikat" organisiert. Dieses Syndikat wurde von zwei Direktoren geleitet, nämlich von Otto Habermehl, der seine Residenz in Tirana hatte, und Hans Ryssel, einem ehemaligen Offizier in Berlin. Das Syndikat verfolgte ein großes Bahnbauprojekt in Albanien und hatte zu diesem Zweck im Jahre 1924 eine Studienkommission entsandt. Bei den Verhandlungen mit der albanischen Regierung hatte diese Kommission eine Vorkonzession für den Bau von ca. 500 Kilometern Bahngleise erhalten. Als Sicherheit für die Finanzierung hatte die albanische Regierung eine Reihe von Garantie-Konzessionen erteilt und zwar für Holzeinschlag, Bergbau, Wasserkraft und Landpacht. Auch die Firma Mannesmann – Industrie- und Handelsgesellschaft mbH hatte in Albanien eine Niederlassung eröffnet. Diese Gesellschaft übte alle Arten von Industrie- und Handelsgeschäften aus. Besonderen Wert legte sie auf die „Schaffung einer lebensfähigen einheimischen Industrie zur Verwertung der Landesprodukte." Der Herstellung guter Verkehrsverbindungen innerhalb Albaniens und mit den Nachbarländern diente die deutsche Fluggesellschaft „Adria Aerolloyd" mit Sitz in Vlora. Sie war im Februar 1924 in Berlin gegründet worden. Die albanische Regierung hatte sie sofort als nationale Fluggesellschaft anerkannt und eine Konzession über 10 Jahre erteilt. Ihr Vorstand war Hans Ryssel.[79]

---

77 Aufzeichnung, eingegangen im Auswärtigen Amt am 26. Juni 1929: PAAA, R 72443.

78 PAAA, R 88663, Abteilung II, Albanien Wirtschaft 13, Akten betreffend: Beteiligung deutschen und fremden Kapitals im Auslande, Band 1.

79 Mitteilung von Hans Ryssel an das Italien-Referat des Auswärtigen Amtes vom 20. Mai 1924, ebenda.

Als großes Problem erwiesen sich für die in Albanien tätigen deutschen Unternehmen Verzögerungen der Bezahlung durch die albanische Regierung. So dauerte ein Rechtsstreit der Arbeitsgemeinschaft Heilmann & Littmann A.G und Kallenbach GmbH mit der albanischen Regierung über dreieinhalb Jahre. Die Firmen hatten wegen Nichterstattung von 300.000 Goldfrancs geklagt. Der Prozess wurde erst 1934 beendet. Der Widerstand der albanischen Regierung war hauptsächlich auf italienischen Einfluss zurückzuführen. „Italien … würde jeder missliebigen Konkurrenz rücksichtslos in den Weg treten", hatte Erich von Luckwald am 3. Oktober 1932 dem Auswärtigen Amt gemeldet.[80] Das Potential deutscher Betriebe in Albanien wurde in Rom als sehr gefährlich eingeschätzt.

Das Direktionsbüro der Allgemeinen Deutschen Credit-Anstalt in Leipzig informierte das Auswärtige Amt am 6. März 1931 nach einer Zuschrift aus Shkodra über Schwierigkeiten des deutschen Handels in Albanien besonders mit der Nationalbank. Dieses Institut wäre ein Kind des *Credito Italiano* mit italienischem Personal – sogar der Pförtner wurde von Rom vorgeschrieben – und würde in jeder Weise den italienischen Handel fördern und den deutschen Import schädigen. Dies geschehe meist schon in Triest, wo die italienische Dampfschifffahrtsgesellschaft *Puglia* deutsche Waren erst nach einem Monat und oft falsch verfrachten würde. Häufig wären die Waren monatelang beim Zoll und würden von der Bank mit Spesen belastet. Dadurch würde mit der Zeit der Preis der Ware so hoch, dass die albanischen Kunden sich weigerten, die Ware zu kaufen. Dies wäre eine ausgefeilte Strategie der italienischen Politik, denn unter diesen Umständen gäben die albanischen Händler keine Bestellungen mehr bei deutschen Fabriken auf, „weil die Ware doch nie ankommt." Konsul Siegfried Hey hielt die Schilderung für übertrieben. Bei Reklamationen und Anfragen des Konsulats im Interesse deutscher Firmen habe sich die Nationalbank stets korrekt verhalten.[81]

Schon 1924 war bei den in Albanien tätigen Deutschen die Meinung entstanden, dass eine Betätigung in Albanien nur dann Zukunftsaussichten habe, „wenn wir von Anfang an Italien an unseren Arbeiten … beteiligen, so dass wir Italien den deutschen Interessen parallel schalten, wobei wir uns als Deutsche in der Hauptsache die praktische Durchführung und Arbeitsbetätigung vorbehalten wollen." Italien würde dadurch die Möglichkeit erhalten, durch eine Beteiligung an den deutschen Unternehmungen seinen Einfluss in Albanien indirekt zu festigen und zu sichern.[82] Das Auswärtige Amt stand diesem Plan skeptisch

80 PAAA, R 72461, Abteilung II, Albanien Rechtswesen 28, Einzelfälle.

81 PAAA, Tirana 6, Akte „Banken – Allgemeines".

82 Mitteilung von Hans Ryssel vom 20. Mai 1924: PAAA, R 88663.

gegenüber. Albanien wurde besonders seit 1927 als eine politische und wirtschaftliche Einflusszone Italiens angesehen. Freiherr Konstantin von Neurath, der deutsche Botschafter in Rom, meldete schon am 14. Juni 1924 auf die entsprechende Anfrage des Auswärtigen Amtes, dass die Chancen einer Übereinstimmung deutscher und italienischer Interessen in Albanien sehr gering seien.[83] Außerdem fürchtete Rom, wie bereits erwähnt, die Macht und den Einfluss der deutschen Industrie.

Trotzdem gelang es der Fluggesellschaft Aero Lloyd, italienische Aktionäre für sich zu gewinnen. Denn diese Zusammenarbeit war insofern wichtig für die deutsche Fluggesellschaft, weil sie für die Flugverbindungen mit dem Ausland auf die italienischen Flughäfen angewiesen war. 1928 ging Aero Lloyd vollständig in italienischen Besitz über und signalisierte somit die Festigung der italienischen Stellung in Albanien. Auch eine andere deutsche Gesellschaft, INAG – eine Tochtergesellschaft der M. Strohmeyer Lagerhausgesellschaft mit Sitz in Konstanz –, die eine Holzkonzession in Mamurras erhalten hatte, wurde unter italienischem Druck gezwungen, ihre Konzession einer italienischen Gesellschaft zu verkaufen. Ab 1935 geriet das wirtschaftliche Leben Albaniens fast vollständig in italienische Hände.[84]

Deutsche Kulturpolitik in Albanien

Aus dem Interesse Österreich-Ungarns an den Verhältnissen in Albanien resultierten starke deutsche Kultureinflüsse dort. Besonders in den Jahren vor dem Ersten Weltkrieg hatte die Donaumonarchie beträchtliche Mittel aufgewendet, um jungen Albanern durch die Aufnahme an österreichischen Mittelschulen, Lehrerbildungsanstalten und Priesterseminaren eine westeuropäische bzw. deutsche Bildung zu vermitteln. „Als während des Weltkrieges etwa zwei Drittel Albaniens von Österreich besetzt waren, wurden hier fast 200 Volksschulen, drei Bürgerschulen, zwei Handelsschulen und zwei Lehrerbildungskurse errichtet." An fast all diesen Schulen wurde auch Deutsch als Fremdsprache gelehrt. Der deutsche Einfluss in Albanien wurde zudem durch die unmittelbare Berührung der Bevölkerung mit den österreichischen Besatzungstruppen, die gegen Serbien, den „Erzfeind" Albaniens kämpften, verstärkt. Diese Tatsache hatte zur Folge, dass tausende albanische Freiwillige neben den österreichischen Einheiten kämpften. Mit dem Ende des Ersten Weltkrieges ging der deutsche

83 Ebenda.
84 Vgl. Zamboni, Giovanni: Mussolinis Expansionspolitik, S. 499–503.

Kultureinfluss zurück, jedoch ohne vollständig zu verschwinden. Nach der Wiederherstellung der vollen Unabhängigkeit richtete die albanische Regierung ihr Augenmerk auf die Fortführung deutsch-albanischer kultureller Beziehungen. Neben der Berufung von Ingenieuren und Fachleuten aus Deutschland und Österreich nahm die Anzahl albanischer Schüler und Studenten an Mittel- und Hochschulen in Österreich und Deutschland zu. Die Zahl der auf Staatskosten in Österreich und Deutschland studierenden Albaner betrug 1919 etwa 36 und stieg bis 1928 kontinuierlich auf 92 an. Außerdem eigneten sich auch zahlreiche junge Albaner auf eigene Kosten in Österreich und Deutschland deutsche Bildung an. In den 1930er Jahren verringerte sich die Zahl der an deutschen Mittel- und Hochschulen studierenden Albaner stark. Nach Angaben des albanischen Unterrichtsministeriums studierten in diesen Jahren in Österreich 41 albanische Staatsstipendiaten und weitere 14 auf eigene Kosten. In Deutschland befanden sich in dieser Zeit zwei Staatsstipendiaten und vier weitere, die das Studium selbst finanzierten. Die Bevorzugung der österreichischen Bildungseinrichtungen gegenüber den deutschen war teilweise auf die engen, schon vor dem Krieg bestehenden kulturellen Beziehungen Albaniens zu Österreich zurückzuführen, hauptsächlich jedoch darauf, dass das Studium in Österreich einen viel geringeren Kostenaufwand erforderte als in Deutschland.[85]

Der Rückgang der Studentenzahl in Österreich und Deutschland war in erster Linie auf die lebhafte italienische Kulturpropaganda zurückzuführen, die Italien seit dem Abschluss der albanisch-italienischen „Freundschaftsverträge" von 1926 und 1927 unter Aufwendung erheblicher Mittel im Lande betrieb. Der italienischen kulturellen Durchdringung Albaniens diente vor allem die Gewährung zahlreicher Freiplätze für junge Albaner an italienischen Schulen. Hunderte studierten an Mittel-, Gewerbe- und Hochschulen sowie Militärinstituten vollkommen oder zu einem erheblichen Teil auf Kosten der italienischen Regierung. Weniger erfolgreich war Italien hingegen in seinem Bestreben, auf das Schulwesen in Albanien Einfluss zu nehmen. Aus nationalen und politischen Gründen hat die albanische Regierung den dahingehenden italienischen Wünschen zäh und erfolgreich widerstanden. Es muss auch betont werden, dass die Erfolge der italienischen Kulturpropaganda in Albanien in keinem Verhältnis zu den dafür aufgewandten Mitteln standen.[86]

85 Bericht der Gesandtschaft Tirana vom 10. Oktober 1930: PAAA, Tirana 5, Akte Kultur- und Schulfonds 1937.

86 Ebenda.

Durch den immer stärker werdenden Einfluss italienischer Kulturpolitik im Lande wurden die kulturellen Beziehungen Albaniens zu Deutschland zurückgedrängt. Jedoch lag die Aufgabe der deutschen Kulturpropaganda in Albanien nicht in der Bekämpfung und Zurückdrängung des italienischen Einflusses, sondern sie beschränkte sich nur auf die bisherige Position, die Präsenz der deutschen Kultur zu erhalten. „Jede weiter gehende Propaganda würde auf den energischsten Widerstand Italiens stoßen und voraussichtlich auf dessen Druck hin von der albanischen Regierung verhindert werden." Wichtigstes Mittel zur Durchführung einer deutschen Kulturpolitik in Albanien war die Verbreitung der deutschen Sprache. Für die Albaner, besonders die junge Generation, hatte das Erlernen und Anwenden einer westeuropäischen Sprache große Bedeutung. Da die deutsche Sprache seit vielen Jahren in Albanien, besonders im Norden des Landes, sehr verbreitet war, meinte die Gesandtschaft, dass es nicht schwer sein werde, „auch ohne die Aufwendung größerer Geldsummen die weitere Verbreitung der deutschen Sprache fördern zu können."[87] Diese Entwicklung begünstigte nicht nur die Verstärkung der deutsch-albanischen kulturellen Beziehungen, die Förderung der deutschen Sprache kam auch dem deutschen Außenhandel zugute. In diesem Rahmen erwies sich die Unterrichtung der deutschen Sprache im Franziskaner-Gymnasium in Shkodra als sehr wertvoll. Die deutsche Gesandtschaft in Tirana unterstützte das Gymnasium mit etwa 1000 Reichsmark im Jahr. Die deutsche Kulturpolitik wurde auch durch die kostenlose Verteilung deutscher Bücher und Zeitschriften an die Staatsbibliotheken in Tirana, Elbasan und Shkodra gefördert. Im Jahre 1937 wurden dem „Deutsch-Ausländischen Buchtausch" von der Reichsregierung 2000 Reichsmark zur Beschaffung von Büchern für die albanischen Bibliotheken zur Verfügung gestellt.[88]

Wie bereits erwähnt, war die Zusammenarbeit im Bildungsbereich für beide Seiten von Interesse. Schon 1925 hatte die albanische Regierung beim deutschen Gesandten in Tirana angeregt, die Aufnahme von etwa 5 bis 10 Knaben „aus guten Familien" an deutschen Bildungseinrichtungen zu ermöglichen. In der gleichen Zeit habe Italien im Rahmen der Kulturpropaganda für albanische Kinder 135 Freiplätze an Schulen in Turin, Bari und Lecce angeboten. Die albanische Regierung würde darin eine Gefahr für die spätere albanische Intelligenz sehen. Radolf von Kardorff begrüßte diesen Vorschlag, denn die in Deutschland und Österreich ausgebildeten Studenten würden ein Gegengewicht zur italienischen

87 Ebenda.

88 Papiere dazu, ebenda.

und französischen Kultur bilden.[89] In den staatlichen Gymnasien in Tirana und Shkodra wurde neben Italienisch auch Deutsch als Pflicht-Fremdsprache, im Franziskaner-Gymnasium in Shkodra und in der Schule „Nana Mbretëreshë" (Mutterkönigin-Schule) als fakultative Fremdsprache gelehrt.

Selbstverständlich stellte das Studium in Deutschland die beste Möglichkeit für die Verbreitung deutscher Kultur im Lande dar. Da aber die deutsche Regierung eine Konfrontation mit den italienischen Interessen in Albanien vermeiden wollte, konnte sie weder eine große Anzahl von Stipendiaten noch Direktstipendien für albanische Schüler und Studenten fördern. So schlug die deutsche Gesandtschaft als Lösung vor, dass sich die albanischen Studenten um Stipendien bei verschiedenen deutschen Stiftungen bewerben sollten. Demzufolge stieg, insbesondere in den Jahren 1935–1937, die Zahl der Bewerber, die bei der deutschen Gesandtschaft in Tirana einen Antrag auf ein Stipendium einreichten, erheblich. Die Gesandtschaft entschied dann weiter, ob der Antrag genehmigt werden sollte oder nicht. Nach der Genehmigung wurde der Deutsche Akademische Austauschdienst eingeschaltet, der dann eine passende Schule in Deutschland suchte.

Die Verbreitung der deutschen Kultur in Albanien bildete den Quellen zufolge jedoch nie einen Schwerpunkt der deutschen Albanienpolitik. Dafür gab es sowohl politische als auch finanzielle Gründe. Deutschland genügte die Bewahrung des vorhandenen deutschen Kultureinflusses einschließlich des Sprachunterrichts an den albanischen Schulen. Die Zahl der Stipendien an albanische Schüler und Studenten war sehr gering.

Fazit

Das deutsch-albanische Verhältnis in der ersten Hälfte des 20. Jahrhunderts war von spezifischen Eigenarten geprägt. Deutschland hatte Albanien 1922 anerkannt und aufgrund der Zunahme deutscher Wirtschaftsinteressen im Jahre 1923 einseitig eine diplomatische Vertretung in Tirana eingerichtet. Die 1926 geschlossene Handelsvereinbarung wurde 1933 von albanischer Seite gekündigt. Ein erster erfolgversprechender Neuansatz für eine wirtschaftspolitische Zusammenarbeit ergab sich dann mit der Einsetzung des Kabinetts von Mehdi Frashëri im Jahre 1934, dem während der deutschen Besatzungszeit 1943–1944 eine besondere Rolle zukommen sollte. Er versuchte mit dem Gesandten Erich von

89 Bericht vom 18. Februar 1925: PAAA, Tirana 5, Akte „Albanische Studenten in Deutschland 1924 – 1938".

Luckwald Wirtschaftsbeziehungen zwischen den beiden Ländern aufzubauen. Diese Initiative passte in den Rahmen der deutschen Politik, jedoch hier nur im Allgemeinen und auf wirtschaftliche Fragen beschränkt. Für die weitere Erschließung Albaniens sollte sie nützliche Kenntnisse und Verbindungen ermöglichen und eine Vorzugstellung im Hinblick auf Deutschlands Rohstoffbedarf schaffen. Obwohl der Anregung Mehdi Frashëris von Seiten des Auswärtigen Amts nur bedingt entsprochen wurde, begrub seine Ablösung als Ministerpräsident 1936 die Hoffnungen des deutschen Gesandten.

Da die italienische Balkanpolitik auf eine wirtschaftliche und politische Vorherrschaft östlich der Adria abzielte, mussten sich zwangsläufig auch in Albanien die deutschen und italienischen Interessen kreuzen. Die deutsche Albanienpolitik versuchte daher so gut es ging, Handlungen zu vermeiden, die von den Italienern als unerwünschte Einmischungen in albanische Angelegenheiten interpretiert werden konnten. So beschränkte sich die deutsche Albanienpolitik nur auf zwei Bereiche, nämlich die Belebung des Warenaustausches und die Förderung deutscher Sprachkenntnisse. Die kulturpolitischen Ziele führten zu Bemühungen der deutschen Gesandtschaft, Stipendien für albanische Studenten im Reich zu ermöglichen. Bezüglich der Intensivierung des zwischenstaatlichen Handels versprach ein Meistbegünstigungsabkommen, das am 21. Dezember 1938 geschlossen wurde, einen Anstieg des Warenaustauschs. Dies jedoch ohne dass die Hoffnung bestand, albanische Rohstoffe von strategischer Bedeutung ausbeuten zu können. Dieses Abkommen verlor bereits vier Monate später mit dem von Deutschland gebilligten Einmarsch italienischer Truppen in Albanien seine Bedeutung. In dieser Zeit unterhielt das Deutsche Reich keine besonderen politischen und wirtschaftlichen Beziehungen zu Albanien. Die Versuche Zogus einer Annäherung an Deutschland – besonders Mitte der 1930er Jahre, um die italienisch-albanischen Beziehungen im Gleichgewicht zu halten – waren erfolgslos geblieben.

In der albanischen Geschichtsschreibung wird oft auf die Unterstützung der italienischen Albanienpolitik einschließlich der Billigung der Annexion Albaniens durch italienische Truppen am 7. April 1939 durch das nationalsozialistische Regime hingewiesen. Jedoch entspricht dieses Bild nicht ganz der Realität. Denn *de facto* sah die deutsche Politik Albanien schon lange bevor Hitler an die Macht kam als ein italienisches Protektorat an. Erst 1943 musste sich das Auswärtige Amt ernsthaft mit Albanien beschäftigen, als die Wehrmacht aus kriegswichtigen Gründen gezwungen war, Albanien zu besetzen.

Literatur

Bartl, Peter: Albanien – Vom Mittelalter bis zur Gegenwart. Regensburg 1995.

Biagini, Antonello: Historia e Shqipërisë nga zanafilla deri në ditët tona – Die Geschichte Albaniens seit der Entstehung bis heute. Tiranë 1998.

Busch-Zantner, Richard: Albanien. Neues Land im Imperium. Leipzig 1939.

Castellan, Georges: History of the Balkans. From Mohammed the Conqueror to Stalin. New York 1992 (= East European Monographs No. CCCXXV).

Dornfeldt, Matthias; Seewald, Enrico: „Die deutschen diplomatischen Vertretungen in Albanien". Zeitschrift für Balkanologie 45, 2009. S. 1–22.

Elsie, Robert: Faikbey Konitza. http://www.elsie.de/pdf.articles/2000IntroKonitza.pdf.

Fischer, Bernd J.: King Zog and the Struggle for Stability in Albania. New York 1984 (= East European Monographs 159).

Grey, Edward: Fünfundzwanzig Jahre, Memoiren, Band I. München 1926.

Ikonomi, Ilir: Faik Konica – Jeta në Washington – Das Leben in Washington. Tirana 2011.

Kacza, Thomas: Zwischen Feudalismus und Stalinismus. Albanische Geschichte des 19. und 20. Jahrhunderts. Berlin 2007.

Kaleshi, Hasan: „Vlora, Ekrem". In: Mathias Bernath, Felix von Schroeder, Karl Nehring (Hrsg.): Biographisches Lexikon zur Geschichte Südosteuropas, Band IV. München 1981.

Kasmi, Marenglen: Die deutsche Besatzung in Albanien 1943–1944. Potsdam 2013 (= Potsdamer Schriften zur Militärgeschichte 20).

Kühmel, Bernhard: Deutschland und Albanien, 1943–1944. Die Auswirkungen der Besetzung und die innenpolitische Entwicklung des Landes. Bochum 1981 (Inauguraldissertation zur Erlangung eines Doktors der Philosophie in der Abteilung für Geschichtswissenschaft der Ruhr-Universität Bochum).

Löhr, Hanns Christian: Die Gründung Albaniens. Wilhelm zu Wied und die Balkan Diplomatie der Großmächte 1912–1914. Frankfurt am Main 2010.

Niemeyer, Theodor: Die Londoner Botschaftervereinigung. München 1914.

Nolte, Ernst: Geschichte Europas 1848–1918. Von der Märzrevolution bis zum Ende des Ersten Weltkrieges. München 2007.

Oschlies, Wolf: Bonns neuer Partner in Europas „Wetterecke". Zur Aufnahme diplomatischer Beziehungen Albanien – Bundesrepublik Deutschland. Köln 1987 (= Berichte des Bundesinstituts für ostwissenschaftliche und internationale Studien 43).

Puto, Arben: Pavarësia shqiptare dhe diplomacia e Fuqive të Mëdha 1912-1914 – Die Unabhängigkeit Albaniens und die Diplomatie der Großmächte 1912-1914. Tiranë 1978.

Saraçi, Çatin: Zogu i shqiptarëve, një histori e jetuar – Der Zog der Albaner, eine erlebte Geschichte. Tiranë 2006 (= Shtëpia Botuese 55).

Schevill, Ferdinand: History of the Balkan Peninsula. From the Earliest Times to the Present Day. New York 1966.

Schiel, Rüdiger: „Skutari 1913/14 – eine frühe «Joint» oder eine «Combined Operation»?" In: Bernhard Chiari, Gerhard P. Groß (Hrsg.): Am Rande Europas? Der Balkan – Raum und Bevölkerung als Wirkungsfelder militärischer Gewalt. München 2009. S. 89–105.

Schmid, Thomas: „Der verratene Prinz". Berliner Zeitung vom 28.06.1997.

Schmidt-Neke, Michael: Entstehung und Ausbau der Königsdiktatur in Albanien (1912–1939); Regierungsbildungen, Herrschaftsweise und Machteliten in einem jungen Balkanstaat. München 1987.

Schmidt-Neke, Michael: „Fürst Wilhelm von Albanien Faktoren". In: Aspekte der Albanologie 18, (Akten des Kongresses „Stand und Aufgaben der Albanologie heute", 3.-5. Oktober 1988, Universität zu Köln, Herausgegeben von Walter Breu, Rolf Ködderitzsch und Hans-Jürgen Sasse), S. 203–221.

Schramm-von Thadden, Ehrengard: Griechenland und die Großmächte im II. Weltkrieg. Wiesbaden 1955.

Seewald, Christian: Der Balkanpakt von 1934, Studienarbeit, 1. Auflage. Norderstedt.Thopia, Karl (1916): „Das Fürstentum Albanien. Eine Zeitgeschichtliche Studie". In: Ludwig von Thalloczy (Hrsg.): Illyrisch-albanische Forschungen, Band II. München, Leipzig 1995, S. 219–289.

Vlora, Ekrem Bey: Lebenserinnerungen, Band II. München 1973.

Wendel, Hermann: Kreuz und quer durch den slawischen Süden; von Marburg bis Monastir, von Belgrad bis Buccari, Krainer Tage. Frankfurt am Main 1922.

Wendel, Hermann: Der Kampf der Südslawen um Freiheit und Einheit. Frankfurt am Main 1925.

Wilhelm, Fürst von Albanien, Prinz zu Wied: Denkschrift über Albanien. (nicht veröffentlichtes Manuskript von 1917).

Zamboni, Giovanni: Mussolinis Expansionspolitik auf dem Balkan. Italiens Albanienpolitik vom I. bis zum II. Tiranapakt im Rahmen des italienisch-jugoslawischen Interessenkonflikts und der italienischen „imperialen" Bestrebungen in Südosteuropa. Hamburg 1970 (= Hamburger Historische Studien, 2).

Matthias Dornfeldt und Enrico Seewald

Die deutsch-albanischen amtlichen Beziehungen

1. Die Beziehungen bis 1945

Mehr als vier Jahrhunderte lang währte die osmanische Herrschaft über Albanien. Die meisten Völker des Balkans erlangten im 19. Jahrhundert ihre Unabhängigkeit; Albanien folgte 1912. Im Brockhaus stand allerdings noch 1908: „Albanien ist das wildeste, unzivilisierteste und unbekannteste Land Europas."[1] Bekannter waren seine Vergangenheit und die Kämpfe seines Nationalhelden Skanderbeg. Nach dem Meyer von 1852 gehörte er „zu den bewunderungswürdigsten Männern seiner Zeit und seine Taten stellen ihn würdig neben die größten Feldherren aller Zeiten."[2] Seine Flagge mit dem Doppeladler und sein Helm wurden zu Symbolen der Unabhängigkeit.

Deutschland und die albanische Staatsgründung

Im Ersten Balkankrieg endete die türkische Herrschaft über Albanien. Die Führungen Österreichs und Italiens wünschten dort einen unabhängigen Staat. Der österreichisch-ungarische Außenminister Leopold Berchtold betonte im Erlaß an Botschafter Ladislaus Szögyeny in Berlin vom 30. Oktober 1912 das „vitale Interesse" an der freien Entwicklung Albaniens, damit sich an der Ostküste der Adria keine fremde Großmacht festsetzen könne.[3] Der Botschafter informierte Staatssekretär Alfred von Kiderlen-Waechter im Auswärtigen Amt darüber, der Kaiser Wilhelm II. am 3. November 1912 von dem österreichischen Wunsch berichtete, es „müsse ein lebensfähiges Albanien geschaffen werden." Der Herrscher schrieb dazu: „Wird nicht glücken! Ein Räuberstaat kann in sich nie lebensfähig werden."[4]

---

1 Brockhaus Konversations-Lexikon, Vierzehnte Auflage, Erster Band, Leipzig 1908, S. 320.

2 Das große Konversations-Lexikon für die gebildeten Stände, Zweite Abteilung, Neunter Band, Hildburghausen 1852, S. 336.

3 Österreich-Ungarns Außenpolitik (ÖUA), 4. Band, Wien und Leipzig 1930, S. 728.

4 Die Große Politik der Europäischen Kabinette (GPEK), 33. Band, Berlin 1926, S. 274 - 276.

Auf einem Kongreß in Vlora wurde am 28. November 1912 die Unabhängigkeit Albaniens beschlossen und der Politiker Ismail Kemal Bey Vlora zum Präsidenten der provisorischen Regierung gewählt. Der österreichisch-ungarische Konsul Wenzel Lejhanec telegrafierte Berchtold dazu: „Unabhängigkeit Albaniens heute 4 Uhr nachmittags durch Kongreß proklamiert und sofort am Tore des Beratungshauses Nationalfahne gehißt. Volksmenge durchzog hierauf unter Gesang und Freudenrufen die Straßen, Sympathiekundgebungen für Österreich-Ungarn und Italien vor unserem und dem italienischen Konsulate."[5] Der albanische Regierungschef notifizierte die Staatsgründung noch am selben Tag telegrafisch den Außenministerien der Großmächte. Das an den „ministre affaires etrangeres berlino" gerichtete Telegramm hat folgenden Wortlaut: „L'assemblée nationale composée des délégués de toutes les contrées albanaises sans distinction de religion réunis aujourd'hui dans la ville de Vallona vient de proclamer l'indépendance politique de l'Albanie et constituer un Gouvernement provisoire, chargé de défendre les droits d'existence du peuple albanais menacé d'extermination par les armées serbes et de délivrer le sol national envahi par les armées des Etats alliés en portant à la connaissance de Votre Excellence ce qui précède. J'ai l'honneur de prier le Gouvernement de Sa Majesté Impériale de vouloir bien reconnaitre ce changement de vie politique de la nation albanaise. Les albanais entrés dans la famille des peuples de l'Europe orientale, dont ils se flattent d'etre les ainés, ne poursuivant qu'un seul et unique but de vivre en paix avec tous les Etats balkaniques et en devenir un élément d'équilibre, sont convincus que le Gouvernement de Sa Majesté Impériale ainsi que tout le monde civilisé leur accorderont un bienveillant accueil en les protégeant contre toute atteinte à leur existence nationale et contre tout démembremant de leur territoire." Wilhelm II. beauftragte Kiderlen am 30. November 1912 aus Donaueschingen telegrafisch, der albanischen Bitte nach Anerkennung in Abstimmung mit Rom und Wien zu entsprechen.[6] Bereits am Abend des 28. November hatte Kemal die Konsuln Österreich-Ungarns und Italiens in Vlora persönlich über die Ereignisse informiert und um „wohlwollende Unterstützung für das junge albanische Staatswesen" durch die jeweiligen Regierungen gebeten.[7] Berchtold ermächtigte Lejhanec am 1. Dezember telegrafisch zur Zusage einer moralischen Unterstützung.[8] Am 17. Dezember 1912 wurde auf der in London tagenden Konferenz

5 K. u. K. Ministerium des Äussern (Hrsg.): Diplomatische Aktenstücke betreffend die Ereignisse am Balkan, 13. August 1912 bis 6. November 1913, Wien 1914, S. 71.

6 PAAA, R 13384, Türkei Nr. 143, Akten betreffend Albanien, Band 24.

7 Bericht Lejhanecs vom 29. November 1912: ÖUA, 4. Band, S. 1078 – 1081.

8 ÖUA, 5. Band, Wien und Leipzig 1930, S. 12.

der Botschafter Großbritanniens, Frankreichs, Rußlands, Italiens, Österreich-Ungarns und Deutschlands zur Beendigung des Balkankrieges die Autonomie Albaniens innerhalb des Osmanischen Reiches akzeptiert.[9]

Im Deutschen Reichstag hatte der sozialdemokratische Abgeordnete Georg Ledebour in der Debatte am 2. Dezember 1912 zum Balkanproblem die Selbständigkeit und Unabhängigkeit Albaniens gefordert und gleichzeitig davor gewarnt, „daß etwa von deutscher Seite oder von europäischer Seite überhaupt der Versuch gemacht wird, den Albanern irgendeinen deutschen Prinzling aufzudrängen." Die Reichsregierung möge alles aufbieten, „um zu verhindern, daß deutsche Prinzen in diese Position gebracht werden, wodurch Deutschland leicht kompromittiert werden kann. Man soll es den Albanern vollkommen selbst überlassen, wie und in welcher Regierungsform sie sich regieren wollen, ob das nun eine Monarchie werden wird oder irgendeine Form der Republik."[10]

Der „deutsche Prinzling" war Wilhelm zu Wied, dessen Kandidatur besonders durch das rumänische Königspaar betrieben wurde. Er war ein Neffe der Königin Elisabeth von Rumänien. Prinz Wilhelm zu Wied war mit Prinzessin Sophie von Schönburg-Waldenburg verheiratet und diente beim 3. Garde-Ulanen-Regiment in Potsdam. Das Paar hatte eine Tochter und einen Sohn. Am 10. Juli 1913 sprach Wilhelm zu Wied über seine Kandidatur mit Staatssekretär Gottlieb von Jagow im Auswärtigen Amt, der Botschafter Heinrich von Tschirschky in Wien darüber so informierte: „Ich habe dem Prinzen gesagt, daß wir uns in die Frage der Fürstenwahl nicht einmischen wollten, daß ich ihm weder ab- noch zureden könnte. Einen derartigen Entschluß, der von individuellen Neigungen und Lebensauffassungen abhinge, müsse jedermann mit sich selbst abmachen."[11] Kaiser Wilhelm II. war dafür, daß „ein mohammedanischer Fürst, eventuell ein ägyptischer Prinz, gewählt werde, unter Berücksichtigung einer vollen Börse, die in Albanien besonders vonnöten ist. (...) Sehr wenig erbaut war ich daher, als die Wahl auf den Prinzen Wilhelm zu Wied fiel. Ich schätzte ihn als vornehme, ritterliche, feinfühlige Natur hoch, hielt ihn aber für jenen Posten für ungeeignet. Der Prinz war mit den Verhältnissen auf dem Balkan viel zu wenig

9 Telegramm des deutschen Botschafters Karl Max Lichnowsky an das Auswärtige Amt: GPEK, 34. Band, Erste Hälfte, Berlin 1926, S. 53/54.

10 Verhandlungen des Reichstags, Band 286, Stenographische Berichte, S. 2476/2477.

11 GPEK, 35. Band, Berlin 1926, S. 277 – 279. Siehe zur Kandidatensuche: Deusch, Engelbert: „Albanische Thronbewerber. Ein Beitrag zur Geschichte der albanischen Staatsgründung" in: Münchner Zeitschrift für Balkankunde, 4. Band, München 1984, S. 89 – 150, 5. Band, München 1987, S. 121 – 164 und 6. Band, München 1990, S. 93 – 151.

vertraut, um diese dornenvolle Aufgabe mit Erfolg übernehmen zu können. Es war mir überhaupt unsympathisch, daß ein deutscher Fürst sich dort blamieren sollte. (…) Auf Anfrage seitens des Prinzen äußerte ich daher … freimütig alle meine Bedenken unter Betonung der Schwierigkeiten, die ihn erwarteten, und riet dringend ab. Befehlen konnte ich ihm nicht, da der Fürst zu Wied als Chef des Hauses das letzte Wort zu sprechen hatte.“[12]

Auf der Botschafterkonferenz in London wurde am 29. Juli 1913 folgende Struktur des neuen Staates festgelegt: „Albanien wird als selbständiges, souveränes Fürstentum mit durch Erstgeburtsrecht geregelter Erbfolge unter dem Schutze der sechs Mächte errichtet. (…) Albanien wird neutralisiert; seine Neutralität wird von den sechs Mächten garantiert. Die Kontrolle der Zivilverwaltung und der Finanzen Albaniens wird einer internationalen, aus den Bevollmächtigten der sechs Mächte und einem albanischen Bevollmächtigten zusammengesetzten Kommission übertragen.“[13] Eigene Kommissionen sollten die Grenzen Albaniens festlegen. Deutscher Vertreter in der Internationalen Kontrollkommission war Julius Winckel, der bisherige Konsul in Triest. Die Kommission tagte am 16. Oktober 1913 in Vlora zum ersten Mal.[14]

Der Vertreter in der Internationalen Kontrollkommission

Julius Winckel war am 14. März 1911 von Kaiser Wilhelm II. zum „Konsul des Deutschen Reiches in Triest für die Stadt Triest und ihr Gebiet, Dalmatien, Görz, Gradiska, Istrien und Krain“ ernannt worden. Jagow brachte am 27. August 1913 bei Wilhelm II. den Konsul als Delegierten in der Internationalen Kontrollkommission in Vorschlag mit folgender Begründung. „Durch seinen mehrjährigen dienstlichen Aufenthalt an der Ostküste des Adriatischen Meeres sind ihm die in Betracht kommenden Verhältnisse gut bekannt. Seine bisherige erfolgreiche Tätigkeit … bietet die Gewähr, daß er auch in dem neuen Wirkungskreis seinen Aufgaben gerecht werden wird. Da die übrigen Mächte für die Delegiertenposten Generalkonsuln oder Beamte im Range von solchen in Aussicht genommen haben, wage ich es, Euere Majestät zu bitten, dem Konsul Winckel den Charakter als Generalkonsul … verleihen zu wollen.“ Wilhelm II. unterzeichnete das Patent am nächsten Tag in Posen. Jagow informierte Winckel an

12 Kaiser Wilhelm II.: Ereignisse und Gestalten, Leipzig und Berlin 1922, S. 136/137.

13 Die Diplomatischen Akten des Auswärtigen Amtes 1871 – 1914, Ein Wegweiser durch das große Aktenwerk der Deutschen Regierung, Fünfter Teil, Dritte Abteilung: Europa vor der Katastrophe 1912 – 1914, 8. Band des Gesamtkommentars, Berlin 1927, S. 100*.

14 Telegramm Winckels an das Auswärtige Amt: GPEK, 36. Band, Berlin 1926, S. 291.

dessen Urlaubsort Bad Steben am 1. September telegrafisch über die Ernennung und ersuchte ihn, den Urlaub sofort abzubrechen, sich zwecks Einholung von Instruktionen nach Berlin zu begeben und danach unverzüglich nach Albanien abzureisen. Nach einem Telegramm Winckels vom 13. November aus Vlora sei er von einem möglicherweise wutkranken Hund gebissen worden. „Nachdem der Hundekopf an Antirabies Institut Neapel eingesandt, empfahl dieses persönliche Behandlung. Nach Konsultation Arztes Korfu und Depeschenwechsel mit Institut ist Zusendung Heilmittels unmöglich, reise daher morgen früh Brindisi Neapel." Die Kollegen seien einverstanden, er bitte um Urlaub und die Entsendung eines Vertreters. Mit Telegrammen vom 14. November wurde der Urlaub bewilligt und Legationsrat Rudolf Nadolny beauftragt, sich „so bald als möglich" nach Vlora zu begeben und dort die Vertretung Winckels zu übernehmen.[15] Er traf am 18. November 1913 ein.

Die diplomatische Agentur in Durazzo/Durres

Der Berliner Graphiker Emil Doepler hatte im Auftrag des Prinzen Wilhelm zu Wied Wappen, Siegel und Fahnen des Fürstentums Albanien kreiert und die Entwürfe am 17. Februar 1914 in der Sitzung des Vereins für Siegel- und Wappenkunde „Herold" in Berlin vorgelegt; „sie fanden wegen ihrer schönen stilistischen und sachgemäßen Darstellung die ungeteilte Anerkennung der Versammlung." Das große Wappen zeigte Skanderbegs schwarzen Doppeladler mit Blitzen in den Fängen, belegt mit goldenem Herzschild, darin der Wiedsche Pfau, der eigentlich ein Wiedehopf war. Es umgab ein purpurner, hermelingefütterter Mantel mit Krone. Sie bestand aus einem goldenen Reif auf Hermelinwulst mit einem weißen, fünfstrahligen Stern auf den Bügeln. Der Wahlspruch „Fidelitate et veritate" war die Devise des Hauses Wied. Das kleinere Wappen enthielt nur den Adler mit der Krone. Die Staatsflagge führte in Rot den schwarzen Adler, über dessen Häuptern der Stern schwebte. „Die Handelsflagge hat in Rot einen schwarzen, mit einem weißen, fünfstrahligen Stern belegten Querbalken." Doepler hatte auch Standarten für den Fürsten, die Fürstin und den Kronprinzen entworfen; die Krone war Kopfbedeckungen albanischer Edelleute nachempfunden. Der Adler sollte graphisch von den serbischen und montenegrinischen Wappenvögeln abweichen.[16] Prinz Wilhelm

15 Julius Winckel übernahm Mitte 1915 wieder die Leitung des Konsulats in Triest. Er wurde Ende 1918 in den einstweiligen Ruhestand versetzt und starb am 11. Oktober 1941 in München.

16 Der Deutsche Herold, Fünfundvierzigster Jahrgang 1914, S. 57.

wurde am 21. Februar im Schloß Neuwied von einer albanischen Delegation unter der Führung des Politikers Esad Pascha Toptani gebeten, „die Krone und den Thron des freien und unabhängigen Albaniens anzunehmen". Der Prinz sagte zu und traf mit seiner Gemahlin und dem Hofstaat am 7. März an Bord der österreichischen Jacht „Taurus" in Durres ein.[17] Residenz des Herrscherpaars war der Konak. Der Politiker und Diplomat Turhan Pascha Permeti bildete eine Regierung und übernahm auch die Leitung des Außenministeriums. Am 10. April 1914 erließ die Internationale Kontrollkommission die erste albanische Verfassung.

Der Regierungsantritt des Fürsten ließ die Errichtung einer deutschen diplomatischen Vertretung in Albanien als sinnvoll erscheinen, wozu schon von militärischer Seite geraten worden war. Wilhelm II. hatte am 1. November 1912 die Aufstellung einer Mittelmeer-Division angeordnet und am 28. Juni 1913 die Bildung eines Marine-Infanterie-Detachements befohlen, das unter der Leitung von Hauptmann Paul Schneider bei der Besetzung der albanischen Stadt Shkodra zum Einsatz kam. Die Leitung der Mittelmeer-Division übernahm am 23. Oktober 1913 Konteradmiral Wilhelm Souchon. In einem Bericht für Wilhelm II. vom 15. Dezember 1913 gab Souchon folgende Information Schneiders wieder: „Aus allen Schichten der Bevölkerung heraus wird den deutschen Offizieren schon seit längerer Zeit die Bitte vorgetragen, bei der deutschen Regierung die Errichtung eines Konsulats anzuregen. Nachdem wir allmählich mit der Bevölkerung Fühlung bekommen haben, begegnen wir überall einer großen Hochachtung für Deutschland, vor allem für die deutsche Industrie. Infolge der allgemein ausgesprochenen Anerkennung deutscher Waren, scheint es der besondere Wunsch angesehener Albaner zu sein, deutsche Kaufleute ins Land zu ziehen. Andererseits bemüht sich eine neugegründete italienisch-österreichische Gesellschaft, den ganzen albanischen Handel an sich zu reißen. Es erscheint daher jetzt der Augenblick nicht ungünstig gewählt zu sein, um durch Heraussendung eines deutschen Reichsvertreters den noch in den Anfängen steckenden Handelsbeziehungen festere Form zu geben." Der Kaiser strich diese Passage am Rand an und notierte dazu: „ja sofort Auswärtigem Amt mitteilen". Der Chef des Admiralsstabes der Marine, Hugo von Pohl, schickte am 5. Januar 1914 eine Abschrift des Dokuments „auf Allerhöchsten Befehl" an den Staatssekretär

17 Der Text der in Neuwied gehaltenen Ansprachen und der Proklamation des Prinzen als Fürst Wilhelm I. von Albanien ist abgedruckt im Deutschen Geschichtskalender, Jahrgang 1914, I. Band, S. 142/143 und 202.

des Auswärtigen Amtes mit der Bemerkung: „Das Weitere darf ich ergebenst anheimstellen."[18]

In seinem Bericht vom 18. März 1914 aus Durres für Reichskanzler Theobald von Bethmann Hollweg bat Rudolf Nadolny darum, „mit der Einrichtung unserer Vertretung hier beginnen zu dürfen. Nachdem der Fürst eingetroffen ist und die neue Regierung sich konstituiert hat, ist, glaube ich, der Moment gekommen, wo auch die Repräsentanten der fremden Staaten, die hier in die Erscheinung treten wollen, mit ihrer Tätigkeit einsetzen müssen. Abgesehen davon, daß die erste Entwicklung der politischen Verhältnisse auch für uns nicht ohne Interesse sein dürfte, macht sich jetzt auf wirtschaftlichem Gebiet ein fieberhaftes Bestreben fremder, insbesondere österreichischer und italienischer Unternehmer geltend, sich für die Beteiligung an den zu schaffenden neuen Einrichtungen die Priorität zu sichern." Es fehle zur Ausübung einer systematischen Tätigkeit an Hilfskräften und einem geeigneten Lokal. „Ferner ist der enge Bretterverschlag, den ich mir in dem hiesigen sogenannten Hotel erobert habe, zur Unterhaltung eines Geschäftsbetriebs nicht gerade geeignet; ich müßte mir dazu ordentliche Räume mieten und Möbel beschaffen. Da es nun wohl feststeht, daß wir am hiesigen Ort eine Vertretung des Reiches in irgendeiner Form errichten werden, so wäre es unter den vorliegenden Umständen wohl zweckmäßig, wenn die dazu in jedem Fall erforderlichen Einrichtungen schon jetzt beschafft und von mir benutzt werden könnten."[19]

Wilhelm II. war von Ende März bis Anfang Mai 1914 auf seiner Besitzung Achilleion auf Korfu, sozusagen Albanien gegenüber. Das Auswärtige Amt wurde dort durch Hans-Georg von Treutler vertreten. In einer Mitteilung des Unterstaatssekretärs Artur Zimmermann an Treutler zum Vortrag bei Wilhelm II. vom 9. April 1914 steht, daß „vorerst die Einrichtung eines Generalkonsulats als diplomatischer Agentur am Sitze der albanischen Regierung in Aussicht genommen" sei. „Dieses würde gleichzeitig die wirtschaftlichen Interessen wahrzunehmen haben. Daneben werden, wie es andere Mächte tun, an wichtigeren Handelsplätzen Honorarkonsulate auch für uns in Betracht kommen. In einem noch völlig unentwickelten Lande ... sofort zwei berufliche Vertretungen, eine diplomatische und eine wirtschaftliche, einzurichten, dürfte kaum gerechtfertigt erscheinen." Treutler antwortete darauf mit folgendem Telegramm vom 13. April 1914: „Seine Majestät befehlen, daß ein definitiver Vorschlag über

18 PAAA, R 4274, Albanien Nr. 1, Akten betreffend: Allgemeine Angelegenheiten Albaniens, Band 1, Bl. 255 – 258.

19 PAAA, R 140677, Albanien Nr. 2, Akten betreffend das Kaiserlich Deutsche Generalkonsulat in Durazzo.

Ernennung eines Vertreters bald vorgelegt werde. Mit dem in Aussicht genommenen Modus eines Generalkonsulats als diplomatischer Agentur am Sitze der albanischen Regierung sind Seine Majestät einverstanden." Jagow ließ in der „Ergänzung zum Etat des Auswärtigen Amtes für das Rechnungsjahr 1914" die entsprechenden Summen eintragen mit folgendem Hinweis: „Infolge der Begründung des neuen Fürstentums Albanien, das nunmehr auch ein selbständiges, entwicklungsfähiges Handelsgebiet darstellt, ist es erforderlich geworden, dort alsbald eine Vertretung des Reiches zu schaffen, welche gleichzeitig die politischen und die wirtschaftlichen Interessen wahrzunehmen haben wird. Es empfiehlt sich, zu diesem Zwecke ein Generalkonsulat als diplomatische Agentur am Sitze der albanischen Regierung zu errichten. Da der Ort, an dem die albanische Regierung dauernd Aufenthalt nehmen wird, noch nicht feststeht, ist die Bezeichnung ‚Diplomatische Agentur und Generalkonsulat für Albanien' gewählt worden, welche die endgültige Wahl des Amtssitzes vorbehält."[20]

In der Reichstagsdebatte am 14. Mai 1914 sagte Jagow über Albanien: „Bei den noch unentwickelten Lebensbedingungen des bisher an straffe Staatsformen nicht gewöhnten Landes wird man sich freilich davor hüten müssen, noch ungeordnete und unruhige Zustände mit dem gewohnten Maß zu messen." Der Staatssekretär sah aber keinen Grund, „die allmähliche Konsolidierung des Landes und Staates als eine Utopie zu behandeln." Hingegen zweifelte der sozialdemokratische Abgeordnete Hermann Wendel an der staatsbildenden Kraft der Albaner und bezeichnete sie als „Indianer Europas", „die weder ethnographisch noch geographisch noch religiös eine Einheit bilden". Der Sozialdemokrat kritisierte besonders, daß die Grenzen des Fürstentums nach den Bedürfnissen der Großmächte und nicht der Albaner gezogen worden seien und „ein deutscher Prinz den Albanern das rechte monarchische Bewußtsein beibringen soll." Wendel ließ es „dahingestellt, wie schmeichelhaft es für das offizielle Preußen ist, daß sich alle Mächte einig waren: für diesen zurückgebliebensten, unzivilisiertesten, wildesten Volksstamm Europas eignet sich als Oberhäuptling nur ein feudaler Herr vom preußischen Kasernenhof."[21]

Am 1. Juni 1914 verfaßte Schneider eine Aufzeichnung über die Lage in Albanien, die in Abschrift mit Randbemerkungen Wilhelms II. dem Auswärtigen Amt übersandt wurde. Der Hauptmann berichtete darin auch über eine Zusammenkunft mit dem Fürsten und über albanische Wünsche nach Entsendung von Truppen der Großmächte zur Stabilisierung der fürstlichen Regierung.

20 Entwurf des Reichshaushaltsetats für das Rechnungsjahr 1914 nebst Anlagen, I. Band.
21 Verhandlungen des Reichstags, Band 295, Stenographische Berichte, S. 8836 und 8840.

Schneider resümierte: „Es ist undenkbar, daß in einem weit hinter dem Mittelalter zurückgebliebenen Lande, mit drei sich fanatisch gegenüberstehenden Religionen und ohne das geringste Nationalbewußtsein, ohne militärische Macht nur das Geringste erreicht werden kann." Wilhelm II. hatte an diesen Passus notiert, „genau Mein Urteil, das Ich seit 1½ Jahren vertrete".[22] Jegliche Beteiligung deutscher Verbände lehnte der Kaiser mit drastischen Worten ab. Ein diplomatischer Vertreter wurde dennoch nach Albanien entsandt, und zwar der erste Sekretär an der Botschaft in Petersburg, Botschaftsrat Hellmuth von Lucius.[23] Nadolny telegrafierte am 22. Mai dazu das Einverständnis des Fürsten. Graf Botho von Wedel von der Politischen Abteilung des Auswärtigen Amtes telegrafierte am folgenden Tag aus Berlin an Nadolny in Durres, Lucius bitte für ihn und seinen Diener ein möglichst gutes Quartier zu mieten. Am 26. Mai traf der Diätar Wilhelm Knothe dort ein und übernahm den Dienst als Sekretär. Am selben Tag wurde Lucius vom Bundesratsausschuß für Handel und Verkehr bestätigt. Bethmann Hollweg ersuchte Wilhelm II. drei Tage später, „dem diplomatischen Agenten und Generalkonsul von Lucius gleichzeitig dem auch seinem Lebens- und Dienstalter entsprechenden Titel und Rang eines außerordentlichen Gesandten und bevollmächtigten Ministers in Gnaden verleihen zu wollen." Der Reichskanzler hatte dem Schreiben den Entwurf der Bestallungsurkunde beigefügt, die der Kaiser am 3. Juni 1914 vollzog.[24]

Rudolf Nadolny bat Theobald von Bethmann Hollweg Ende Mai 1914 um die Dienstsiegel, eine Adler-Schreibmaschine und Büromaterial und teilte mit, daß er den Albaner Abdul Rahman aus Dibra als Kawassen engagiert habe. Mit Telegramm vom 31. Mai empfahl Nadolny als Wohnung für Lucius das „Haus Castoldi-Buchberger, türkisch aber sauber, oben vier, unten drei Zimmer und Küche, Hof, kleiner Garten, Mietvertrag auf 2 Jahre, Preis jährlich 5600 francs, gleich zu haben. Österreichische Köchin sowie notwendige Möbel können übernommen werden. Bitte entscheiden oder schnell kommen." Lucius telegraphierte am 3. Juni an Nadolny: „Wenn möglich bis zu meinem Eintreffen ... Wohnung an der Hand behalten. (...) Nehme Köchin, eventuell auch übriges

22 PAAA, R 4285, Albanien Nr. 1, Akten betreffend: Allgemeine Angelegenheiten Albaniens, Band 12, Bl. 111.

23 Hellmuth von Lucius war ein Sohn des Politikers Robert Lucius, der am 5. Mai 1888 vom deutschen Kaiser und preußischen König Friedrich III. in den Adels- und Freiherrenstand erhoben wurde. Hellmuth erbte beim Tod des Vaters am 10. September 1914 die Besitzung Stoedten in Thüringen und nannte sich danach Freiherr Lucius von Stoedten.

24 PAAA, Personalakte Hellmuth von Lucius.

nach Besichtigung." Bethmann Hollweg schrieb Lucius am 6. Juni, daß Wilhelm II. ihm den Posten eines diplomatischen Agenten und Generalkonsuls für Albanien übertragen und den Titel und Rang eines außerordentlichen Gesandten und bevollmächtigten Ministers verliehen habe. Er solle noch in der ersten Hälfte des Monats die Geschäfte von Nadolny übernehmen. Lucius verließ Berlin am 11. Juni und reiste von Triest aus mit dem Dampfer nach Durres, wo er am 16. Juni eintraf. Abends telegraphierte er vom österreichischen Kreuzer „Szigetvar" dem Auswärtigen Amt: „Heute angekommen und Geschäfte übernommen." In den folgenden Tagen bemühte er sich um die Ausstattung der Vertretung. Die Reichsdienstflagge lieferte die Anhalter Flaggenfabrik Plaut & Schreiber in Jeßnitz in Anhalt, Toilettenartikel und Reinigungsmaterial kamen von Stöckmann aus Berlin. Das „Bildnis Seiner Majestät des Kaisers in Generalsuniform nach dem Gemälde von Ehrlich in Eichenrahmen mit Kaiserkrone" lieferte die Kunsthandlung Amsler & Ruthardt. Das Bild kam wegen des Ausbruchs des Ersten Weltkrieges nur bis zur Paßstelle Kolding.[25]

Mit Kriegsbeginn endete die österreichische und italienische Unterstützung des Fürsten von Albanien. Die deutsche Regierung unternahm nichts zur Erhaltung seines Fürstentums. Artur Zimmermann hatte dem schweizerischen Gesandten Alfred von Claparède schon am 20. Juli 1914 im Auswärtigen Amt gesagt, Deutschland werde sich an einer Rettungsaktion nicht beteiligen, da es von Anfang an dem Prinzen zu Wied von der Annahme der Dornenkrone abgeraten habe.[26] Lucius telegrafierte Wedel am 3. August, er sei vor Ort überflüssig und bitte dringend um Rückkehr zu anderweitiger Verwendung. Wedel telegraphierte am selben Tag zurück: „Abreise ausgeschlossen". Jagow schickte aber am nächsten Tag folgendes streng geheime Telegramm an Lucius: „Sollten Ihr österreichischer und italienischer Kollege in Folge dortiger Situation zur Abreise gezwungen werden, sind auch Euer Hochwohlgeboren zur Abreise ermächtigt." Lucius teilte mit Telegramm vom 31. August die bevorstehende Abreise des Fürsten mit und fügte hinzu: „Da ich dringend erholungsbedürftig bin und seit Wochen an chronischem Darmkatarrh leide, bitte ich Euere Exzellenz zur Wiederherstellung meiner Gesundheit und Besuch meines schwerkranken Vaters um Urlaub, bald nach Abreise des Fürsten." Jagow telegrafierte aus dem Großen Hauptquartier in Luxemburg am 3. September 1914 als Antwort: „In

25 Papiere dazu in: PAAA, R 135168, Albanien Nr. 2, Akten betreffend die Geldangelegenheiten des Generalkonsulats in Durazzo.

26 Bericht Claparèdes vom 21. Juli 1914: Diplomatische Dokumente der Schweiz, Band 6, Bern 1981, S. 6 – 8.

Kriegszeiten muß jeder auf seinem Posten ausharren."[27] Mit Telegrammen vom selben Tag meldete Lucius dem Auswärtigen Amt die Abreise des Fürstenpaares und schrieb dazu: „Gesandte der Großmächte versammelten sich eben und sind der Ansicht, daß sie hier bei der revolutionären Regierung nicht mehr bleiben können und Durazzo vorläufig mit Urlaub verlassen müssen. (...) Bitte mich zu autorisieren, mich meinen Kollegen anschließen zu dürfen." Jagow ließ antworten: „Bitte Gesandten Durazzo ermächtigen, wenn andere Gesandten abreisen, ebenfalls auf Urlaub zu gehen." In seinem Bericht für Bethmann Hollweg vom 4. September 1914 schrieb Lucius zum Schluß: „Es ist zu hoffen, daß ... sich nie wieder ein deutscher Fürst finden möge, der bereit ist, die undankbare Rolle eines Herrschers dieses seit Jahrhunderten aufständischen Landes zu übernehmen."[28] Am folgenden Tag besetzten Rebellen Durres und hißten auf dem Konak die türkische Fahne. Die Räumlichkeiten des Fürstenpaares hatten die Gesandten vorher versiegelt.[29] Am 9. September telegrafierte Lucius an das Auswärtige Amt, daß alle Gesandten bis auf den französischen abgereist wären und stellte die Frage: „Darf ich abreisen?" Das Antworttelegramm Jagows bestand nur aus dem Wort „Ja".[30] Lucius verließ Durres am 12. September 1914 und traf fünf Tage später auf der Familienbesitzung Klein-Ballhausen in Thüringen ein.[31]

Das Fürstenpaar hatte Durres am 3. September 1914 an Bord der italienischen Jacht „Misurata" verlassen.[32] Damit war die Geschichte des Fürstentums Albanien zu Ende und die deutsche diplomatische Agentur hatte ihren Sinn verloren. Wilhelm Knothe verließ Durres am 7. Oktober 1914. Mit Schreiben vom 5. Januar 1920 wurde von der Botschaft in Wien dem Auswärtigen Amt mitgeteilt, daß von der Agentur noch sechs Kisten da wären, darunter Büromaterial sowie eine Klosettmuschel. Das Büromaterial wurde in Wien verbraucht; zum Verbleib der Klosettmuschel schweigen die Akten. Am 5. September 1921 wurde notiert: „Mit Wiedereinrichtung einer diplomatischen Vertretung in Durazzo ist voraussichtlich in absehbarer Zeit nicht zu rechnen."[33]

---

27 Der Telegrammwechsel in: PAAA, Personalakte Hellmuth von Lucius.

28 PAAA, R 4289, Albanien Nr. 1, Akten betreffend: Allgemeine Angelegenheiten Albaniens, Band 16, Bl. 52, 54, 56 und 73.

29 Bericht Lucius vom 6. September 1914 an Bethmann Hollweg, ebenda, Bl. 74/75.

30 Ebenda, Bl. 65.

31 Freiherr Hellmuth Lucius von Stoedten war von 1915 bis 1920 Gesandter in Stockholm und von 1921 bis 1927 Gesandter im Haag. Er starb am 14. November 1934 in Berlin.

32 Prinz Wilhelm zu Wied verzichtete zwar nicht auf die albanische Krone, kehrte jedoch nie wieder nach Albanien zurück und starb am 18. April 1945 auf Schloß Predeal in Rumänien.

33 PAAA, R 135168.

Die völkerrechtliche Anerkennung Albaniens durch Deutschland

Am Ende des Ersten Weltkrieges stand ganz Albanien unter italienischer Besatzung, die 1919 endete. Der Nationalkongreß von Lushnja berief im Januar 1920 eine neue Regierung, die ihren Sitz in Tirana nahm. Am 17. Dezember 1920 wurde Albanien in den Völkerbund aufgenommen. Die Botschafter Großbritanniens, Frankreichs, Italiens und Japans vereinbarten am 9. November 1921 in Paris die Anerkennung Albaniens als souveränen und unabhängigen Staat. Darüber informierte Midhat Frasheri, der Leiter der albanischen Delegation, fünf Tage später schriftlich den deutschen Botschafter Wilhelm Mayer, der das Dokument am 21. November 1921 dem Auswärtigen Amt zuschickte. Mit Schreiben vom 28. Januar 1922 teilte der albanische Außenminister Fan Noli aus Tirana dem deutschen Außenminister Walther Rathenau den Wortlaut des Artikels I der Vereinbarung vom 9. November 1921 mit und fügte hinzu: „En portant ce qui précède à la connaissance de Votre Excellence, j'ai l'honneur de la prier de vouloir bien, à l'instar des Puissances susmentionnées, reconnaître le Gouvernement albanais comme le Gouvernement de jure de l'Etat Albanais." Das Auswärtige Amt wollte die Haltung der Regierungen Italiens, Jugoslawiens und Griechenlands zur Anerkennung Albaniens wissen und forderte von den diplomatischen Vertretungen vor Ort entsprechende Informationen an. Andere deutsche Auslandsmissionen berichteten über die bereits vollzogene oder unmittelbar bevorstehende formelle Anerkennung Albaniens durch ihre Gastregierungen. In Beantwortung des Schreibens vom 28. Januar 1922 teilte Staatssekretär Edgar Haniel von Haimhausen am 19. Mai 1922 dem albanischen Außenminister die Anerkennung durch die deutsche Regierung mit.[34]

Die Vertretung in Tirana

Die Errichtung der Mission in Tirana übernahm Gesandtschaftsrat Radolf von Kardorff von der Vertretung in Sofia. Freiherr Wernher von Ow-Wachendorf, der Leiter des für den Vatikan, Jugoslawien, Bulgarien und Albanien zuständigen Referats der Abteilung II des Auswärtigen Amtes, informierte ihn am 15. Mai 1923 brieflich darüber und beglückwünschte ihn dazu so: „Albanien befindet sich gegenwärtig in einem Zustand politischer Konsolidierung und starker wirtschaftlicher Entwicklung. Es hat ein Wettlaufen italienischen und englischen Kapitals dort eingesetzt. Gleichzeitig rühren sich ... auch unsere Wirtschaftskreise und eine ganze Reihe von Projekten befindet sich in Vorbereitung.

34 PAAA, R 72406, Abteilung II, Albanien Politik, Akten betreffend: Politisches, Band 1.

Infolgedessen durften wir dem Drängen dieser Kreise nicht länger uns widersetzen und mußten als deutschen Vertreter eine Persönlichkeit gewinnen, von der man erwarten kann, daß sie mit Lust und Liebe in dieses Neuland hinuntergeht und den Wünschen unserer deutschen Wirtschaftspioniere verständnisvolle Förderung entgegenzubringen in der Lage ist." Wirkliche Vorarbeit sei noch nicht geleistet worden, der deutsche Vertreter müsse in Albanien ganz neu beginnen.[35] In der von Staatssekretär Ago von Maltzan am 28. Mai vollzogenen Ernennungsurkunde steht: „Hierdurch werden Sie als Geschäftsträger mit der Einrichtung und Leitung einer diplomatischen Vertretung des Deutschen Reichs in Albanien, mit dem Sitz in Tirana, beauftragt. Ich ersuche Sie ergebenst, sich nach Befreiung von Ihren jetzigen Dienstgeschäften nach Berlin zu begeben und sich zwecks Information im Auswärtigen Amt zu melden. (…) Gleichzeitig erteile ich Ihnen für Albanien konsularische Befugnisse." Eine Abschrift wurde der Botschaft in Rom geschickt mit dem Ersuchen, die albanische Regierung über deren dortige Mission von der beabsichtigten Entsendung Kardorffs zu informieren. Botschafter Konstantin von Neurath berichtete dem Auswärtige Amt am 14. Juni 1923 über die Nachricht des albanischen Geschäftsträgers, „daß seine Regierung mit Vergnügen das Agrément für Herrn von Kardorff als deutscher Geschäftsträger in Albanien erteilt."[36]

Radolf von Kardorff unternahm zunächst eine Informationsreise nach Tirana und schrieb nach deren Abschluß, er glaube, „im Sinne des Reiches und des Auswärtigen Amtes die zweckmässigsten Grundlagen geschaffen zu haben. Vorausschicken muß ich dabei, daß die im kleinen und völlig orientalischen Tirana überaus schwierige Wohnungsfrage uns durch das Entgegenkommen der Regierung wesentlich erleichtert wurde. Es war von ihr ein zwar mit allen Mängeln des Orients versehenes doch ohne allzugroßen Aufwand zurechtstutzbares Haus … unauffällig reserviert worden, worin der Eff Kaff, die höchste mohammedanische Verwaltungsbehörde, untergebracht war. Noch am Tage meiner Ankunft wurde mir durch Vermittlung des Ministeriums des Äußern das Haus gezeigt, das zwar in einer heute noch traurigen und verwahrlosten Nachbarschaft von staubigen Schmutzplätzen und Kramläden liegt; indessen … in keiner schlechten Lage sich befindet. Es liegt in einem Viertel, dem Aufmerksamkeit geschenkt wird, in fernerer Nachbarschaft zwischen dem Ministerium des Innern und dem Hause des Ministerpräsidenten. Seine Reservierung für uns mag vielleicht als äußeres Zeichen dafür erscheinen, daß man, nachdem alle anderen um die

35 PAAA, Personalakte Radolf von Kardorff.

36 Ebenda.

Reichtümer Albaniens werbenden Nationen bereits vertreten sind, uns gern in Tirana begrüßt." Er unterschrieb eigenmächtig den Mietvertrag unter „Vorbehaltung der Genehmigung des Auswärtigen Amtes" und veranlaßte den Beginn der Instandsetzungsarbeiten.[37]

In dem von Reichskanzler Gustav Stresemann am 11. Oktober 1923 unterzeichneten an Außenminister Pandeli Evangjeli gerichteten Einführungsschreiben steht: „Herr Minister! Von dem Wunsche geleitet, die Pflege der diplomatischen Beziehungen zwischen dem Deutschen Reiche und Albanien wieder aufzunehmen, habe ich beschlossen, den Gesandtschaftsrat Radolf von Kardorff zum Geschäftsträger in Tirana zu bestellen. (...) Ich darf bitten, ihn bei Überreichung dieses Schreibens mit Wohlwollen aufzunehmen und ihm in allem, was er im Auftrage der Deutschen Reichsregierung vorzubringen berufen sein wird, vollen Glauben beizumessen."[38] Kardorff übergab das Dokument am 4. November im Außenministerium in Tirana und schrieb dazu: „In der daran anschließenden Unterhaltung brachte Pandeli Evangjeli ... nochmals seiner und der Regierung Freude darüber zum Ausdruck, daß Deutschland die diplomatischen Beziehungen mit Albanien wieder angeknüpft habe und begrüßte dabei das Erscheinen deutscher Arbeit und deutscher Unternehmungen im Lande." Ähnlich äußerte sich am folgenden Tag auch Ministerpräsident Ahmed Zogu beim Antrittsbesuch des Geschäftsträgers.[39] In einem Privatbrief vom 25. Dezember 1923 an Maltzan bemerkte Kardorff: „Die Albaner haben mich sehr nett aufgenommen und sind über unser amtliches Erscheinen hier sichtlich erfreut. (...) Alles in Allem habe ich mich schnell hier eingelebt, wozu der Umstand beigetragen haben mag, daß alle anderen Vertreter ... mir besonders freundlich entgegengekommen sind."[40] Bei der Ankunft Kardorffs residierten nur die Gesandten Italiens und der USA sowie der jugoslawische Geschäftsträger in Tirana. Die anderen diplomatischen Vertretungen waren in Durres und Shkodra.

Ein Budget für die deutsche Mission konnte nicht berechnet werden. Das Problem dabei war, daß Albanien keine eigene Währung hatte. Nach einem Zeitungsbericht würden Louis d'or und Napoleon d'or, aber auch alte deutsche und österreichische Goldstücke dort rollen wie nirgendwo sonst in Europa. Papiergeld werde im Inneren des Landes nicht angenommen. „In den ... größeren Geschäftshäusern und Hotels nimmt man meist nur den amerikanischen Dollar

37 Bericht vom 25. August 1923: PAAA, R 72406.
38 Abschrift in: PAAA, Personalakte Radolf von Kardorff.
39 Bericht Kardorffs an das Auswärtige Amt vom 10. November 1923: PAAA, R 72406.
40 PAAA, R 72407, Abteilung II, Albanien Politik, Akten betreffend: Politisches, Band 2.

als vollwertig an; in den Hafenstädten auch die italienische Lira; deutsches Papiergeld ist unanbringlich."[41] Sein Geld holte Kardorff persönlich bei einer Bank in Triest ab. Später wurden die Mittel für die Vertretung in Berlin in amerikanischen Dollars beschafft und mit dem Depeschenkasten nach Tirana geschickt.[42] Die 1925 gegründete albanische Nationalbank setzte eine eigene Währung in Umlauf, den Lek. Im selben Jahr wurde die deutsche Vertretung in Tirana zur Gesandtschaft. Freiherr Werner von Grünau, der stellvertretende Leiter der für West- und Südosteuropa zuständigen Abteilung II des Auswärtigen Amtes, hatte dazu am 3. Oktober 1924 notiert: „Die Errichtung einer Deutschen Gesandtschaft in Albanien ist aus politischen und wirtschaftlichen Gründen dringend erwünscht. Albanien liegt in einem der Brennpunkte der europäischen Politik. Die Balkanprobleme, die Adriafrage, die Mächtegruppierung im Mittelmeer, diese und andere politische Fragen von großer Tragweite sind mit dem politischen Schicksal Albaniens eng verknüpft und fordern dauernd eine aufmerksame Beobachtung. Die fremden Mächte haben unter Würdigung der Bedeutung Albaniens dort Gesandtschaften errichtet. (...) Es ist dringend erwünscht, daß Deutschland ebenfalls eine Gesandtschaft als ständigen Beobachtungsposten unterhält."[43] Zogu hatte Anfang 1925 eine Präsidialdiktatur errichtet. Er wurde am 31. Januar 1925 von der Nationalversammlung zum Staatspräsidenten auf die Dauer von sieben Jahren gewählt. Kardorff schrieb dazu am nächsten Tag an das Auswärtige Amt: „Unverzüglich ist die feierliche Grundsteinlegung zu einem Präsidialgebäude vorgenommen und mit der Errichtung einer Leibgarde des Präsidenten von 20 Mann in besonderen Uniformen begonnen worden." Über dem am gleichen Tag zur definitiven Hauptstadt Albaniens bestimmten Tirana würden Freude und Jubel lagern.[44] Am 7. März 1925 verabschiedete das Parlament die Verfassung der Republik Albanien.

Im Frühjahr 1925 wurde, wieder über die Botschaft in Rom, um das Agrément für Radolf von Kardorff als Gesandten ersucht. Konstantin von Neurath telegrafierte am 8. April dessen Erteilung. Am 25. April 1925 unterzeichnete Reichsgerichtspräsident Walter Simons als Vertreter des verstorbenen Reichspräsidenten Friedrich Ebert die Ernennungsurkunde und der neue Reichspräsident Paul von Hindenburg vollzog am 27. Mai 1925 das Beglaubigungsschreiben.

---

41 Berliner Tageblatt vom 24. Januar 1926.

42 Papiere dazu in: PAAA, R 135169, Abteilung I, Rep. II Albanien Nr. 4, Akten betreffend die Geldangelegenheiten der Deutschen Gesandtschaft in Tirana, Band 1.

43 PAAA, R 72444, Abteilung II, Albanien, Akten betreffend: Deutsche diplomatische und konsularische Vertretungen in Albanien, Band 1.

44 PAAA, Botschaft Rom-Quirinal, Band 721B.

Darin steht: „Herr Präsident! Von dem Wunsche geleitet, die Pflege der diplomatischen Beziehungen zwischen dem Deutschen Reich und der Albanischen Republik endgültig wieder aufzunehmen, ist beschlossen worden, den derzeitigen Geschäftsträger Radolf von Kardorff zum außerordentlichen Gesandten und bevollmächtigten Minister des Deutschen Reiches in Tirana zu ernennen. Seine bewährten Eigenschaften berechtigen mich zu der Erwartung, daß er in der ihm übertragenen ehrenvollen Stellung bestrebt sein wird, sich Euerer Exzellenz Beifall zu erwerben. Er wird die Ehre haben, Ihnen dieses Schreiben, welches ihn in der Eigenschaft eines außerordentlichen Gesandten und bevollmächtigten Ministers beglaubigen soll, zu überreichen. Ich bitte, ihn mit Wohlwollen zu empfangen und ihm in allem, was er in meinem Namen oder im Auftrage der Deutschen Regierung vorbringen wird, vollen Glauben beizumessen. Zugleich benutze ich diesen Anlaß, um Euerer Exzellenz die Versicherung meiner vollkommensten Hochachtung und aufrichtigen Freundschaft zum Ausdruck zu bringen." Kardorff übergab Zogu das Kreditiv am 17. Juni 1925 und schrieb dem Auswärtigen Amt dazu am nächsten Tag: „Der Empfang fand in dem kleinen Gebäude ... der früheren Regentschaft statt. Eine Kompagnie Gendarmen erwies die Ehrenbezeugungen, während die Leibkapelle des Präsidenten die Musik stellte. Die Deutsche Nationalhymne begrüßte mich beim Betreten, die albanische beim Verlassen des Gebäudes. Auf meine in deutsch gehaltene Ansprache erwiderte der Präsident in albanischer Sprache." In der daran anschließenden auf deutsch geführten Unterhaltung habe er dem Präsidenten die deutschen Interessen nahe gebracht. Zogu wäre der deutschen Regierung „für die Anknüpfung der vollen diplomatischen Beziehungen von Herzen dankbar. Im Besonderen beauftragte er mich, seine angelegentlichsten Empfehlungen dem Herrn Reichspräsidenten zu übermitteln, auf dessen wie auf Deutschlands Wohlergehen er mit mir anstoße und sein volles Glas leere. Ich versprach dem Präsidenten seine von Worten der Bewunderung für den Herrn Reichspräsidenten begleiteten Äußerungen sogleich an vorgesetzter Stelle melden zu wollen."[45]

Ahmed Zogu ließ sich am 1. September 1928 zum König der Albaner proklamieren. Radolf von Kardorff erhielt das folgende von Reichspräsident Paul von Hindenburg unterzeichnete und von Reichsaußenminister Hermann Müller gegengezeichnete auf den 9. Oktober 1928 datierte neue Kreditiv[46]:

45 Entwurf des Kreditivs und Bericht in: PAAA, Personalakte Radolf von Kardorff.

46 Ebenda.

Paul von Beneckendorff und von Hindenburg
Deutscher Reichspräsident
an
Seine Majestät den König der Albaner.
Von dem Wunsche geleitet, die zwischen dem Deutschen Reich und Albanien bestehenden diplomatischen Beziehungen auch nach der Umwandlung der Albanischen Republik in ein Königreich aufrecht zu erhalten und immer fester zu knüpfen, habe ich beschlossen, den bei dem früheren Präsidenten der Albanischen Republik beglaubigt gewesenen außerordentlichen Gesandten und bevollmächtigten Minister Radolf von Kardorff in dieser seiner amtlichen Eigenschaft zu bestätigen. Seine bewährten Eigenschaften bürgen mir dafür, daß er auch weiterhin bestrebt sein wird, die ihm gestellten hohen Aufgaben zu erfüllen. Er wird die Ehre haben, Euerer Majestät dieses Beglaubigungsschreiben zu übereichen. Ich bitte, ihn mit Wohlwollen zu empfangen und ihm in allem, was er in meinem Namen oder im Auftrage der Deutschen Regierung vorbringen wird, vollen Glauben beizumessen.
Indem ich meine besten Wünsche für das Wohlergehen Euerer Majestät sowie das Blühen und Gedeihen Albaniens zum Ausdruck bringe, bitte ich Euere Majestät, die Versicherung meiner vollkommensten Hochachtung und aufrichtigen Freundschaft entgegennehmen zu wollen.

Paul von Hindenburg ernannte Radolf von Kardorff am 28. Januar 1929 zum Gesandten in Athen und unterzeichnete am 14. Februar dessen Abberufungsschreiben für Albanien.[47] Am 28. März ernannte der Reichspräsident den Botschaftsrat Siegfried Hey von der Botschaft in Moskau zum Gesandten in Tirana, der Zogu am 30. September 1929 das Kreditiv übergab. Die Gesandtschaft wurde aus Kostengründen am 23. Oktober 1930 in ein Konsulat umgewandelt. Hey amtierte als kommissarischer Leiter des Konsulats und Geschäftsträger bis zum 16. August 1931.[48] Sein Nachfolger war Erich von Luckwald, der bisherige kommissarische Leiter des Konsulats in Lodz. Am 24. Dezember 1931 wurde Luckwald zum Konsul und am 13. Januar 1932 zugleich zum Geschäftsträger in Tirana ernannt. Er innitierte den Neubau eines Hauses für die Mission auf einem der Familie Frasheri gehörenden Grundstück neben der griechischen Gesandtschaft.[49] Am 1. Juli 1934 wurde das Konsulat wieder in eine Gesandtschaft umgewandelt. Luckwald amtierte bis zum 20. November 1936 als Gesandter in Tirana.[50] Sein Nachfolger war Eberhard von Pannwitz, der dem König am

47 Ebenda. Radolf von Kardorff war zwei Jahre lang Gesandter in Athen, wurde dann in den Ruhestand versetzt und starb am 5. Dezember 1967 in Berlin.

48 Siegfried Hey starb am 20. November 1963 in Gauting.

49 PAAA, Erinnerungen des Gesandten a. D. Dr. Erich von Luckwald, III. Teil, S. 23/24.

50 Erich von Luckwald war später Generalkonsul in Danzig und zuletzt Vertreter des Auswärtigen Amtes beim Reichsprotektor in Böhmen und Mähren. Er starb am 11. Februar 1969 in Bonn.

12. Dezember 1936 das Beglaubigungsschreiben überreichte. Am 27. April 1938 vermählte sich Zogu mit der ungarischen Gräfin Geraldine Apponyi. Das Hochzeitsgeschenk des Reichskanzlers Adolf Hitler war ein Mercedes-Benz-Automobil. Sieben Monate später wurde die diplomatische Vertretung Albaniens in Deutschland eröffnet, die der König schon lange gewünscht hatte. Am 21. November empfing der Reichskanzler auf dem Berghof den früheren Außenminister Rauf Fico als ersten und letzten albanischen Gesandten zur Übergabe des Kreditivs. Zogu gratulierte Hitler in einem selbstverfaßten Telegramm zum Jahreswechsel 1938/39 zu den „unter Ihrer genialen Führung errungenen großen und gerechten Erfolgen" und übermittelte „die Bewunderung und Glückwünsche des Albanischen Volkes für die ruhmreiche Größe des Deutschen Volkes…, dessen Macht eine sichere Gewähr für die Aufrechterhaltung der Ordnung und Gerechtigkeit und für die Vermeidung der Unbill der Vergangenheit ist."[51] Hitler hat das Telegramm wohl nicht beantwortet. Die Deutschen unternahmen auch nichts zur Verteidigung der Unabhängigkeit Albaniens.

Im Frühjahr 1939 verdichteten sich Gerüchte über eine militärische Aktion Italiens gegen Albanien. Deshalb erkundigte sich Rauf Fico im Auftrag seiner Regierung am 5. April 1939 im Auswärtigen Amt über die deutsche Haltung dazu. Unterstaatssekretär Ernst Woermann ließ in dem Gespräch keinen Zweifel aufkommen, daß Albanien von Deutschland keine Hilfe zu erwarten habe.[52] Der italienische Botschafter Bernardo Attolico informierte am nächsten Tag Staatssekretär Ernst von Weizsäcker telefonisch darüber, „daß die Entwicklung zwischen Rom und Tirana in ein Stadium eingetreten sei, welches ein militärisches Eingreifen nötig mache." Am folgenden Tag würden italienische Truppen an der albanischen Küste landen.[53] Weizsäcker hatte Pannwitz bereits telegraphisch folgende Anweisung erteilt: „Sie werden keinerlei Geste oder Akt vorzunehmen haben, welche unsere uneingeschränkte Billigung italienischen Vorgehens in Zweifel stellen könnte."[54] Am nächsten Tag wurden mit einem Rundtelegramm des Staatssekretärs die deutschen diplomatischen Missionen in ähnlichem Sinne informiert.[55] Zogu flüchtete mit seiner Familie nach Griechenland.[56] Pannwitz

51 Die zitierten Dokumente in: PAAA, Botschaft Rom-Quirinal, Band 721E.

52 Aufzeichnung Woermanns vom 5. April 1939: PAAA, R 28845, Büro Reichsaußenminister, Akten betreffend Albanien.

53 Akten zur deutschen auswärtigen Politik, Serie D, Band VI, Baden-Baden 1956, S. 171/172

54 Ebenda, S. 168.

55 Ebenda, S. 173.

56 Er starb am 9. April 1961 in Suresnes bei Paris.

berichtete über den italienischen Einmarsch in Tirana: „Stadt blieb sich selbst überlassen. (…) Teil der deutschen Kolonie verbrachte Nachmittag und Nacht auf deutscher Gesandtschaft, ebenso Anzahl verängstigter Albaner."[57]

In der am 12. April 1939 in der albanischen Hauptstadt zusammengetretenen Verfassunggebenden Versammlung wurde per Akklamation beschlossen, dem König von Italien die albanische Krone in Personalunion anzubieten. Viktor Emmanuel III. nahm das Angebot mit Gesetz vom 14. April an. Attolico teilte Weizsäcker am 1. Juni mit, daß Italien die Aufhebung der deutschen Gesandtschaft in Albanien angenehm sein würde. „Ich benütze die Gelegenheit, um Ihnen zur Kenntnis zu bringen, daß eine Maßnahme im Gange ist, wonach Albanien seine Auslandsvertretungen Italien anvertrauen wird, woraus sich auch die Auflösung des albanischen Außenministeriums ergeben wird. Die ausländischen diplomatischen Vertretungen in Tirana werden somit praktisch jeder Existenzberechtigung entbehren."[58] Am 3. Juni wurde in Rom ein Abkommen zwischen der italienischen und der albanischen Regierung geschlossen, „wonach die Führung aller internationalen Beziehungen Italiens und Albaniens zusammengelegt und im hiesigen Königlichen Außenministerium zentralisiert wird."[59] Rauf Fico informierte mit Note vom 6. Juni Reichsaußenminister Joachim von Ribbentrop darüber und fügte hinzu, daß am selben Tag die albanische Mission in Berlin ihr Ende gefunden habe. Weizsäcker empfing Fico am 12. Juni zum Abschiedsbesuch.[60] Die deutsche Gesandtschaft in Tirana wurde am 24. November 1939 in ein Generalkonsulat umgewandelt mit Pannwitz als Leiter. Er mußte im Oktober 1940 wegen seiner italienkritischen Haltung den Posten räumen. Danach war Peter Pfeiffer bis Ende November 1941 Generalkonsul. Dessen Nachfolger wurde am 18. Dezember 1941 Martin Schliep. Nach seinen Aufzeichnungen „galten die Albaner als das deutschfreundlichste Volk des Balkans, und ich habe auch in der Zeit, als unsere Lage immer ernster wurde, feststellen können, daß die Albaner … uns bis zuletzt Achtung und Vertrauen entgegenbrachten."[61] Damals bestanden in Tirana Generalkonsulate Deutschlands, Bulgariens, Rumäniens und der Türkei.

Nach der Kapitulation Italiens Anfang September 1943 besetzten deutsche Truppen Albanien. Joachim von Ribbentrop hatte bereits Franz von Scheiger

---

57 PAAA, R 29538, Büro des Staatssekretärs, Akten betreffend Albanien, Bl. 28/29.

58 Abschrift: ebenda, Bl. 44.

59 PAAA, Botschaft Rom-Quirinal, Band 721F.

60 Original der Note und Aufzeichnung Weizsäckers vom 12. Juni 1939 in: PAAA, R 28845.

61 PAAA, Erinnerungen des Gesandten a. D. Martin Schliep an seine Amtszeit in Tirana, S. 1.

„beauftragt, in Albanien möglichst unauffällig Beziehungen zu den albanischen Persönlichkeiten aufzunehmen, die … nach Ausfall der Italiener imstande und geeignet wären, eine albanische Regierung zu bilden. " Er erhielt dazu „eine Funkanlage, die bis Berlin reicht und eine kleinere Funkanlage, mit der er während seiner Reisen in Albanien das Generalkonsulat in Tirana erreichen kann. (…) Schließlich hat der Herr Reichsaußenminister genehmigt, daß an Herrn Major von Scheiger 6 Kilogramm gemünztes Gold … gegeben wird. Sollte Major von Scheiger weitere Zahlungsmittel benötigen, so kann er diese jederzeit anfordern."[62] Er traf am 11. September zusammen mit Hermann Neubacher, dem Sonderbevollmächtigten des Auswärtigen Amtes für den Südosten, auf dem Luftweg in Tirana ein. Hitler wollte ein unabhängiges Albanien und Neubacher koordinierte die Regierungsbildung vor Ort.[63] Am 14. September erfolgte eine erneute Unabhängigkeitserklärung in Albanien, dessen Regierung von der Reichsregierung noch im selben Monat anerkannt wurde.[64] Im Oktober übernahm ein Regentschaftsrat die Staatsgewalt und die italienisch-albanische Personalunion wurde aufgehoben. Schliep übermittelte der Reichsregierung am 24. November 1943 den Wunsch, eine internationale Anerkennung Albaniens zu erwirken und „normale diplomatische Beziehungen zwischen beiden Ländern durch erneute Errichtung deutscher Gesandtschaft Tirana wiederherzustellen." Der Generalkonsul schrieb dazu: „Meines Erachtens besteht deutscherseits Interesse, albanischer Regierung erbetene moralische Unterstützung zu gewähren, durch die sie nicht nur außenpolitisch, sondern auch innenpolitisch gestärkt werden würde. Regierung bedarf unserer Unterstützung umsomehr, als ihre Tätigkeit noch sehr … durch kommunistische Bewegung beeinträchtigt wird, die bisher in ständigem Wachsen begriffen war."[65]

Das Anliegen war auch ein Thema beim Besuch des albanischen Vizeaußenministers Vehbi Frasheri im März 1944 in Berlin, der bei Unterstaatssekretär Andor Hencke im Auswärtigen Amt für die Ernennung des Generalkonsuls zum Gesandten plädierte mit der Begründung: „Die albanische Regierung schätze Herrn Schliep ganz besonders und habe zu ihm das allergrößte Vertrauen."[66]

---

62 Aktennotiz vom 1. September 1943: PAAA, R 29538, Bl. 130/131. Der gebürtige Grazer war seit 1923 an der deutschen Mission in Tirana tätig und galt als bester Kenner Albaniens.

63 Siehe dazu: Hermann Neubacher: Sonderauftrag Südost 1940 – 1945, Bericht eines fliegenden Diplomaten, Göttingen-Berlin-Frankfurt am Main 1956, S. 105 – 121.

64 Neubacher übergab am 24. September 1943 in Tirana das entsprechende Schreiben: PAAA, R 29538, Bl. 182.

65 Telegramm, ebenda, Bl. 267/268.

66 Aufzeichnung Henckes vom 10. März 1944, ebenda, Bl. 368/369.

Am 27. Mai richtete Außenminister Joachim von Ribbentrop an seinen albanischen Amtskollegen Bahri Omari ein Schreiben folgenden Inhalts: „Um die freundschaftlichen Beziehungen zwischen dem Großdeutschen Reich und Albanien zu vertiefen, hat die Reichsregierung entsprechend dem von der Albanischen Regierung übermittelten Wunsch beschlossen, die diplomatischen Beziehungen zwischen den beiden Staaten aufzunehmen." Es sei beabsichtigt, das Generalkonsulat in Tirana in eine Gesandtschaft umzuwandeln mit Ernennung des Generalkonsuls zum Gesandten. „Andererseits wird die Deutsche Regierung gerne einen Albanischen Gesandten in Berlin empfangen." Am 17. Juni erteilte die albanische Regierung das Agrément für Schliep als Gesandten. Hitler vollzog die Ernennungsurkunde am 27. Juni. Das Generalkonsulat wurde mit Wirkung vom 11. Juli zur Gesandtschaft erhoben und Hitler unterzeichnete am 3. August Schlieps Beglaubigungsschreiben. Darin steht, daß der Posten des deutschen Gesandten in Tirana erstmalig besetzt worden sei. Jede Kontinuität mit Zogus Albanien wurde geleugnet. Schliep übergab das Dokument am 4. September 1944 dem Vorsitzenden des Regentschaftsrates, Mehdi Frasheri, der in seiner Antwort auf die Ansprache des Gesandten die Wiederaufnahme der diplomatischen Beziehungen betonte, die ein neuer und wertvoller Beweis der Freundschaft zwischen dem deutschen und dem albanischen Volk sei. Frasheri versicherte Schliep der vollen Unterstützung des Regentschaftsrates und der albanischen Regierung. In der folgenden Nacht attackierten Partisanen einen Evakuierungstransport deutscher Frauen in Nordalbanien mit Granatwerfern und Maschinengewehren. Dabei wurde auch Erika Schliep, die Ehefrau des Gesandten, verwundet. Sie schrieb dazu ihrer Tochter: „Ich saß vorn beim Fahrer, um mit aufzupassen. Es war unheimlich schön, der Vollmond auf dem zerklüfteten Gebirge, die roten Lämpchen der Lastwagen, die zu Hunderten die Straße befuhren. Wir waren schon fast an unserem Bestimmungsort Prizren im Kosovo, da sah ich hinter einem Hügel rote Leuchtkugeln hochgehen und im selben Augenblick ging ein Feuerhagel von Granaten auf uns nieder. Die Scheibe schlug mir ins Gesicht, ich merkte ein Loch am Hals, drückte das Taschentuch drauf und ließ mich unter den Wagen rollen. (…) Nach Stunden kam Entsatz und ich wurde ins Feldlazarett gebracht." Nach telegrafischer Meldung des Gesandten an das Auswärtige Amt habe die Kunde von dem Überfall nicht Bedauern ausgelöst, „sondern mitleidige Kommentare über unsere militärische Schwäche hervorgerufen."[67] Am 10. September telegrafierte Schliep: „Innere Lage beherrscht durch panische Angst vor Sowjeteinmarsch und Sorge vor

67 Die Dokumente dazu in: PAAA, Personalakte Martin Schliep, Band 2.

Übermacht kommunistischer Banden."[68] Der Gesandte verließ Tirana am 16. Oktober mit dem letzten Flugzeug nach Wien.[69] Die Wehrmacht räumte die albanischen Gebiete bis Ende November 1944.

2. Albanien und das geteilte Deutschland

Die vier Hauptsiegermächte des Zweiten Weltkrieges teilten Deutschland nach der Kapitulation der Wehrmacht 1945 in seinen Grenzen vom 31. Dezember 1937 zum Zwecke der Verwaltung in Besatzungszonen und das in Sektoren gegliederte Gebiet von Gross-Berlin. Vier Jahre später errichtete die Sowjetunion in ihrem deutschen Besatzungsgebiet die Deutsche Demokratische Republik (DDR) als sozialistischen Staat unter Herrschaft der Sozialistischen Einheitspartei Deutschlands (SED), während in den Westzonen die Bundesrepublik Deutschland als demokratisches Staatswesen westlicher Prägung entstand. Entsprechend unterschiedlich waren die Beziehungen beider Staaten zu Albanien, das sich dem von der Sowjetunion dominierten Block angeschlossen hatte.

In Tirana war am 8. November 1941 die Kommunistische Partei Albaniens gegründet worden. Parteichef wurde im März 1943 der Fremdsprachenlehrer Enver Hoxha. Er bildete am 22. Oktober 1944 in Berat eine Regierung, die am 28. November 1944 ihren Sitz in Tirana nahm. Die Volksrepublik Jugoslawien erkannte am 29. April 1945 als erster Staat das neue Albanien völkerrechtlich an. Die Sowjetunion folgte am 10. November 1945. Das Parlament proklamierte am 11. Januar 1946 die Volksrepublik Albanien und billigte am 14. März eine Verfassung. Am 23. März 1946 bildete Hoxha eine neue Regierung und übernahm auch die Leitung des Außen- und des Verteidigungsministeriums. Italien verpflichtete sich im Friedensvertrag vom 10. Februar 1947 zur Achtung der Souveränität und Unabhängigkeit Albaniens und zur Zahlung einer Reparation in Höhe von 5 Millionen US-Dollar.[70] Im November 1948 wurde die Kommunistische Partei Albaniens in Partei der Arbeit (PdA) umbenannt.

Die diplomatischen Beziehungen zur DDR

Der Gründung der DDR am 7. Oktober 1949 folgte fünf Tage später die Bildung des Ministeriums für Auswärtige Angelegenheiten (MfAA) unter der Leitung

68 Telegramm aus Tirana: PAAA, R 27304, Telegramme Tirana – Belgrad.

69 PAAA, Erinnerungen des Gesandten a. D. Martin Schliep an seine Amtszeit in Tirana, S. 48.

70 Die Friedensverträge in deutschem Wortlaut, Erstes Heft, Heidelberg 1947, S. 29 und 38.

von Georg Dertinger. Er hielt in einer Erklärung vom 24. Oktober „die Herstellung normaler diplomatischer, wirtschaftlicher und sonstiger Beziehungen zwischen der Provisorischen Regierung der Deutschen Demokratischen Republik und jeder Regierung, die bereit ist, mit der Deutschen Demokratischen Republik auf dem Boden der gegenseitigen Achtung und Gleichberechtigung solche Beziehungen aufzunehmen, im Interesse beider Seiten für erwünscht und notwendig."[71] Hoxha schickte Dertinger am 1. Dezember 1949 ein Telegramm in französischer Sprache folgenden Inhalts: „In dem Bestreben, freundschaftliche Beziehungen zwischen der Volksrepublik Albanien und der Deutschen Demokratischen Republik herzustellen und zu vertiefen, würde sich die Regierung der Volksrepublik Albanien glücklich schätzen, diplomatische Beziehungen mit der Regierung der Deutschen Demokratischen Republik aufnehmen zu können. Die Regierung der Volksrepublik Albanien und das Albanische Volk haben mit großer Freude die Gründung einer friedliebenden Deutschen Demokratischen Republik als geschichtliche Wende auf dem Wege des Aufbaus eines demokratischen und friedlichen Deutschlands im Interesse des deutschen Volkes und der Völker der ganzen Erde begrüßt. Die Albanische Regierung ist zutiefst überzeugt, daß die diplomatischen Beziehungen zwischen den beiden Ländern zur Entwicklung immer engerer Freundschaftsbande zwischen unseren beiden Völkern und zur Verstärkung des Lagers des Friedens und der Demokratie, an deren Spitze die mächtige Sowjetunion steht, beitragen werden." Dertinger bedankte sich „im Namen der Provisorischen Regierung der DDR" telegraphisch in französischer Sprache bei Hoxha für das Angebot der Aufnahme diplomatischer Beziehungen.[72]

Erster Chef der Diplomatischen Mission der Volksrepublik Albanien in der DDR war Halim Budo. Er wurde am 6. Februar 1952 von Staatspräsident Wilhelm Pieck im Schloß Niederschönhausen zum Antrittsbesuch empfangen. Budo war auch Gesandter in Prag und behielt seinen dortigen Posten bei. Die Leitung der Vertretung in Berlin übernahm Legationsrat Piro Koci als Geschäftsträger. Der albanische Staatschef Omer Nishani empfing am 6. Oktober 1952 in Tirana Erhard Scheffler als ersten Chef der Diplomatischen Mission der DDR in Albanien zum Antrittsbesuch. Am 5. November 1953 erfolgte die Umwandlung der beiderseitigen Missionen in Gesandtschaften „in dem Bestreben, die freundschaftlichen Beziehungen zwischen der Deutschen Demokratischen Republik

71 Dokumente zur Außenpolitik der Regierung der DDR, Band I, Berlin 1954, S. 37 – 39.
72 PAAA, MfAA, A 4282.

und der Volksrepublik Albanien auf politischem, wirtschaftlichem und kulturellem Gebiet zu festigen und zu entwickeln". Erster außerordentlicher Gesandter und bevollmächtigter Minister der Volksrepublik Albanien in der DDR war Ulvi Lulo, der Pieck am 13. November das Kreditiv übergab. Scheffler überreichte als erster außerordentlicher Gesandter und bevollmächtigter Minister der DDR in der Volksrepublik Albanien in Tirana dem Staatschef Haxhi Lleshi das entsprechende Dokument am 30. Dezember 1953.[73]

Der albanische Außenminister Behar Shtylla regte in einem Gespräch mit Erhard Scheffler am 16. Dezember 1954 die Umwandlung der Gesandtschaften in Botschaften an.[74] Im März 1955 wurde von den Regierungen mit „dem Ziel der weiteren Festigung und Entwicklung der freundschaftlichen Beziehungen zwischen der Deutschen Demokratischen Republik und der Volksrepublik Albanien" beschlossen, „die Gesandtschaften in Tirana und Berlin zu Botschaften zu erheben und Außerordentliche und Bevollmächtigte Botschafter auszutauschen."[75] Wilhelm Pieck empfing am 30. September 1955 im Schloß Niederschönhausen Gaqo Paze als ersten albanischen Botschafter in der DDR zur Übergabe des Beglaubigungsschreibens. Kurt Prenzel akkreditierte sich bei Haxhi Lleshi am 22. November 1955 als erster Botschafter der DDR in Albanien.[76] Beide Länder waren neben den anderen Ostblockstaaten Signatare des am 14. Mai 1955 in Warschau geschlossenen Vertrags über Freundschaft, Zusammenarbeit und gegenseitigen Beistand, dem sogenannten Warschauer Pakt.

Im Januar 1959 kam auf Einladung des Zentralkomitees der SED und der Regierung der DDR eine Delegation der Partei der Arbeit und der Regierung Albaniens unter Leitung von Parteichef Enver Hoxha und Regierungschef Mehmet Shehu in die DDR, um „die Errungenschaften der Werktätigen … und ihre friedliche Arbeit beim Aufbau des Sozialismus kennenzulernen. Sie besuchte Betriebe, landwirtschaftliche Produktionsgenossenschaften, wissenschaftliche und kulturelle Einrichtungen und hatte herzliche Begegnungen und Gespräche mit Arbeitern, Bauern, Vertretern der Intelligenz und der Jugend der Deutschen Demokratischen Republik." Nach dem Kommuniqué wären die politischen Verhandlungen „in einer Atmosphäre brüderlicher Freundschaft und völligen

73 Dokumente zur Außenpolitik der Regierung der DDR, Band I, S. 478/479.

74 Schreiben Schefflers vom 17. Dezember 1954: PAAA, MfAA, A 4354, Bl. 7/8.

75 Dokumente zur Außenpolitik der Regierung der DDR, Band II, Berlin 1955, S. 477/478.

76 Dokumente zur Außenpolitik der Regierung der DDR, Band III, Berlin 1956, S. 590 – 595.

gegenseitigen Verständnisses" verlaufen. „Beide Länder sind Verbündete und stehen treu im sozialistischen Lager unter der Führung der Sowjetunion."[77]

Ein Jahr später war es mit der Treue der albanischen Kommunisten zur Sowjetunion vorbei. Dadurch verschlechterte sich auch das albanisch-ostdeutsche Verhältnis. Die Entstalinisierungspolitik der sowjetischen Parteichefs Nikita Chruschtschow vollzog die albanische Führung nicht nach. In seiner Rede am 16. November 1960 auf der Konferenz der kommunistischen und Arbeiterparteien in Moskau bezichtigte Hoxha die sowjetische Führung des Verrats an den Prinzipien des Marxismus-Leninismus. Dieser ideologische Bruch hatte im folgenden Jahr konkrete Auswirkungen auf die staatlichen Beziehungen. Im Rechenschaftsbericht zur Eröffnung des XXII. Parteitags der Kommunistischen Partei der Sowjetunion am 19. Oktober 1961 beschuldigte Chruschtschow die albanische Führung der Abweichung von der gemeinsam vereinbarten Linie der kommunistischen Weltbewegung. Das Zentralkomitee der Partei der Arbeit Albaniens verwahrte sich dagegen am folgenden Tag in einer über Radio Tirana verbreiteten Stellungnahme. In seiner Schlußrede auf dem Parteitag am 31. Oktober verstärkte Chruschtschow seine Angriffe auf die albanische Führung noch. Hoxda verteidigte Stalin und kritisierte Chruschtschow in einer Rede am 7. November in Tirana.[78] Daraufhin wurde in Noten der Sowjetregierung an den albanischen Geschäftsträger Nas Mazi in Moskau vom 25. November und 3. Dezember die Abberufung des sowjetischen Botschafters Josef Schikin aus Tirana und die Reduzierung des Personals von Botschaft und Handelsvertretung auf drei technische Mitarbeiter angekündigt. Die albanische Regierung gab am 10. Dezember 1961 den Abzug ihres diplomatischen Personals aus Moskau bekannt.[79]

Die Führung der DDR handelte eine Woche später ähnlich. Die seit dem 8. September 1960 amtierende Botschafterin Änne Kundermann war schon Anfang Oktober 1961 zur Berichterstattung nach Berlin gerufen worden. In einer „Information über die derzeitige Politik und Haltung der Führung der Partei der Arbeit Albaniens und der Regierung der Volksrepublik Albanien" der zuständigen Sektion des MfAA vom 2. November 1961 steht, die Beziehungen zur DDR würden durch Falschmeldungen vergiftet und die Arbeit der Vertretung in Tirana durch Schikanen behindert. „Die Botschafter der Sowjetunion,

---

77 Gemeinsames Kommuniqué der Partei- und Regierungsdelegationen der Deutschen Demokratischen Republik und der Volksrepublik Albanien vom 11. Januar 1959: Dokumente zur Außenpolitik der Regierung der DDR, Band VII, Berlin 1960, S. 263 – 275.

78 Archiv der Gegenwart, XXX. Jahrgang 1960, S. 9403, 9408, 9426 und 9445.

79 Ebenda, S. 9539/9540.

der anderen europäischen sozialistischen Länder und auch der DDR werden von den Mitarbeitern der Sicherheitsorgane der Volksrepublik Albanien beobachtet und von den leitenden albanischen Funktionären ignoriert." In den „Vorschlägen für die weitere Gestaltung der Beziehungen zur Volksrepublik Albanien" der Sektion vom folgenden Tag wird zur „Arbeit der Botschaft der DDR in Tirana" empfohlen, die Botschafterin bis auf weiteres nicht zurückzuschicken, der albanischen Seite dafür keine Begründung zu geben und das Botschaftspersonal zu verringern. „Die diplomatischen Mitarbeiter der Vertretungen der Deutschen Demokratischen Republik im Ausland werden den Verkehr mit den albanischen Diplomaten auf ein Minimum beschränken."[80] Gemäß Auftrag des Politbüros des Zentralkomitees der SED vom 12. Dezember sollte der stellvertretende Außenminister Johannes König dem albanischen Botschafter Paze mitteilen, daß die Regierung der DDR die Abberufung Kundermanns sowie des Botschaftspersonals bis auf zwei technische Mitarbeiter aus Albanien beschlossen habe.[81] König sprach mit Paze darüber am 18. Dezember. In der dazu gehörenden Erklärung steht weiter: „Gleichzeitig fordert die Regierung der Deutschen Demokratischen Republik die Regierung der Volksrepublik Albanien auf, ihren Botschafter in der Deutschen Demokratischen Republik abzuberufen und das diplomatische Personal der Botschaft einzuschränken. Die Regierung der Deutschen Demokratischen Republik sieht sich zu diesem Schritt veranlaßt, da die albanische Regierung durch ihre einschränkenden, gegen die Arbeit der Botschaft der Deutschen Demokratischen Republik gerichteten Maßnahmen eine normale diplomatische Tätigkeit der Botschaft unmöglich macht ... sowie gegen die Deutsche Demokratische Republik, die Sowjetunion und andere sozialistische Staaten eine Verleumdungs- und Hetzkampagne durchführt. Mit der Leitung der Vertretung der Deutschen Demokratischen Republik in Albanien wird ein Geschäftsträger beauftragt."[82] Paze verließ die DDR am 21. Dezember 1961.[83] In einer Note des Ministeriums für Auswärtige Angelegenheiten der Volksrepublik Albanien an die Botschaft der DDR in Tirana vom 26. Dezember werden

80 PAAA, MfAA, A 4456, Sektion Albanien, Entwicklung der Beziehungen zwischen der DDR und Albanien, Reaktionen der albanischen Regierung auf außen- und innenpolitische Aktivitäten der DDR, Bl. 45 – 48 und 62 – 71.

81 Bundesarchiv Berlin, DY 30/J IV 2/2/806.

82 Dokumente zur Außenpolitik der Regierung der DDR, Band IX, Berlin 1962, S. 314.

83 Seine Abreise wurde der Protokoll-Abteilung des MfAA am 22. Dezember 1961 von der Botschaft notifiziert: PAAA, MfAA, A 4443, Sektion Albanien, Gespräche von Mitarbeitern des Außenministeriums der DDR mit Vertretern der albanischen Botschaft in Berlin, Bl. 1/2.

die Anschuldigungen vom 18. Dezember zurückgewiesen und erklärt, „daß die volle Verantwortung für diese unfreundliche Maßnahme auf die Regierung der Deutschen Demokratischen Republik fällt und daß die Botschaft der Volksrepublik Albanien in der Deutschen Demokratischen Republik in Abwesenheit des Botschafters von einem Geschäftsträger ad interim geleitet wird." Diese Note wurde am 29. Dezember 1961 von der Botschaft an das albanische Außenministerium zurückgeschickt.[84] Die ostdeutsch-albanischen diplomatischen Beziehungen wurden in den nächsten 27 Jahren auf Geschäftsträgerebene geführt. Die Handelsbeziehungen blieben stabil.

Mit der Niederschlagung des „Prager Frühlings" durch Truppen des Warschauer Pakts im August 1968 verschlechterten sich die Beziehungen Albaniens zum Ostblock weiter. Nach der Erklärung von Partei und Regierung dazu hätten die Streitkräfte der Sowjetunion, Polens, Ungarns, Bulgariens und der DDR die brutale Aggression gegen die Tschechoslowakei „mit faschistischen Methoden" durchgeführt. Der Austritt Albaniens aus dem Warschauer Pakt erfolgte am 13. September 1968. Die Verfassung von 1976 definierte das Land als Sozialistische Volksrepublik (SVRA).

Missionsgebäude des Deutschen Reiches in Tirana zur Zeit seiner Nutzung als Botschaft der DDR. Foto: Privat

84 Inoffizielle Übersetzung: PAAA, MfAA, C 607/78, Botschaft Tirana, Außenpolitische Beziehungen zwischen der DDR und Albanien 1961 - 1967, Bl. 87 - 97.

Die diplomatischen Beziehungen zur Bundesrepublik Deutschland

Das Haupthindernis für die Aufnahme diplomatischer Beziehungen zwischen der Bundesrepublik Deutschland und der Volksrepublik Albanien war dessen Forderung nach Kriegsreparationen. Die Bundesregierung hatte bei dieser Problematik wegen des Londoner Abkommens keine Handlungsfreiheit. Am 27. Februar 1953 war in London zwischen Vertretern der Bundesrepublik und einiger Siegerstaaten das „Abkommen über deutsche Auslandsschulden" abgeschlossen worden. Dessen Artikel 5 Absatz 2 bestimmte: „Eine Prüfung der aus dem Zweiten Weltkrieg herrührenden Forderungen von Staaten, die sich mit Deutschland im Kriegszustand befanden oder deren Gebiet von Deutschland besetzt war ... wird bis zu der endgültigen Regelung der Reparationsfrage zurückgestellt." Nach Artikel 8 war der Bundesregierung die unterschiedliche Behandlung der Gläubigerstaaten bei der Bezahlung dieser Schulden verboten.[85] Auf einer Wahlveranstaltung seiner Partei am 4. Oktober 1974 in Tirana sprach Enver Hoxha auch über die nichtexistierenden diplomatischen Beziehungen seines Landes zu westlichen Staaten und sagte dabei, die „Bonner Regierung" würde „eine revanchistische Politik" verfolgen und „Albanien Milliarden D-Mark für Kriegsreparationen" schulden. „Vielleicht erwarten sie von uns, daß wir uns vor ihnen beugen und vor ihren Regierungen – die uns so viel Unglück gebracht und so großes Unrecht zugefügt haben – einen Kniefall machen? Nein, niemals." Man habe Sympathie für „die deutschen Werktätigen, aber nicht für jene, die auf den Rechten der Völker, auf ihrer Freiheit und Souveränität mit Füßen herumtreten. Wir kämpfen gegen jene Regierungen und jene Leute, die sich mit dem Gedanken tragen, uns zu versklaven."[86]

Im Auswärtigen Amt betraf diese Angelegenheit das für Albanien zuständige Referat 214 der Politischen Abteilung und das Kriegsfolgenreferat 514 der Rechtsabteilung. Am 1. Juli 1975 übergab der albanische Botschafter Dhimiter Lamani seinem westdeutschen Kollegen Jesco von Puttkamer in Belgrad ein Memorandum der albanischen Regierung über Geldforderungen in Höhe von 4,5 Milliarden US-Dollar. Puttkamer nahm das Dokument kommentarlos entgegen und schickte es an das Referat 214 mit dem Hinweis: „Die albanische Regierung erwartet eine Antwort."[87] Das Referat 514 hielt „bei gegebener Rechtslage die Beantwortung des Memorandums gegenwärtig nicht für erforderlich."[88]

85 Bundesgesetzblatt Teil II, Jahrgang 1953, S. 340 und 342.
86 Übersetzung des Bundespresseamtes in: PAAA, B 86, 1608.
87 Drahtbericht und Bericht jeweils vom 1. Juli 1975, ebenda.
88 Aktenvermerk vom 15. August 1975, ebenda.

Das Referat 214 ersuchte das Referat 514 dennoch um den Entwurf zu einer Antwort, die am 27. Oktober 1975 mit Verbalnote vom Botschaftervertreter Hansjörg Eiff dem albanischen Geschäftsträger Mihali in dessen Vertretung in Belgrad übergeben wurde. Darin ist der entsprechende Satz aus dem Londoner Abkommen zitiert und der Vermerk hinzugefügt: „Daraus folgt, daß Reparationsforderungen bis zum Abschluß eines Friedensvertrages mit Deutschland zurückgestellt sind." Mihali übergab Eiff am 7. Januar 1976 eine Antwortnote mit der Wiederholung der Forderung und dem Hinweis, daß Albanien nicht Vertragspartner des Londoner Abkommens sei. Eiff sagte Mihali, das Abkommen wäre zwar nicht für Albanien aber für die Bundesregierung bindend. Eine Antwort auf die Note vom 7. Januar 1976 erfolgte nicht.[89]

Der neue albanische Botschafter Sokrat Plaka intervenierte mehrmals bei Jesco von Puttkamer in dieser Angelegenheit, wurde aber jedesmal abgewiesen. Am 1. August 1979 sprach Plaka mit dem neuen westdeutschen Botschafter Horst Grabert darüber, der anschließend dem Auswärtigen Amt berichtete: „Die Unterhaltung wurde in sehr kollegialer Atmosphäre geführt." Grabert sagte Plaka beim nächsten Gespräch am 28. September 1979, „daß die Bundesregierung nicht bereit ist, in Erörterungen über Wiedergutmachungsfragen mit Albanien einzutreten." Plaka teilte Grabert am 1. Februar 1980 mit, „daß seine Regierung nunmehr den albanischen Botschafter in Wien beauftragt habe, über Fragen der Reparation und Wiedergutmachung weiter mit uns zu sprechen."[90] Im Auswärtigen Amt gab es gegen diesen Ortswechsel keine Bedenken mit der Begründung: „Die albanische Botschaft in Wien ist konsularisch und sicher auch politisch beobachtend für die Bundesrepublik Deutschland zuständig."[91] Graf Maximilian von Podewils, der westdeutsche Botschafter in Wien, berichtete dem Referat 214 nach einem Gespräch mit seinem albanischen Kollegen Musin Kroi am 20. Februar 1980, es gäbe keinen Anhaltspunkt dafür, daß die Albaner mit dem Wechsel des Verhandlungsorts auch ihre Haltung geändert hätten.[92]

In einer im Referat 214 gefertigten Aufzeichnung vom 28. Februar 1980 steht, Albanien sei immer noch ein „rigoros stalinistischer Überwachungsstaat mit totaler Planwirtschaft." Seine Grenzen wären aber für Geschäftsleute und Journalisten durchlässiger geworden. „Es steht zu erwarten, daß Albanien seinen vorsichtig pragmatischen Kurs fortsetzen wird und dabei langfristig kaum um

89 Unterlagen zum Notenwechsel, ebenda.

90 Drahtberichte vom 2. August und 28. September 1979 sowie vom 1. Februar 1980 in: PAAA, Zwischenarchiv 132848.

91 Aufzeichnung vom 8. Februar 1980, ebenda.

92 Drahtbericht vom 21. Februar 1980, ebenda.

gewisse Auflockerungen seines Systems herumkommen dürfte." Eine Generation würde heranwachsen, der angesichts der Entwicklungsmöglichkeiten des an Rohstoffen reichen Landes die Dogmen Hoxhas „fragwürdig erscheinen müssen." Grabert berichtete am 21. August 1980 aufgrund von Informationen dänischer, niederländischer und schweizerischer Diplomaten nach Besuchen in Albanien: „Übereinstimmend sind alle Gesprächspartner der Auffassung, daß die Außenpolitik Albaniens immer noch von einem ausgeprägten Freund-Feind-Denken bestimmt wird, wobei zu den Gegnern weiterhin … auch Großbritannien und die Bundesrepublik Deutschland zählen." Es wäre keine Änderung der Grundeinstellung Albaniens zu seinen ideologischen Konkurrenten und den großen Weltproblemen festzustellen. „Jedoch scheint das Land zu versuchen, sich aus der selbstgeschaffenen Sackgasse in möglichst unverfänglicher Weise herauszutasten, ohne ideologische Positionen preisgeben zu müssen."[93]

Ein touristisches Ziel war Albanien damals nicht, außer bei organisierten Reisen der Freundschaftsgesellschaften. Der Hamburger Redakteur Ernst Aust hatte Ende 1968 die Kommunistische Partei Deutschlands/Marxisten-Leninisten (KPD/ML) gegründet. In ihrem Umfeld entstanden ihr in Zielsetzung und Arbeitsweise eng verbundene Organisationen, wie die am 14. November 1971 in München gebildete Gesellschaft der Freunde Albaniens (GFA). Dort fanden sich Parteimitglieder und Sympathisanten zusammen, die in der Volksrepublik ein anstrebenswertes politisches und soziales Modell sahen.[94] Die GFA organisierte Veranstaltungen in Westdeutschland und Gruppenreisen nach Albanien. Nach Erkenntnissen des Ministeriums für Staatssicherheit der DDR habe sich die GFA „zur Aufgabe gesetzt, über die Geschichte und Gegenwart Albaniens zu informieren, die Freundschaft mit dem albanischen Volk zu fördern und die menschlichen sowie kulturellen Kontakte zu vertiefen. (…) In Albanien ist die Existenz der GFA nur wenigen Personen bekannt. Es gibt dort auch keine Partnerorganisation der GFA. Sämtliche Kontakte werden von der Partei der Arbeit Albaniens über das Komitee für kulturelle und freundschaftliche Beziehungen mit dem Ausland gesteuert. Die GFA organisiert Reisen nach Albanien. Die Reisegruppen setzen sich fast ausschließlich aus Mitgliedern und Sympathisanten der KPD/ML aus der BRD und Westberlin zusammen."[95] Im Jahre 1979 wurde

93 Ebenda.

94 Siehe dazu: Thomas Kacza: Wie die deutschen Freunde Albaniens zusammenfanden und ihr Gang durch die Zeiten – Abhandlungen über ein besonderes Freundschaftsverhältnis, Privatdruck, Bad Salzuflen 2015.

95 Aufzeichnung der Hauptverwaltung Aufklärung Abteilung II/6, vom 5. Oktober 1978: BStU, MfS AFO 249/87, Bl. 9 – 11.

der Name der GFA in Deutsch-Albanische Freundschaftsgesellschaft (DAFG) geändert.[96]

Nicht aus politischen, sondern aus sportlichen Gründen reiste die Frauenmannschaft des 1. Volleyball-Clubs Schwerte 1968 e.V. nach Albanien. Sie kam im Dezember 1979 mit Mietautos von Dubrovnik aus zum Spiel mit Dynamo Tirana im Rahmen des Europa-Pokals der Landesmeister. Im Bericht an das Auswärtige Amt steht dazu, diese Reise habe einer Fahrt ins 17. Jahrhundert geglichen. Die Armut der Bevölkerung und der Schmutz und Unrat auf den Straßen seien nahezu unbeschreiblich. Quartier war im Hotel Tirana. „Die Mannschaft erhielt einfache, aber saubere Zimmer." Auffällig waren den Gästen die vielen kleinen erdhügelähnlichen Bunker, auch bei einem Ausflug nach Durres. „Wir alle haben nicht gewußt, ja noch nicht einmal geahnt, daß es in Europa im 20. Jahrhundert soviel Armut, Primitivität, Schmutz und Unkenntnis von der Welt geben kann." Die politische Berieselung der Bevölkerung durch Plakate, Aufrufe, Rundfunkpropaganda und Personenkult sei unerträglich. „Es war eine Reise in eine andere Welt."[97]

Enver Hoxha sagte im Rechenschaftsbericht auf dem 8. Parteitag am 1. November 1981, Albanien werde „von den progressiven und friedliebenden Völkern und Staaten in der ganzen Welt geehrt und respektiert." Es unterhalte mit 95 Ländern diplomatische Beziehungen und auch zwischen der Sozialistischen Volksrepublik Albanien und der Bundesrepublik Deutschland gäbe es keine unüberwindlichen Hindernisse bei der Aufnahme solcher Beziehungen. In einer Stellungnahme von Ministerialdirigent Hans Otto Bräutigam, dem Leiter der Unterabteilung 21 in der Politischen Abteilung des Auswärtigen Amtes, vom 11. November steht dazu als Wertung: „Wir haben aufgrund der Äußerungen Hoxhas zur Frage der Aufnahme diplomatischer Beziehungen keine Veranlassung, unsere bisherige Haltung ... zu ändern. Wir sollten zunächst abwarten, ob die albanische Seite an uns in dieser Sache herantritt. Es liegt an ihr, uns

96 In den Jahren 1982 bis 1987 wurde die DAFG durch die für Terrorabwehr zuständige Hauptabteilung XXII des Ministeriums für Staatssicherheit observiert, um „gegen die DDR gerichtete subversive Aktivitäten rechtzeitig aufzuklären und verbeugend zu verhindern." Gemäß Einstellungsbeschluß vom 28. August 1987 sei sie „nicht mit feindlich-negativen Angriffen gegen die DDR oder die anderen sozialistischen Staaten in Erscheinung" getreten. „Im Komplex der Terrorabwehr ist sie ohne Bedeutung."; ebenda, Bl. 5/6. Siehe dazu auch: Michael Schmidt-Neke: Die DAFG im Visier der Stasi, Albanische Hefte 1/2009, S. 12 – 14.

97 Das Spiel verloren die Westfälinnen mit 0:3; in der Sporthalle herrschten Minusgrade. Bericht vom 27. September 1980: PAAA, Zwischenarchiv 132848.

zu erläutern, ob und in welcher Weise sie bereit ist, von ihrer bisherigen Vorbedingung hinsichtlich der Regelung bestimmter finanzieller Fragen … abzugehen."[98] Der albanische Botschafter bestätigte die Aussagen seines Parteichefs in einem Gespräch mit seinem bundesdeutschen Kollegen am 26. November in Wien.[99] Im Auswärtigen Amt machte man schon Pläne zur Errichtung einer Vertretung in Tirana und notierte dazu am 7. Dezember 1981: „Im Vordergrund der Aufgaben einer Botschaft dürften der politische Meinungsaustausch mit der albanischen Regierung und die Beobachtung der innen- und außenpolitischen Entwicklung des bisher für uns verschlossenen Landes stehen. Daneben wird es Aufgabe der Botschaft sein, deutsche Unternehmen, die mit Albanien Handel treiben, zu unterstützen. (…) Im Zusammenhang mit etwaigen Verhandlungen über die Aufnahme diplomatischer Beziehungen müßte die Frage der Unterbringung unserer Botschaft geklärt werden. In der Zwischenkriegszeit war die deutsche Gesandtschaft in einem angemieteten Hause untergebracht. Ehemals reichseigenen Grundbesitz gibt es in Tirana nicht."[100]

Musin Kroi übergab Maximilian von Podewils am 26. Februar 1982 ein Memorandum über die Haltung der albanischen Regierung. Danach habe man zu den Bundeskanzlern Konrad Adenauer und Ludwig Erhard kein Vertrauen gehabt und deshalb keine diplomatischen Beziehungen mit ihren Regierungen aufnehmen wollen. „Heute aber sind wir zu der Überzeugung gekommen, daß die junge deutsche Generation, das progressive deutsche Volk und die aktuelle Regierung der Bundesrepublik Deutschland demokratisch sind. Sie sind gegen die Wiederbelebung des Faschismus. Wir sehen, daß die Regierung des Bundeskanzlers Helmut Schmidt und des Vizekanzlers Hans-Dietrich Genscher eine positive Politik verfolgt". Die Bundesregierung würde keine feindliche Haltung gegenüber der Sozialistischen Volksrepublik Albanien einnehmen. Seine Regierung sei auch der Auffassung, „daß es ein Deutschland geben soll. Es gibt nur eine deutsche Nation und ein deutsches Volk. Natürlich hätten wir es gewünscht, daß dieser vereinigte deutsche Staat sozialistisch wäre, aber sicher sind nicht wir diejenigen, die das entscheiden. Das ist Sache des deutschen Volkes selbst. Es ist sein Recht, das von ihm gewünschte Regime zu errichten, demokratisch, progressiv, friedlich und abhängig von niemandem." Partei und Regierung Albaniens seien zu der Schlußfolgerung gekommen, „daß jetzt die Voraussetzungen geschaffen worden sind, zwischen der Sozialistischen Volksrepublik Albanien

98 Ebenda.

99 Drahtbericht vom 27. November 1981, ebenda.

100 Ebenda.

und der Bundesrepublik Deutschland diplomatische Beziehungen aufzunehmen." Das Problem der Reparationen würde man als zweites Problem betrachten.[101]

Im Auswärtigen Amt war man über die veränderte albanische Haltung erfreut und ersuchte Podewils um Fortsetzung der Gespräche mit Kroi.[102] Der westdeutsche Botschafter starb allerdings am 10. April 1982 während eines Urlaubs in der Schweiz. Auf Weisung des Amtes sollte sein Nachfolger Hans Heinrich Noebel dem neuen albanischen Botschafter Idriz Bardhi ein Treffen von Beauftragten beider Regierungen auf Arbeitsebene zur Klärung der beiderseitigen Standpunkte empfehlen, „um die Möglichkeiten zur Aufnahme von Verhandlungen über die Herstellung diplomatischer Beziehungen zu prüfen. Die Bundesregierung schlägt der albanischen Regierung vor, zu diesen Gesprächen einen Vertreter nach Bonn zu entsenden." Der Botschafter sollte dabei seinem albanischen Kollegen unmißverständlich verdeutlichen, „daß die Haltung der Bundesregierung in der Sache ... unverändert sei und unveränderbar bleibt." Der Auftrag wurde am 11. November 1983 ausgeführt.[103] Bardhi informierte Noebel am 23. März 1984 über das Einverständnis seines Außenministeriums mit der Aufnahme von Gesprächen in Bonn. Der Beauftragte sei Professor Sofokli Lazri, der Direktor des Instituts für Studien über internationale Beziehungen, der von Botschaftsrat Engjell Kolaneci von der Botschaft in Wien als Dolmetscher begleitet werde.[104] Deutscher Beauftragter war Ministerialdirigent Gerold von Braunmühl, der Leiter der Unterabteilung 21 der Politischen Abteilung. Er schrieb als Resümee, inhaltlich hätten die Gespräche am 27. April 1984 im Auswärtigen Amt „noch keine konkreten ... Ergebnisse gebracht." Das Verständnis der gegenseitigen Positionen sei aber besser geworden. „Wir haben den Eindruck gewonnen, daß die Albaner ernsthaft an einer Aufnahme diplomatischer Beziehungen mit uns interessiert sind."[105]

Im August 1984 kam der bayerische Ministerpräsident Franz Josef Strauß während einer privaten Reise als einer der ersten westlichen Politiker nach Albanien. Nach dem Unfalltod seiner Ehefrau Marianne war der übliche Familienurlaub im Ferienhaus in Südfrankreich aufgegeben worden. Der Politiker wollte stattdessen Freunde in Italien besuchen und zunächst die dalmatinische Küste

101 Deutsche Übersetzung des Memorandums in: PAAA, Zwischenarchiv 132986.

102 Drahterlaß vom 5. März 1982, ebenda.

103 Drahterlaß vom 4. und Drahtbericht vom 11. November 1983 in: PAAA, Zwischenarchiv 132987.

104 Drahtbericht vom 23. März 1983: ebenda.

105 Aktenvermerk vom 2. Mai 1984 und weitere Unterlagen zu den Gesprächen: ebenda.

entlang bis Nordgriechenland fahren. Sein Büroleiter Wolfgang Piller holte über die albanische Botschaft in Wien die Genehmigung zur Durchreise ein. Der Ministerpräsident befand sich in Begleitung seiner Söhne Max und Franz Georg sowie von Karl Dersch, dem Leiter der Münchener Niederlassung der Daimler-Benz AG. Der aus zwei Geländewagen bestehende Konvoi wurde am 16. August am Grenzübergang von einer Regierungsdelegation unter Leitung des stellvertretenden Ministerpräsidenten Manush Myftiu empfangen. Die Besucher bekamen den Eindruck, „ehrlich willkommen zu sein. (…) Die Albaner hatten ein volles Programm für uns zusammengestellt mit Besuchen in Tirana, einer Besichtigungsfahrt durchs Land und mit viel Zeit für Gespräche, jeweils bis tief in die Nacht." Begleitet wurden die Gäste von Professor Alex Buda, dem Präsidenten der Akademie der Wissenschaften. Ein Termin bei Enver Hoxha war weder geplant noch erwünscht. Nach vier Tagen verließen die bayerischen Besucher Albanien über die griechische Grenze, um in Igumeniza die Fähre nach Brindisi zu erreichen.[106] Die nächsten Gespräche zwischen Braunmühl und Lazri fanden am 9. November 1984 in den beiderseitigen Botschaften in Wien statt ohne Veränderung der Positionen.[107]

Nach dem Ableben Enver Hoxhas am 11. April 1985 und der Machtübernahme durch Staatschef Ramiz Alia notierte man im Referat 214 einige Gedanken zu den „Möglichkeiten albanischer Politik nach dem Tod Enver Hoxhas". Vermutet wurde von „einem Albanien unter Ramiz Alia … eine Fortsetzung der auf Wahrung absoluter Unabhängigkeit sowie der Einheit des Landes gerichteten Politik eines spartanischen Kommunismus. Gleichzeitig sind jedoch eine weitere Modernisierung im Innern und … vorsichtige Öffnung gegenüber dem Ausland … zu erwarten." Mitte September 1985 besuchte Staatssekretär Georg von Waldenfels vom Bayerischen Staatsministerium für Wirtschaft und Verkehr Albanien aus Anlaß von Vertragsverhandlungen der Firma Quelle. Er sprach dabei in Tirana mit vielen Politikern, auch über die Aufnahme diplomatischer Beziehungen zur Bundesrepublik Deutschland. Am 29. Oktober 1985 fanden die nächsten Gespräche zwischen Braunmühl und Lazri wieder in den Botschaften in Wien statt. Der Professor teilte dabei mit, Albanien sei zur Aufnahme diplomatischer Beziehungen ohne Vorbedingungen bereit und wünsche Gespräche über wirtschaftliche, wissenschaftlich-technologische und kulturelle Beziehungen. „Das Thema Reparationen wolle man nicht mehr mit der Frage der Aufnahme diplomatischer Beziehungen verbinden. (…) Man müsse jetzt zu einer

106 Franz Georg Strauß: Mein Vater – Erinnerungen, München 2008, S. 186 – 194.
107 PAAA, Zwischenarchiv 132988.

grundsätzlichen Einigung kommen und dann praktische Lösungen suchen." Der inzwischen zum Leiter der Politischen Abteilung des Auswärtigen Amtes avancierte Ministerialdirigent Gerold von Braunmühl notierte dazu für Bundesaußenminister Hans-Dietrich Genscher: „Die Albaner sind nunmehr zur Aufnahme diplomatischer Beziehungen ohne Vorbedingungen und ohne Vorbehalte bereit und offenbar an einem Abschluß in absehbarer Zeit interessiert. Die Albaner behalten sich ihren Rechtsstandpunkt in der Reparationsfrage ausdrücklich vor."[108] In einem Exposé des Referats 214 vom 16. Dezember 1985 finden sich dazu folgende Anmerkungen: „Einer Aufnahme diplomatischer Beziehungen ohne Vorbedingungen stimmen wir natürlich gerne zu. Eine beiderseitige Protokollierung unterschiedlicher Rechtsstandpunkte in der Reparationsfrage ist problemlos." In wirtschaftlicher Hinsicht könne man Albanien entgegenkommen. Das Geld müsse vom Bundesminister für wirtschaftliche Zusammenarbeit, Jürgen Warnke, kommen, „der sich zunächst aus prinzipiellen Gründen sehr spröde zeigte. Hier bahnt sich jedoch ein Umschwung an, wobei der Umstand, daß der Bundesminister für wirtschaftliche Zusammenarbeit der Partei des Franz Josef Strauß angehört, eine gewisse Rolle spielt." Bei der Frage, weshalb die Bundesregierung an Beziehungen zu Albanien interessiert sei, steht in der Antwort nach dem Hinweis auf den „Grundtrieb des Diplomaten, weiße Flecke von der Landkarte der Beziehungen zu tilgen", es gäbe auch politische und wirtschaftliche Gründe. Politisch sei man an der Erhaltung der Unabhängigkeit Albaniens von der Sowjetunion interessiert. Hingegen wolle die Bundesregierung eine Gefährdung der Stabilität Jugoslawiens wegen der Kosovo-Problematik nicht. Diese Haltung zeige auch die Regierung der USA, die deshalb an der Aufnahme offizieller Beziehungen zwischen der Bundesrepublik Deutschland und Albanien Interesse habe. Wirtschaftlich könnte Albanien als Rohstofflieferant an Bedeutung gewinnen.[109]

Problematisch war der albanische Wunsch nach Wiedergutmachung der Kriegsschäden, wobei der Begriff „Reparation" vermieden wurde. In einer Mitteilung des Auswärtigen Amtes an das Bundesministerium für wirtschaftliche Zusammenarbeit vom 10. Januar 1986 steht, die Aufnahme der diplomatischen Beziehungen zu Albanien sollte nicht „am Ausbleiben einer finanziellen Geste scheitern." Am 7. Februar erfolgte die schriftliche Zusage des Ministeriums, Mittel im Rahmen der bilateralen technischen Zusammenarbeit von bis zu 6 Millionen DM für Albanien zur Verfügung zu stellen.[110] Bei den nächsten Gesprächen

108 Alle erwähnten Unterlagen, ebenda.

109 PAAA, Zwischenarchiv 139418.

110 PAAA, Zwischenarchiv 139419.

am 10. März 1986 in Wien erwähnte Braunmühl einen etwas geringeren Betrag. Lazri war darüber sehr enttäuscht und meinte: „Ein derart geiziges Verhalten habe er nicht erwartet, die Summe sei so unbedeutend, daß es sich nicht lohne, darüber zu diskutieren. Die albanische Seite habe die Herstellung diplomatischer Beziehungen nicht gewünscht, um Hilfe zu bekommen.“ Lazri wollte seiner Regierung dennoch die Aufnahme der Beziehungen vorschlagen. Braunmühl dankte dafür und betonte den immatriellen Wert politischer Beziehungen und der Freundschaft.[111]

In Bonn wurden schon die Kosten einer Mission in Tirana kalkuliert. In der Vorlage für den Haushaltsausschuß des Bundestages vom 14. August 1986 steht als Begründung für die Aufnahme der diplomatischen Beziehungen, Albanien habe in der letzten Zeit seine Politik der Öffnung auch gegenüber westlichen Staaten fortgesetzt. „Angelpunkt der albanischen Außenpolitik ist die völlige Unabhängigkeit des Landes. Bisher äußerte sich dieses Streben eher als Isolationspolitik. Eine Verstärkung der Beziehungen westlicher Länder zu Albanien, die mit einer Normalisierung unserer Beziehungen zu diesem Land verbunden wäre, liegt im politisch-strategischen Interesse des Westens und wäre ein wichtiger Beitrag zur politischen Stabilisierung in der Region. Ferner würde sie unseren – freilich bescheidenen – Wirtschaftsinteressen dienen. Im Vordergrund der Aufgaben der Botschaft Tirana dürften der politische Meinungsaustausch mit der albanischen Regierung und die Beobachtung der innen- und außenpolitischen Entwicklung des bisher für uns verschlossenen Landes stehen. Daneben wird es Aufgabe der Botschaft sein, deutsche Unternehmen, die mit Albanien Handel betreiben, zu unterstützen. Wir haben ein Interesse daran, im Rahmen unserer Möglichkeiten auf die Öffnungstendenzen einzugehen, und so zur Ausgewogenheit der albanischen Außenbeziehungen beizutragen.“[112] Alia sagte auf dem 9. Parteitag am 3. November 1986 in seinem Bericht über die Tätigkeit des Zentralkomitees der Partei der Arbeit und die Aufgaben für die Zukunft: „Mit der Bundesrepublik Deutschland haben wir Gespräche über die Normalisierung der Beziehungen zwischen den beiden Ländern geführt, und wir glauben, daß mit gutem Willen und gemeinsamen Anstrengungen dieses Ziel erreicht werden kann.“ Reparationsforderungen wurden nicht erwähnt.[113] In der nächsten Runde der Sondierungsgespräche in Wien am 17. März 1987 konnte die deutsche Seite sich in allen wesentlichen Punkten durchsetzen.

---

111 Gesprächsvermerk, ebenda.

112 PAAA, Zwischenarchiv 139418.

113 Ramiz Alia: Bericht an den 9. Parteitag der Partei der Arbeit Albaniens, Tirana 1986, S. 247.

Schwierig war die Suche nach geeigneten Räumlichkeiten für die westdeutsche Mission in Albanien. Darüber verhandelte Ministerialdirigent Hansjörg Eiff, der Leiter der Unterabteilung 11 in der Zentralabteilung des Auswärtigen Amtes, Anfang Juni 1987 in Tirana mit Abteilungsleiter Andon Berxholi vom Außenministerium. Nach einer Aufzeichnung des Ministerialdirigenten für den Bundesaußenminister vom 12. Juni habe die albanische Seite weder konkrete Angebote machen noch Hinweise auf mögliche Angebote geben können oder wollen. Begehungen, Stadtrundfahrten und Gespräche mit den Botschaftern von Frankreich, Italien und Griechenland hätten ein deprimierendes Bild von den baulichen Verhältnissen in Tirana ergeben. „Die Albaner erklärten, sie könnten uns derzeit noch kein Gebäude und Wohnungen anbieten, weil noch nichts bereitstehe. (...) Die Verhandlungen verliefen trotz der ungelösten Frage sachlich und in guter kollegialer Atmosphäre." Eiff dankte Berxholi mit Fernschreiben vom 25. Juni 1987 für die Gastfreundschaft und teilte mit, „daß es die deutsche Seite vor weiteren Schritten als hilfreich ansehen würde, wenn seitens der albanischen Regierung konkrete Hinweise zur möglichen Unterbringung einer künftigen Botschaft der Bundesrepublik Deutschland, des Botschafters und der anderen Bediensteten in Tirana gemäß dem Ihnen mitgeteilten Bedarf gegeben werden könnten und eine entsprechende Besichtigung ermöglicht würde". Franz Josef Strauß schrieb am 8. Juli an den albanischen Regierungschef Adil Carcani: „Ich würde es außerordentlich bedauern, wenn die Aufnahme der diplomatischen Beziehungen zwischen unseren beiden Ländern, für die ich mich sehr stark eingesetzt habe, sich wegen einer im Grunde nur technischen Frage hinauszögern würde. Da ich hoffe, daß Sie meine Auffassung teilen, möchte ich Sie daher bitten, dieser Angelegenheit Ihre persönliche Aufmerksamkeit zu schenken, damit dieses letzte Hindernis für die Aufnahme der diplomatischen Beziehungen möglichst rasch ausgeräumt werden kann." Berxholi informierte Eiff mit Note vom 12. Juli 1987 über die schon begonnene Errichtung der Gebäude für den Botschafter und das Personal. Die Wohnungen würden im September 1987 und die Residenz und Kanzlei im März 1988 fertig sein.[114]

Sehr problematisch für die westdeutschen Diplomaten war der Lebensstandard in Albanien. In einer Mitteilung des Auswärtigen Amtes an den Bundesminister des Innern vom 13. Juli 1987 über deren Besoldung steht folgendes: „Im Falle von Tirana ist es nicht möglich, den Dienstort ... in Anlehnung an einen anderen europäischen Dienstort zu behandeln. Nach der derzeitigen Einschätzung des Auswärtigen Amtes handelt es sich bei Tirana um den schwierigsten

114 PAAA, Zwischenarchiv 139418.

Dienstort in Europa und einen der schwierigsten überhaupt." Die westlichen Botschaften würden ihre Nahrungsmittel importieren. Auch im Diplomatenladen sei praktisch kein Gemüse und Fleisch zu kaufen. „An Getränken sind Limonade minderer Qualität, Mineralwasser, ein passabler Rotwein, ein übersüßter Weißwein sowie örtliche Schnäpse erhältlich." Das Klima in Tirana wäre im Sommer wie in den Tropen und im Winter wie in Mitteleuropa. Die Straßenverhältnisse würden besondere Regenkleidung mit Gummistiefeln erforderlich machen. „Die Beschaffung von Kleidung und Schuhen im Lande ist wegen der Qualität und des für Mitteleuropäer nicht zumutbaren sozialistischen Einheitsschnitts nicht möglich. (...) Die politische Isolierung der Angehörigen westlicher Botschaften ist umfassend. Es ist den Albanern unter Strafe verboten, Kontakt zu westlichen Auslandsvertretungen zu halten oder aufzunehmen. Auch die offiziellen Kontakte zu albanischen Stellen sind auf das dienstlich Notwendige beschänkt. Dem steht andererseits die totale Überwachung durch die Sicherheitsdienste gegenüber, wie sie in dieser Form selbst in den anderen Ostblockstaaten nicht mehr üblich oder zumindest nicht so sichtbar ist. Eine weitere wesentliche Erschwernis des Lebens in Albanien stellt das umfassende Verbot jeder Art von Religionsausübung dar. In Tirana gibt es weder eine deutsche noch eine westeuropäische Kolonie. Es fehlt jede Art von ausländischem Kulturinstitut. (...) Die genannten Belastungen gelten in verstärktem Maße auch für Ehefrau und Kinder." In Albanien gab es keine dem westeuropäischen oder nordamerikanischen Kulturkreis zugehörige Schulen oder Kindergärten. „Eine Schulausbildung kann demnach nur durch die Eltern selbst oder durch eine Internatsunterbringung der Kinder in einem anderen Land erfolgen."[115]

Eine Expertendelegation unter Leitung des Vortragenden Legationsrates Elmar Weindel vom Liegenschaften-Referat 111 des Auswärtigen Amtes besichtigte Mitte August 1987 das für die Botschaft vorgesehene Areal. Ihr wurde „ein Baugrundstück für den Neubau einer Kanzlei und einer Botschafterresidenz in bester Botschaftslage von Tirana" in der Skanderbegstraße präsentiert. Mit den Neubauten war bereits begonnen worden. Die Baupläne wurden nach den deutschen Bedürfnissen korrigiert. „Die albanische Seite hat alle Vorschläge akzeptiert und wird sie berücksichtigen." Neben Kanzlei und Residenz wurde ein Wohnblock gezeigt, in dem die deutsche Vertretung auf fünf Stockwerken zehn Mietwohnungen erhalten sollte. „Die Qualität der Wohnungen ist – ortsbedingt – erschreckend niedrig." Es sei erforderlich, in den Wohnungen nach der Übergabe noch umfangreiche Herrichtungsmaßnahmen durch deutsche

115 Ebenda.

Handwerker vornehmen zu lassen. „Das Verhandlungsklima war von Anfang an sachlich und offen. Die albanische Seite gab sehr früh zu erkennen, daß es ihr erklärtes Ziel war, unsere Vorstellungen und Wünsche entgegenzunehmen und zu prüfen und – wenn möglich – schon vor Ort positiv zu entscheiden. So entwickelte sich bereits nach kurzer Zeit eine entspannte und vertrauensvolle Atmosphäre, in der es möglich war, unsere nicht unerheblichen, aber sachlich und fachlich fundierten Korrekturen der Architektenplanung von Kanzlei und Residenz voll zur Geltung zu bringen."[116] Elmar Weindel bedankte sich mit Schreiben vom 31. August 1987 bei seinem albanischen Verhandlungspartner Ksenofon Krisafi, dem Leiter der Rechtsabteilung des Außenministeriums, für die Gastfreundschaft.[117]

Die Vereinbarung über die Aufnahme diplomatischer Beziehungen wurde am 15. September 1987 im Außenministerium in Tirana von Andon Berxholi und Ministerialdirigent Dieter Kastrup, dem Leiter der Unterabteilung 21 der Politischen Abteilung des Auswärtigen Amtes, unterzeichnet. Er äußerte anschließend die Bitte, „die Bauarbeiten an Kanzlei, Residenz und an den Wohnungen zügig fortzuführen und dem Vorauskommando bei seiner Tätigkeitsaufnahme so weit wie möglich behilflich zu sein."[118] Eine im Referat 214 gefertigte Aufzeichnung vom 9. September schildert den Sachstand so: „Die Sozialistische Volksrepublik Albanien war bisher das einzige europäische Land, zu dem die Bundesrepublik Deutschland keine diplomatischen Beziehungen unterhielt. Mit der Unterzeichnung einer Vereinbarung über die Aufnahme diplomatischer Beziehungen am 15. September 1987 in Tirana und vorbehaltlich der Zustimmung beider Regierungen kann die Aufnahme der Beziehungen in nächster Zeit erfolgen. Die nunmehr erzielte Einigung ist das Ergebnis von Sondierungsgesprächen und Verhandlungen, die im April 1984 in Bonn aufgenommen und in der Folgezeit in Wien fortgesetzt wurden." Das schwierigste Problem dabei wären die von Albanien gestellten Reparationsforderungen gewesen. „Die albanische Seite lenkte schließlich ein, die Beziehungen ohne Vorbedingungen aufzunehmen. (...) Das Recht der Bundesrepublik Deutschland, Berlin (West) nach außen zu vertreten, ist in den Dokumenten so formuliert, wie es ohne jede Einschränkung der westlichen Rechtsauffassung entspricht. Für die Zeit nach der Aufnahme diplomatischer Beziehungen wird eine Zusammenarbeit im wirtschaftlichen, wissenschaftlich-technischen und kulturellen Bereich in Aussicht genommen.

116 Aktenvermerk Weindels vom 14. August 1987, ebenda.

117 Ebenda.

118 PAAA, Zwischenarchiv 139421.

Technisch-administrative Fragen im Zusammenhang mit der Errichtung der Botschaften, die Teil der Gesamtvereinbarung sind, konnten befriedigend gelöst werden."[119] Nach Zustimmung der beiden Regierungen wurden die diplomatischen Beziehungen auf Botschafterebene mit Wirkung vom 2. Oktober 1987 aufgenommen.[120] Beide Seiten hatten ihre bereits aus dem Notenwechsel von 1975 bekannten Standpunkte über die Schäden aus dem Zweiten Weltkrieg in Albanien dargelegt. „Es bestand Einvernehmen, daß die Aufnahme der diplomatischen Beziehungen davon nicht berührt wird."[121]

Bundesaußenminister Genscher begrüßte am 2. Oktober 1987 in einer Presseerklärung den bevorstehenden Botschafteraustausch und betonte den Wunsch, „die Beziehungen zwischen unseren beiden Ländern in allen Bereichen zu fördern und weiterzuentwickeln." Staatssekretär Waldenfels schrieb im Bayern-Kurier vom nächsten Tag unter der Überschrift „Albanien ist willkommen" folgendes: „Die Aufnahme diplomatischer Beziehungen zieht 42 Jahre nach Ende des Zweiten Weltkrieges einen Schlußstrich unter diese teils leidvolle Phase unseres Verhältnisses zu Albanien und macht den Weg frei für eine sinnvolle und beiderseits nützliche Zusammenarbeit in der Zukunft. Dem Bayerischen Ministerpräsidenten Franz Josef Strauß war die Normalisierung unserer Beziehungen zu Albanien stets ein besonderes Anliegen. Nicht nur durch seinen offiziellen Besuch in Tirana im Jahre 1984, sondern auch durch vielfältiges unterstützendes Eingreifen hat er die ... Aufnahme diplomatischer Beziehungen entscheidend gefördert. (...) Albanien mag in den Augen der westdeutschen Öffentlichkeit ein wenig bekanntes, vielleicht rückständig erscheinendes Land mit einer auf den ersten Blick bizarren politischen Kultur sein. Albanien versteht sich aber ... als europäischer Staat. (...) Aus der Sicht der Bundesrepublik Deutschland bedeutet die Aufnahme diplomatischer Beziehungen, daß Albanien in den Kreis der europäischen Länder zurückkehrt, die eng und nutzbringend zusammenarbeiten wollen. Aus der Sicht Bayerns, das die Bande zu den Nachbarn in Südosteuropa immer stärker im Auge hatte als andere Teile der Bundesrepublik Deutschland, kann dies nur positiv bewertet werden."

Auf Einladung des albanischen Außenministers Reis Malile kam Hans-Dietrich Genscher am 23. Oktober 1987 zu einem kurzen Besuch nach Tirana. Sondergast des Ministers war die Bundestagsabgeordnete Christa Vennegerts von den Grünen in ihrer Funktion als Mitberichterstatterin im Haushaltsausschuß. Der

119 Ebenda.

120 Kommuniqué in: Bulletin des Presse- und Informationsamtes der Bundesregierung Nr. 101 vom 7. Oktober 1987, S. 868.

121 PAAA, Zwischenarchiv 139421.

Delegation gehörten zahlreiche Medienvertreter an. Die Besucher trafen an Bord eines Sonderflugzeugs der Bundesluftwaffe gegen 9.30 Uhr auf dem Flughafen Tirana ein. Nach der Begrüßung wurde während der Fahrt in die Innenstadt der im Bau befindliche Botschaftskomplex besichtigt. Gesprächen mit dem Außenminister und dem Regierungschef sowie der Kranzniederlegung am Ehrenmal der Gefallenen der Nation folgte ein Gespräch mit dem Staatschef. Alia begrüßte Genscher und seine Begleitung mit herzlichen Worten und bezeichnete die Aufnahme der diplomatischen Beziehungen zwischen beiden Ländern als ein großes Ereignis. „Nunmehr gelte es, viel nachzuholen." Der Bundesaußenminister übermittelte die Grüße des Bundespräsidenten und des Bundeskanzlers. „Er betonte unseren Willen zum Ausbau der Beziehungen in allen Bereichen. (...) Nach leidvoller Vergangenheit komme es jetzt darauf an, das Tor in die Zukunft aufzustoßen." Alia sprach über „die große Bedeutung, die Albanien der Entwicklung der Beziehungen zur Bundesrepublik Deutschland beimesse. Der Besuch des Bundesministers in Tirana werde von albanischer Seite als ein Zeichen des guten Willens der Bundesrepublik Deutschland gewertet." Genscher erwiderte, man stehe am Anfang des politischen Dialogs. „Es sei wichtig, die Vorstellungen des Anderen zu verstehen. (...) Wir seien entschlossen, die Beziehungen auf einer möglichst breiten Basis zu entwickeln. (...) Generelle Voraussetzung einer guten Zusammenarbeit sei der gegenseitige Respekt und die Bildung von Vertrauen. Deshalb träten wir für eine volle gleichberechtigte Partnerschaft ein." Der Bundesaußenminister erläuterte dann die Bedeutung der Europäischen Gemeinschaft, „die ein Modell für das Zusammenleben gleichberechtigter Staaten darstelle. Die Europäer hätten Lehren aus der Vergangenheit gezogen; das Schicksal Europas könne nur gemeinsam gestaltet werden." Nach Meinung des Staatspräsidenten sei durch den Besuch des Bundesministers „ein guter Anfang für die weitere Entwicklung der deutsch-albanischen Beziehung gemacht worden (...) Albanien suche ehrliche Freundschaft und enge Beziehungen zur Bundesrepublik Deutschland." Anschließend gab Alia zu Ehren Genschers ein Mittagessen. Am Nachmittag folgte im Hotel Dajti das Pressegespräch. Danach flogen die Besucher zurück nach Deutschland.[122]

Ministerialdirigent Franz Bertele, der Leiter der Zentralabteilung des Auswärtigen Amtes, hatte bereits am 9. Oktober 1987 dem albanischen Außenministerium die Bestellung von Werner Daum zum Geschäftsträger ad interim der Bundesrepublik Deutschland in der Sozialistischen Volksrepublik Albanien notifiziert.[123] Daum eröffnete die Botschaft offiziell am Mittag des

122 Die Papiere dazu in: PAAA Zwischenarchiv 139421.

123 PAAA, Zwischenarchiv 139418.

15. November 1987 im Hotel Dajti.[124] Nachmittags kam Franz Josef Strauß in Begleitung von Staatssekretär Siegfried Lengl vom Bundesministerium für wirtschaftliche Zusammenarbeit und Medienvertretern zu einem zweitägigen Besuch nach Tirana zur Fortsetzung des politischen Dialogs und wegen der Entwicklungszusammenarbeit im Rahmen von 6 Millionen DM. Daum telegrafierte dazu an das Auswärtige Amt: „Ministerpräsident Strauß hat durch seine direkte und zugleich gewinnende Art den deutsch-albanischen Beziehungen und Interessen der Bundesrepublik Deutschland genutzt. Durch die Unterzeichnung des Schriftstücks über die 6 Millionen ... dürfte sich für die Albaner eine wichtige sichtbare Bestätigung ihre Politik verstärkter Zusammenarbeit darstellen."[125]

Die Vertretung in Tirana erhielt am 27. November 1987 den Auftrag zur Einholung des Agréments für Friedrich Kroneck als Botschafter. Der promovierte Jurist gehörte seit 1959 dem Auswärtigen Dienst an. Nach verschiedenen Verwendungen war er von 1981 bis 1985 Referatsleiter in der Rechtsabteilung des Auswärtigen Amtes. Danach leitete er das Generalkonsulat in Amsterdam und seit dem 27. April 1987 die Unterabteilung 51 der Rechtsabteilung.[126] Das Agrément wurde am 18. Dezember 1987 erteilt. Kroneck traf am 7. Januar 1988 in Tirana ein und stattete Malile fünf Tage später den Antrittsbesuch ab. Der Außenminister hielt dabei dem Botschafter einen längeren Vortrag über die Beziehungen Albaniens zu den verschiedenen Staaten. Dabei meinte er, die Sowjetunion wäre nie ein echter Freund Albaniens gewesen. Bei einer Hungersnot habe Chruschtschow für Getreidelieferungen die Bezahlung in Gold verlangt. Aus dieser Zeit stamme Hoxhas Ausspruch, man wolle lieber Gras essen, als sich unter das sowjetische Joch zu beugen. Albanien habe zu den anderen europäischen Staaten ein gutes Verhältnis. Mit Bezug auf die Bundesrepublik Deutschland sagte Malile, „daß man sich hier große Hoffnung auf eine fruchtbare Zusammenarbeit nach Aufnahme der diplomatischen Beziehungen mache. Man schätze das deutsche Volk und seine Schaffenskraft und hoffe, daraus für sich selbst Nutzen zu ziehen."[127] Kroneck übergab Alia am 15. Januar 1988 das Beglaubigungsschreiben. Das anschließende Gespräch dauerte 1½ Stunden. Der Staatspräsident bat dabei den Botschafter, dem Bundespräsidenten, dem Bundesaußenminister und dem bayerischen Ministerpräsidenten Grüße zu übermitteln.[128] Im Monat darauf

124 Drahtbericht vom 15. November 1987, ebenda.

125 Drahtbericht vom 17. November 1987: PAAA, Zwischenarchiv 139421.

126 PAAA, Zwischenarchiv 139418.

127 Bericht Kronecks vom 13. Januar 1988: PAAA, Zwischenarchiv 139819.

128 Drahtbericht Kronecks vom 15. Januar 1988, ebenda.

wurden die diplomatischen Beziehungen Albaniens zur DDR wieder auf Botschafterebene angehoben.

Albanische Botschaft in Ost-Berlin, Puschkinallee 49. Bild: BStU

3. Albanien und die deutsche Wiedervereinigung

Nach dem Tod Enver Hoxhas hatten sich auch die Beziehungen Albaniens zur DDR verbessert. Der seit dem 3. Juni 1986 amtierende Geschäftsträger Dieter Kulitzka akkreditierte sich am 20. Februar 1988 als Botschafter. Er zog in seinem Bericht vom 8. November 1988 eine positive Bilanz des abgelaufenen Jahres. Anläßlich des Nationalfeiertages der DDR sei erstmals wieder ein würdigender Artikel in der albanischen Presse erschienen. Die weitere Normalisierung der bilateralen Beziehungen werde allerdings nicht kurzfristig und auch nicht umfassend erfolgen, schon gar nicht politisch-ideologisch. „Tatsächlich kommen die Dinge auf den Gebieten der Kultur und Wissenschaften, der Massenmedien, des Tourismus und der Direktkontakte zwischen den Außenministerien sowie ihren Funktionären zunächst kaum oder gar nicht voran." Ihm seien keine beantragten Antrittsvisiten bei höheren albanischen Funkionären „trotz wiederholter Nachfrage" vermittelt worden. Man solle die albanische Seite nicht überfordern, aber alle gegebenen Möglichkeiten nutzen, wie beispielsweise den 40. Jahrestag der Gründung der DDR und der Aufnahme der diplomatischen Beziehungen.

Aussichtsreich würden auch Kontakte zwischen den beiderseitigen Akademien der Wissenschaften und der Universitäten sowie im Umweltschutz erscheinen. In einem Schreiben vom 3. Januar 1989 analysierte der Botschafter die Lage in seinem Gastland und erwähnte viele Diskontinuitäten und Widersprüche. Anstelle „der angestrebten höheren Leistungsbereitschaft der Massen" gebe es gegenläufige Tendenzen, „wie Interessenlosigkeit, Arbeitsbummelei, Disziplinlosigkeiten im Arbeitsprozeß, Wirtschaftsvergehen, Spekulation und Schwarzmarktgeschäfte, Kriminalität und Mißachtung des sozialistischen Eigentums." Gewiß werde 1989 „eines der ökonomisch-politisch schwierigsten Jahre Albaniens". Jedoch könne damit gerechnet werden, daß „keine ernsthafte innenpolitische Destabilisierung eintreten" werde. Außenpolitisch habe Albanien „im Jahre 1988 beachtliche Fortschritte erreicht, die nicht nur das internationale Prestige des Landes stärken, sondern auch innenpolitisch stabilisierend wirken."[129]

Gemäß Beschluß des Politbüros des Zentralkomitees der SED besuchte Oskar Fischer als erster und letzter Außenminister der DDR vom 19. bis zum 21. Juni 1989 offiziell Albanien. Am letzten Besuchstag trafen Fischer und Alia im Palast der Brigaden in Tirana zu einer 75minütigen Unterredung zusammen. Der albanische Staats- und Parteichef wertete dabei den Besuch als großes Ereignis für die Entwicklung der freundschaftlichen Beziehungen zwischen der SVRA und der DDR. „Albanien habe immer an der Seite der DDR gestanden. Er betrachte die Existenz der DDR als einen wichtigen Faktor des Friedens in Europa und des Sozialismus in der Welt." Albanien werde niemals vom sozialistischen Weg abgehen und wünsche die Verstärkung der Beziehungen zur DDR. Fruchtbare und freundschaftliche Beziehungen „zwischen Albanien und der DDR seien zum Nutzen beider Völker und darüber hinaus zum Nutzen des Sozialismus." Diese Auffassung solle auch dem Staats- und Parteichef Erich Honecker zur Kenntnis gebracht werden. Fischer dankte für die offenen Darlegungen und versicherte, „daß er sie vollständig ... von Kommunist zu Kommunist Genossen Erich Honecker übermitteln werde." Alia betonte dann die albanische Auffassung, „daß es ohne die DDR keinen sicheren Frieden in Europa geben könne. Was die bilateralen Beziehungen angehe, so sei der Besuch ein neuer und gewichtiger Schritt vorwärts. (...) Genosse Oskar Fischer bekräftigte, daß beide Seiten den politischen Willen zu gegenseitig vorteilhafter Zusammenarbeit bekundet hätten." Der Präsident bat den Minister zum Schluß des Gesprächs um Übermittlung herzlicher Wünsche und Grüße an dessen Staats- und Parteichef. Alia wünschte Honecker „beste Gesundheit sowie weitere Erfolge beim

129 PAAA, MfAA, ZR 8404/93.

Vorwärtsschreiten der DDR." Die SVRA werde „immer und aus Überzeugung" für die Sache der DDR, ihre Existenz, Freiheit und Unabhängigkeit eintreten. Daran habe sich, „trotz einigem Hin und Her in der Vergangenheit", nichts geändert. In Fischers Bericht über seine Visite steht als Resümee: „Mit dem ersten offiziellen Besuch eines Außenministers der DDR in der SVR Albanien wird eine neue Etappe in den Beziehungen zwischen beiden Staaten eingeleitet." Der Meinungsaustausch habe ein hohes Maß an übereinstimmenden Ansichten gezeigt und wäre in einer außerordentlich freundschaftlichen Atmosphäre verlaufen. „Besonders deutlich wurde die Wertschätzung, die Albanien der DDR als stabilen Eckpfeiler des Sozialismus in Europa und seiner prinzipiellen an den Grundwerten des Sozialismus orientierten Politik entgegenbringt." Der Ministerrat der DDR legte in seiner Sitzung am 29. Juni 1989 als eine Schlußfolgerung aus dem Besuch fest: „Der politische Dialog ist auf allen Ebenen auszubauen." Mit der albanischen Seite sollten Vorschläge für die Entwicklung des Tourismus in die SVRA erarbeitet und dem Sekretariat des Zentralkomitees der SED unterbreitet werden. Verantwortlich dafür waren Verkehrsminister Otto Arndt, Außenminister Oskar Fischer, Staatssicherheitsminister Erich Mielke und Innenminister Friedrich Dickel mit Terminvorgabe III. Quartal 1989.[130] Der stellvertretende Verkehrsminister Klaus Wolf führte Mitte Juli in Tirana Gespräche dazu mit Ruhi Shequi, dem Leiter der staatlichen Tourismusorganisation „Albturist".[131] Viele Bürger der DDR hatten zu dieser Zeit aber andere Reiseziele.

Die im Sommer 1989 einsetzende Massenflucht der Ostdeutschen über Ungarn nach Österreich wurde in Albanien nicht öffentlich diskutiert. Nach dem Bericht des westdeutschen Botschafters Friedrich Kroneck wären die Meldungen darüber objektiv gewesen. Die Öffnung der Grenze für die Flüchtlinge durch die ungarischen Behörden werde nicht kritisiert.[132] Rein faktisch wurde auch über den Fall der Berliner Mauer berichtet. Kroneck bemerkte dazu: „In den albanischen Medien konnte bis jetzt keine politische Bewertung der Vorgänge in der DDR festgestellt werden. Auch über die Ereignisse vor der Grenzöffnung wurde nur spärlich und ohne jede politische Stellungnahme informiert.

---

130 Bundarchiv Berlin, DC 20-I/3 – 2832–2836.

131 BStU, MfS, Abt. X, Nr. 1293, Bl. 28 – 31. Die Vorlage dazu für das Sekretariat des Zentralkomitees der SED datiert vom 6. Oktober 1989. Erich Honecker sagte an jenem Tag auf der Festveranstaltung im Palast der Republik in Berlin zum 40. Jahrestag der Gründung der DDR, wie die anderen sozialistischen Länder werde auch sein Staat „die Schwelle zum Jahr 2000 mit der Gewißheit überschreiten, daß dem Sozialismus die Zukunft gehört."

132 Drahtbericht vom 13. September 1989 in: PAAA, Zwischenarchiv 139818.

Im albanischen Fernsehen wurde zwar die Nachricht über die Grenzöffnung gebracht, jedoch keineswegs an prominenter Stelle, sondern erst nach Berichten über Vorgänge in Südafrika und Honduras. Politische Bewertungen gab es auch im Fernsehen nicht." Zitiert würde nur aus Kommentaren Dritter mit kritischer Haltung zur deutschen Wiedervereinigung.[133]

Auf Weisung übermittelte der Botschafter den Text der Rede des Bundeskanzlers Helmut Kohl vor dem Bundestag vom 28. November 1989 mit dem Zehn-Punkte-Plan zur Überwindung der Teilung Deutschlands und Europas dem Staatspräsidenten, dem Ministerpräsidenten und dem Außenminister Albaniens und berichtete dazu: „Alle drei haben sich ausdrücklich dafür bedankt. Der Reaktion war zu entnehmen, daß die offizielle Übergabe des Redetextes nicht nur als authentische Information, sondern mehr noch als Geste des Respekts vor Albanien als Staat angesehen wurde, eine Geste, die gerade bei kleineren Staaten gut ankommt." In Albanien sei man unruhig wegen des „wie und wann einer Vereinigung der beiden Staaten in Deutschland und deren Auswirkungen auf Ost- und auch Westeuropa. Weit davon entfernt, selbst irgendwelche Stellung dazu zu nehmen, wie denn alles weitergehen solle und welche Entwicklung man als günstig ansehen würde, beschränkt man sich jetzt auf eine aufmerksame Registrierung aller damit zusammenhängenden Vorgänge. (…) In Albanien geht man davon aus, daß eine Vereinigung der beiden Staaten in Deutschland nicht nur Änderungen im Osten, sondern auch im Westen bewirken würde. (…) Albanische Überlegungen sind nicht vom Interesse am zukünftigen Schicksal Deutschlands bestimmt, sondern auf die Konsequenzen gerichtet, die Veränderungen in Europa für Albanien haben könnten." Die selbständige Außenpolitik Albaniens lebe vom Ost-West-Gegensatz „und dem dadurch bedingten Zustand des Gleichgewichts, der eine Veränderung des Status quo auch auf dem Balkan nicht zugelassen hätte. Durch Veränderungen in Europa sieht man nun das frühere Gleichgewicht eventuell in Frage gestellt. Veränderungen in Mitteleuropa könnten sich auch auf die Stellung Albaniens auswirken und diese ohne oder gegen den Willen Albaniens beeinflussen."[134]

Die Veränderungen in der DDR betrafen direkt auch ihre Mission in Tirana. Letzter Botschafter war seit dem 29. September 1989 Peter Schubert. Am 25. Oktober wurde in der Botschaft über die Lage zu Hause beraten und dabei „herausgearbeitet, daß es jetzt darauf ankommt, eine kämpferische, nach vorn orientierte Position einzunehmen und Besonnenheit mit Konstruktivität zu

133 Drahtbericht vom 13. November 1989 in: PAAA, Zwischenarchiv 139819.

134 Drahtberichte vom 1. und 15. Dezember 1989, ebenda.

verbinden.“ Alle Genossen waren zuversichtlich, „daß es unserer Partei gelingen wird, geschwundenes Vertrauen wieder zu gewinnen und eine schöpferische Atmosphäre zu schaffen, die allen für den Sozialismus einstehenden Kräften Raum und Geltung verschafft.“ Betont wurde zum Schluß die enge Verbundenheit zur Partei und zur sozialistischen Heimat. In einem Schreiben vom 23. November 1989 berichtete der Botschafter, albanische Funktionäre würden „die Entwicklung in der DDR mit größter Aufmerksamkeit und Sorge“ verfolgen. „Die Existenz der DDR ist ein unverzichtbarer Stabilitätsfaktor und jede Beeinträchtigung ihres Status hätte gefährliche Folgen auch für Europa insgesamt. Die DDR muß ein souveräner deutscher Staat bleiben.“ Die albanische Führung habe „ein strategisches Interesse an der Erhaltung der auf Jalta zurückgehenden Nachkriegsordnung einschließlich des Fortbestehens von zwei souveränen deutschen Staaten mit unterschiedlicher Gesellschaftsordnung.“ Der Erneuerungsprozeß in der DDR werde „in Albanien mit Skepsis und Vorbehalten verfolgt“.[135]

Ab Februar 1990 richtete der Botschafter seine Briefe aus Tirana nicht mehr an die Genossen im Ministerium sondern an die Kollegen und grüßte auch nicht mehr mit „sozialistischem“ sondern mit „kollegialem Gruß“. Der neue Außenminister Markus Meckel der ersten frei gewählten Regierung der DDR wird im Schreiben vom 16. Mai 1990 als „Verehrter Herr Minister!“ angesprochen. Weiter wird darin aus Gesprächen mit Funktionären des albanischen Außenministeriums geschlußfolgert, „daß dem Prozeß der Vereinigung der beiden deutschen Staaten als souveränem Recht des deutschen Volkes mit Zustimmung begegnet wird.“ Das Schreiben endet mit den Worten: „Ich darf Sie versichern, daß die Diplomaten einschließlich meiner Person und alle Mitarbeiter der Botschaft bestrebt sind, die anstehenden außenpolitischen Aufgaben gewissenhaft zu erfüllen. Unsere Sachkenntnis und Erfahrungen werden wir loyal im Dienste der Regierungspolitik einbringen. Hochachtungsvoll *Schubert* Botschafter.“[136]

Am 2. August 1990 ging in der Botschaft das Fernschreiben der Zentrale über die Formalien zur Schließung der Vertretung mit entsprechenden Hinweisen ein. Das Eigentum an Immobilien und Grundstücken solle nicht veräußert, sondern „an die BRD-Seite übergeben“ werden. Büromaterialien, Lagerbestände, Repräsentationsgeschirr und Silber sollen im Gastland verkauft oder kostenlos der Vertretung der Bundesrepublik Deutschland übergeben werden. „Aus Bibliotheksbeständen nur besonders wertvolle Bücher an die Fachbibliothek

135 PAAA, MfAA, ZR 8404/93.

136 Ebenda.

des MfAA senden", wie außenpolitische und völkerrechtliche sowie Land-und-Leute-Literatur, aber nicht solche aus DDR-Produktion. „Nicht zu veräußernde Gegenstände an bedürftige Institutionen oder dergleichen nachweislich übergeben, ansonsten Vernichtungsprotokolle." Technische Ausrüstungen verkaufen oder verschrotten. „Kunstgegenstände als Luftfracht mit Transportversicherung … senden, sofern keine Übernahme durch die Vertretung der BRD erfolgt. Alle Missionsschilder und Gegenstände, die künftig musealen Charakter tragen, sind kostengünstig zurück zu führen." Staatssekretär Kersten Radzimanowski beauftragte Botschafter Peter Schubert am 3. September, die Schließung der Mission der DDR dem albanischen Außenministerium zu notifizieren und die Abschiedsbesuche zu absolvieren. Der Botschafter telegrafierte am 18. September dem MfAA, daß die Abreise der Familie Schubert am 25. September und die der anderen Diplomaten bis zum 30. September erfolgen würde. „Damit wäre per 1. Oktober kein Mitarbeiter der Botschaft mehr in der SVRA." Am 12. September wurde die Botschaft von der Zentrale darüber informiert, daß die Vertretung der Bundesrepublik Deutschland kein Interesse an der Weiternutzung der diplomatischen Objekte der DDR in Albanien haben würde. Schubert solle die Kündigung einleiten. Die Beendigung der Tätigkeit der Botschaft der Deutschen Demokratischen Republik zum 1. Oktober 1990 wurde dem albanischen Außenministerium am nächsten Tag per Verbalnote mitgeteilt.[137]

137 PAAA, MfAA, ZR 432/02.

Michael Schmidt-Neke

Albanien unter deutscher Besatzung im Spiegel deutscher Erinnerungsliteratur

Die Literatur über Albanien im II. Weltkrieg ist kaum noch überschaubar. Neben politik- und kriegsgeschichtlichen Monographien und Aktensammlungen verfügen wir über eine große Zahl von Erinnerungen von Zeitzeugen.

Der Antifaschistische Nationale Befreiungskampf (Lufta Antifashiste Nacionalçlirimtare, LANÇ) war bis 1990 eines der Schwerpunktthemen der albanischen Geschichtswissenschaft und Publizistik, und, da es um die Entstehungsgeschichte des kommunistischen Systems ging, das am stärksten politisierte Thema. Die durch Enver Hoxhas zahlreiche Memoirenbände und andere Verlautbarungen wie die offizielle (mehrfach umgeschriebene) definierte Parteigeschichte gab die Richtlinien vor, von denen die Fachleute nicht abweichen durften. Der Widerstandskampf gegen die Italiener und die die Deutschen wurde seitens der von der Kommunistischen Partei Albaniens (PKSH) geführten Befreiungsbewegung monopolisiert; die politischen Konkurrenten wie der republikanische Balli Kombëtar oder der monarchistische Legaliteti wurden in gleicher Weise wie die politischen und militärischen Kollaborateure der Besatzer moralisch als Verräter abqualifiziert – oftmals mit einschneidenden Folgen für deren Familienangehörige über mehrere Generationen hinweg.

Nach 1991 trat eine kaum weniger moralisierende antikommunistische Historiographie auf den Plan, die den Kommunisten die Verantwortung für das Scheitern der nationalen Einheitsfront und eine bewusste Preisgabe Kosovos an Jugoslawien anlastete.[1]

Neben Einzel- und Sammelbiographien[2] gefallener Partisanen erschienen Memoiren von Kriegsteilnehmern.[3] Besonders politisch einflussreiche

1 Zur kontroversen Debatte siehe Lewin, Erwin: Antifaschistischer Widerstand in Albanien (1942–1943/44). Neue Quellen zu Akteuren und Zielen. Rosa-Luxemburg-Stiftung Sachsen. Leipzig 2007 (Diskurs. Streitschriften zur Geschichte und Politik des Sozialismus Heft 24); Hubert Neuwirth: Widerstand und Kollaboration in Albanien 1939–1944. Wiesbaden 2008 (= Albanische Forschungen 27)

2 Bedo, Resul u.a. (ed.): Yje të pashuar. Flasin heronj të Luftës Nacional-çlirimtare. Bd. 1–5. Tirana 1971–1978.

3 Gjokutaj, Feim: Në dallget e luftës. Kujtime. Tirana 1980; Daja, Hysni: Prova gjaku. Kujtime. Tirana 1987; Mitrojorgji, Pipi: Në vitet e zjarrta. Ribotim. Tirana 1988.

Persönlichkeiten widmeten dem Krieg zumindest Teile ihrer Erinnerungen; viele dieser Bücher erschienen erst nach dem Systemwechsel, doch hielten ihre Autoren an der bisher offiziellen Deutung des Befreiungskampfes fest.[4] Viele der überlebenden British Liaison Officers (BLO), die bei den konkurrierenden Verbänden um einen aktiveren Widerstand warben, veröffentlichten ihre Erinnerungen, an denen deutlich wird, wie sehr ihre Sichtweise von eigenen politischen Überzeugungen, aber auch von der ihrer jeweiligen albanischen Ansprechpartner abhängig war.[5]

Da die USA auf dem albanischen Kriegsschauplatz weit weniger präsent waren als die Briten,[6] sind hier nur die Aufzeichnungen einer von 13 Armeekrankenschwestern erwähnenswert, die über albanischem Gebiet abgestürzt waren.[7] Seitens der italienischen Besatzer ist die Erinnerungsliteratur nicht allzu reich. Unter den politischen Akteuren, die nach 1945 noch am Leben waren, legte der Generalgouverneur Francesco Jacomoni eine Rechtfertigungsschrift vor.[8] Ein junger Unteroffizier, der nach dem deutschen Einmarsch an der Seite der Partisanen gegen die neuen Besatzer kämpfte, Viscardo Azzi, publizierte seine Kriegserinnerungen erst 1985.[9] Angehörige der Division „Antonio Gramsci" hielten ihre Erinnerungen in einem kleinen in Albanien verlegten Sammelband fest.[10]Auch andere italienische Kombattanten trugen zu entsprechenden Sammelbänden bei.[11]

---

4 Alia, Ramiz: Jeta ime. Kujtime. Tirana 2010; Marko, Rita: Në tri kohë. Kujtime. Tirana 2001; Lleshi, Haxhi: Vite, njerëz, ngjarje. Kujtime. Tirana 1996.

5 Quayle, Anthony: Eight Hours from England. London, Toronto 1945 (der spätere bekannte Schauspieler musste seine Erinnerungen notdürftig als Roman tarnen); Amery, Julian: Sons of the Eagle. A study in guerilla war. London 1948; "Trotsky" (= Edmund) Davies: Illyrian Venture. The Story of the British Military Mission to Enemy-occupied Albania 1943–44. London 1952; Kemp, Peter: No Colours or Crest. London 1958; David Smiley: Albanian Assignment. London 1984.

6 Lucas, Peter: The OSS in World War II Albania. Covert Operations and Collaboration with Communist Partisans. Jefferson, London 2007.

7 Jensen Mangerich, Agnes: Albanian Escape. The True Story of U.S. Army Nurses Behind Enemy Lines. Lexington 1999.

8 Jacomoni di San Savino, Francesco: La politica dell'Italia in Albania. Bologna 1965.

9 Azzi, Viscardo: Il prezzo dell'onore. Albania 1943–1944. Milano 1996.

10 Komino, Stefan; Kosturi, Fatri (ed.): A fianco dei partigiani albanesi. Tirana o.J.

11 Bedeschi, Giulio (ed.): Fronte jugoslavo-balcanico: c'ero anch'io. Milano 1985; Polo, Max/ Giovanello, Vincenzo/Vignola, Giovanni: Sui monti d'Albania cade la Julia. La Spezia 1988.

Die deutsche Besatzungszeit dauerte nur 14 Monate, doch war diese kurze Zeit die des engsten und zugleich am stärksten belasteten Kontakts zwischen beiden Ländern. Ihre politische und militärische Geschichte ist gut erforscht[12] und muss hier nicht rekapituliert werden. Es soll hier um die Wahrnehmung Albaniens sowie der eigenen Rolle durch Deutsche[13] gehen, die diese Zeit und in mehreren Fällen die Jahre bis 1950/51 als Kriegsgefangene in Albanien erlebt haben.

Als Grundlage werden folgende Bücher herangezogen:

Alois Beck: bis Stalingrad... (1941–1943). Albanien und Jugoslawien (1943–1945). Ulm 1983 (der katholische Militärgeistliche Beck ist sowohl Mitautor als auch Herausgeber dieser Divisionsgeschichte der 297. Infanterie-Division; allein an den Albanien-relevanten Kapiteln sind 12 weitere Autoren mit sehr kurzen Abschnitten beteiligt, die der Einfachheit halber als „Beck" zitiert werden)

Hans Burkhardt, Günter Erxleben, Kurt Nettball: Die mit dem blauen Schein. Über den antifaschistischen Widerstand in den 999er Formationen der faschistischen deutschen Wehrmacht. Berlin (DDR) 1982, S. 309–323: Albanien

Hermann Frank: Landser, Karst und Skipetaren. Bandenkämpfe in Albanien. Heidelberg 1957

Heinrich Heimkes: Ein Münchner als Gebirgssoldat im Kaukasus und auf dem Balkan. Unterhaching 2000. Privatdruck

Hartmut Körner: Dem Schicksal in den Rachen greifen. Ein deutsches Leben. o.O., o.J.

Heinz Kühnrich: „Bewährungssoldaten" bewähren sich in den albanischen Bergen, in: Stefan Doernberg (Hrsg.): Im Bunde mit dem Feind. Deutsche auf alliierter Seite. Berlin 1995, S. 356–368; wie in Burkhardt u.a. bestehen die Selbstzeugnisse nur aus kurzen Textfragmenten;

Hermann Neubacher: Sonderauftrag Südost 1940–1945. Göttingen, Berlin, Frankfurt 1956

Johanna Jutta Neumann: Umweg über Albanien. Ein persönlicher Bericht. Bochum 2003

12 Kasmi, Marenglen: Die deutsche Besatzung in Albanien 1943 bis 1944. Potsdam 2013; Kasmi, Marenglen: Pushtimi gjerman i Shqipërisë 1943–1944 (Një këndvështrim në dritën e dokumenteve gjermane). Tirana 2013; Fischer, Bernd Jürgen: Albania at War 1939–1945. London 1999; Fischer, Bernd Jürgen: Albania 1943–1945. A View through Western Documents. Tirana 2012; Kühmel, Bernhard: Deutschland und Albanien 1943–1944. Diss. Bochum 1981.

13 ohne Unterscheidung zwischen Deutschen aus dem „Altreich", der „Ostmark" oder der Emigration.

Walther Peinsipp: Das Volk der Shkypetaren. Geschichte, Gesellschafts- und Verhaltensordnung. Wien, Köln, Graz 1985 (eigentlich eine Studie über das nordalbanische Gewohnheitsrecht, aber mit vielen Reminiszenzen an die Erlebnisse des späteren österreichischen Diplomaten als deutscher Offizier)

Lothar Rendulic: Gekämpft, gesiegt, geschlagen. Heidelberg 1952[14] E(rich) Schmidt-Richberg: Das Ende auf dem Balkan. Heidelberg 1955

Max Schimke: Freund unter Feinden. Wie ich als junger Soldat den Zweiten Weltkrieg überlebte. Hrsg. Werner Schimke. Gießen 2017

Peter Steffens: Aus dem Leben eines Mülheimer Jungen. O.O., o.J. (Steffens war bei einem Krankenkraftwagenzug der 1. Gebirgsdivision „Edelweiß“[15] an verschiedenen Fronten, auch in Albanien, eingesetzt, das er bereits 1938 bei einer Wandertour kennengelernt hatte.)

Johannes Vielnascher: Ein katholischer Kaplan und deutscher Sanitätssoldat. Von Kaluga (Mittelrußland) bis Valona (Vlores, Albanien). Schicksalhafte Gefangenschaft in Albanien. Eigenverlag Mödling o.J.; das Buch enthält kurze Beiträge der ehemaligen Kriegsgefangenen Alfred Wagner und Bernhard Grünling

Rudolf Vogel: Erinnerungen. 2 Bde. in 1. Typoskript im Selbstverlag. Berg 1989[16]

Nur wenige dieser Autoren (Frank, Neumann, Peinsipp) befassen sich ausschließlich mit Albanien. Die meisten haben unterschiedliche Einsatzgebiete, den gesamten Krieg im Osten oder den II. Weltkrieg an sich im Auge. Die Tiefenschärfe des Blickes auf Albanien ist daher sehr unterschiedlich.

Die Autoren lassen sich in folgende vier Kategorien einteilen:

„major players“: in diese Kategorie fallen der Politiker und Diplomat Hermann Neubacher, der Generalmajor Erich Schmidt-Richberg (1944–45 Chef des Generalstabs der Heeresgruppe E) und der Generaloberst Lothar Rendulic;

---

14 Seine Autobiographie: Soldat in stürzenden Reichen. München 1965, bringt zum Balkan nichts wesentlich anderes und ist in dem betreffenden Abschnitt z.T. textidentisch mit seinem Buch von 1952.

15 zu dieser Einheit siehe Meyer, Hermann Frank: Blutiges Edelweiß. Die 1. Gebirgs-Division im Zweiten Weltkrieg. Berlin 2008.

16 Ich habe nach einiger Überlegung darauf verzichtet, Maller, Martin: Die Fahrt gegen das Ende. Erlebnisse aus den Partisanenkämpfen im Balkan. 3 Bände. Bonn 1961, 1962, o.J., heranzuziehen. Dieses von einer christlich motivierten Gegnerschaft gegen den Nationalsozialismus und den Krieg getragene Buch ist hinsichtlich seiner Textgattung zu unbestimmt. Die Grenze zwischen fiktionalisiertem Eigenerleben und Fiktion, der die Erfahrungen Anderer zugrunde liegen, ist nicht hinreichend greifbar.

„Soldaten, Offiziere und Funktionsträger": hierunter fasse ich die aktiven Kriegsteilnehmer zusammen, die sich nicht dem albanischen Widerstand anschlossen, einschließlich derer mit besonderen Aufgaben wie der Militärgeistliche Beck und der Wehrmachtspropagandist Vogel;

„Dissidenten": dies betrifft die in den Büchern von Burkhardt und Kühnrich zitierten Wehrmachtssoldaten, die die Fronten gewechselt haben;

„Verfolgte": Johanna Jutta Neumann überlebte als jüdische Emigrantin aus Deutschland mit ihren Eltern die deutsche Besatzungszeit.

Dem gesellschaftlichen Status entspricht die Intention und Form der Veröffentlichung. Die „major players" hatten ihre Kriegsverbrecherprozesse bereits hinter sich. Neubacher war 1951 in Jugoslawien zu 20 Jahren Gefängnis verurteilt, aber sehr früh begnadigt worden und hatte sich wirtschaftlich und gesellschaftlich schnell integriert.

Rendulic war 1948 im Nürnberger Prozess gegen die Südost-Generäle wegen Massenmordes, völkerrechtswidriger Hinrichtungen und Zwangsarbeit zu 20 Jahren Haft (der höchsten befristeten Haftstrafe, die in diesem Verfahren überhaupt verhängt wurde) verurteilt[17] und bereits 1951 durch Entscheid des US-Hohen Kommissars McCloy freigelassen worden. Er gehörte zu den Starautoren zahlreicher rechtsradikaler Publikationen und Verlagshäusern, in denen auch die beiden hier erwähnten Bände erschienen (Verlage Welsermühl und Damm).[18] Beiden ging es um die Retuschierung ihres eigenen Bildes in der Geschichte und um den Nachweis, einer parteiischen Siegerjustiz in die Hände gefallen zu sein.

Schmidt-Richberg[19] wurde nicht der Prozess gemacht. Sein Buch ist eher Militärgeschichte als Erinnerungswerk. Auch er publizierte es in einem rechtsradikalen Verlag (Scharnhorst-Buchgemeinschaft).

Auch für die meisten anderen Autoren stand die eigene Person im Mittelpunkt. Sie richteten sich nicht an die deutsche Öffentlichkeit insgesamt, sondern meist nur an ihr persönliches Umfeld, doch musste es jeder aktive Kriegsteilnehmer (also alle außer der „Verfolgten") vermeiden, aufgrund seiner Ausführungen persönlich mit Kriegsverbrechen in Verbindung gebracht zu werden. Heimkes

17 Zöller, Martin; Leszczyński, Kazimierz (Hrsg.): Fall 7. Das Urteil im Geiselmordprozeß, gefällt am 19. Februar 1948 vom Militärgerichtshof V der Vereinigten Staaten von Amerika. Berlin (DDR) 1965.

18 Brüdigam, Heinz: Der Schoß ist fruchtbar noch ... Neonazistische, militaristische, nationalistische Literatur und Publizistik in der Bundesrepublik. Frankfurt a.M. 2. Aufl. 1965, S. 270, 308.

19 http://www.lexikon-der-wehrmacht.de/Personenregister/S/SchmidtRichbergErich-R.htm

zieht die Verbindung zwischen dem II. Weltkrieg und dem Kosovo-Krieg und kommt zu einer pazifistischen Grundhaltung; er bekennt seine Mitschuld an der Shoah durch unterlassenen Widerstand. Mit Ausnahme von Rudolf Vogel, der es zum Staatssekretär im Bundesschatzministerium bringen sollte, waren sie nicht prominent. Ihre Arbeiten erschienen in kleinen Verlagen oder im Selbstverlag, im schlechtesten Fall als broschierte Fotokopien. Die Bandbreite der politischen Selbstverortung könnte nicht breiter sein; sie reicht von dezidierten Gegnern des Nationalsozialismus wie den „Dissidenten" und der „Verfolgten" über die Katholiken Heimkes, Vielnascher und Beck bis hin zu dem fanatischen Alt-Nationalsozialisten Körner, der in den 60er Jahren zu den Mitbegründern der NPD gehören sollte.

Diese Texte sollen anhand der folgenden Kategorien untersucht werden:

- I. Selbstwahrnehmung
  1. Rolle Deutschlands und der Wehrmacht in Albanien
  2. Rolle des eigenen Truppenverbandes
  3. Eigene Rolle
- II. Wahrnehmung Albaniens
  1. Generelle Eindrücke von Land und Leuten
  2. Sicht auf die albanischen Feinde (Partisanen)
  3. Sicht auf die Italiener
  4. Sicht auf andere albanische Akteure (Kollaborateure, Balli Kombëtar, Legaliteti, Stammesführer)

I. Selbstwahrnehmung

1. Rolle Deutschlands und der Wehrmacht in Albanien

Die Besetzung Albaniens erfolgte ausschließlich wegen des drohenden Frontwechsels Italiens nach dem Sturz Mussolinis (Körner, Rendulic, Beck). Deutschland arbeitet direkt auf die Wiederherstellung der albanischen Eigenstaatlichkeit hin, behält sich aber die Kontrolle über das Land vor, dem nur eine „eingeschränkte Neutralität" zugestanden wird (Neubacher). Dies stellt sich als Fehler heraus; eine Militärverwaltung wäre effizienter gewesen und hätte die Inflation vermeiden können, die den Sold der Truppe entwertete (Vogel). Deutschland tritt – besonders in Kosovo – als Beschützer der albanischen Muslime auf (Körner).

Die deutschen Truppen sind „Gäste" in Albanien, halten aber die Ordnung nach dem Zusammenbruch der italienischen Verwaltung offen (Neubacher). Sie kontrollieren nur die Gebiete, die für sie von Bedeutung sind, unternehmen aber keine Expeditionen in die Malësia (Peinsipp).

Die deutschen Soldaten verhalten sich gegenüber der Bevölkerung korrekt (Beck, Frank, Peinsipp); Übergriffe sind sehr selten und werden bestraft (Peinsipp). Angesichts der wachsenden Partisanenangriffe wird ihnen jeder Verkehr mit albanischen Zivilisten verboten (Frank). Sie verkehren aber intensiv bei den wenigen deutschen oder albanisch-deutschen Familien im Lande (Neumann). Sie erwerben sich und Deutschland viele Freunde in Albanien, indem sie „die Geschicke dieses Landes zu ihren eigenen" gemacht und „diesen Raum und seine Bevölkerung vor den bolschewistischen Banditen gesichert" haben (Körner). Sie werden häufig Opfer von Angriffen aus dem Hinterhalt (Frank, Schimke), verhalten sich aber grundsätzlich menschlich (Frank). Dennoch werden Albaner auf bloßen Verdacht hin erschossen (Frank). Ihre Loyalität zum Regime wird durch die Kriegsentwicklung untergraben (Frank). Die deutschen Soldaten laden keinerlei Schuld auf sich (Frank).

Die SS, besonders der Höhere SS-und Polizeiführer Albanien Josef Fitzthum, untergräbt allerdings durch ihre Bemühungen um die Aufstellung einer Waffen-SS-Division „Skanderbeg", die Autorität der albanischen Regierung und schwächen dadurch die Position Deutschlands (Peinsipp). Die SS bricht ein letztes Tabu der Kriegführung und schafft albanische Frauen und Kinder in Internierungslager (Vogel). Sie verfolgt Juden und begeht Massaker an Italienern (Neumann). Der SD finanziert eine Kosovarenbande unter Führung eines Hasan Isufi (Peinsipp).

Die Vielfalt deutscher Militär- und Zivilbehörden erschwert die Aufgabe der Truppen zusätzlich (Vogel). Die Deutschen verfügen nur über wenige Landeskenner und Sprachkundige (Vogel). Rund 90 % der finanziellen Ressourcen werden für sinnlose Festungsarbeiten und andere Infrastrukturprojekte ausgegeben (Vogel). Die Dissidenten betonen den Unrechtscharakter des NS-Regimes und des von ihm ausgelösten Krieges einschließlich der Besetzung Albaniens (Burkhardt u.a).

2. Rolle des eigenen Truppenverbandes

Die 1. Gebirgsdivision ist auf dem Balkan zur Bekämpfung der Partisanen eingesetzt (Heimkes, Steffens).

Die 297. Infanteriedivision, die nach ihrer Gefangennahme bei Stalingrad im Sommer 1943 neu aufgestellt worden war und zur Partisanenbekämpfung auf dem Balkan eingesetzt wurde,[20] ist die Einheit Becks und Vielnaschers. Die

20 https://en.wikipedia.org/wiki/297th_Infantry_Division_%28Wehrmacht%29

Soldaten finden sich in Albanien gut zurecht und kommunizieren mit der Bevölkerung (Beck).

Die Tapferkeit und die Einsatzbereitschaft der deutschen Soldaten bewähren sich trotz unzureichender Ausrüstung und Truppenstärke (Beck). Die unzureichende Stärke wird durch Mobilität verschleiert und kompensiert (Körner). Die Kameradschaft der deutschen Soldaten wird nur selten gebrochen, doch ist Vorsicht bei regimekritischen Äußerungen geboten (Heimkes, Vielnascher). Vielnascher thematisiert Verbrechen der Deutschen gegen die albanische Bevölkerung nicht, wohl aber besondere Härten des Dienstes, die er seitens eines SS-Offiziers als Schikane gegen ihn als Geistlichen auszustehen hat; er bejubelt den Tod dieses Mannes.

Das Überleben in der Gefangenschaft ist abhängig vom Zusammenhalt der deutschen Soldaten; die Loyalität gilt uneingeschränkt der eigenen sozialen Gruppe, innerhalb derer auch SS-Angehörige gleichrangige Kameraden sind, nicht aber die Deutschen mit „sozialistischer Gesinnung", denen ein Verrat zuzutrauen ist (Vielnascher).

Körner wird als Hauptmann bei der Spezialeinheit „Brandenburg"[21] in Kosovo eingesetzt. Seine konkreten Ziele sind die Verhinderung einer Kooperation der „nationalalbanischen Partisanen" mit den serbischen Tschetniks und eines Vordringens der Tito-Partisanen nach Kosovo sowie die Sicherung der Chromproduktion in Kosovo. Viele der Dissidenten wurden als politisch unzuverlässige Vorbestrafte, denen ursprünglich die „Wehrwürdigkeit" gerichtlich aberkannt worden war, in die „Strafdivision 999"[22] gesteckt, da die Wehrmacht alle Reserven ausschöpfen musste. Sie befanden sich in keinerlei innerer Loyalität zu ihrer Einheit (Burkhardt u.a.).

Schimke nennt den 24. Dezember 1944 als Datum des Übertritts seiner Truppe als letzter deutscher Einheit auf montenegrinisches Territorium.

3. Eigene Rolle

Neubacher kokettiert mit seiner Verurteilung als Kriegsverbrecher, da ihm das jugoslawische Gericht eine besonders effektive Tätigkeit zugunsten Deutschlands

---

21 https://de.wikipedia.org/wiki/Brandenburg_%28Spezialeinheit%29; Spaeter, Helmuth: Die Brandenburger, eine deutsche Kommandotruppe zbV 800. München 1978, S. 358–407.

22 https://de.wikipedia.org/wiki/Strafdivision_999; Klausch, Hans-Peter: Die 999er. Die Bewährungsbataillone und ihr Anteil am antifaschistischen Widerstand. Frankfurt/M. 1986.

bescheinigt habe. Er setzt Hitlers direkten Befehl um, die Unabhängigkeit Albaniens nach dem Frontwechsel Italiens so zu organisieren, dass es nach einer Initiative der Albaner, nicht der deutschen Behörden aussieht. Er sichert die formale Respektierung der Souveränität, indem er die Berufung eines „Militärbefehlshabers Albanien" verhindert; stattdessen wird ein „Deutscher General Albanien" als Vertreter der Wehrmacht bei der albanischen Regierung ernannt. Zugleich setzt er der Formulierung des Staatschefs Mehdi Bej Frashëri von der „relativen Neutralität" Albaniens, wonach die Regierung gegen die Partisanen, nicht aber gegen eventuelle alliierte Truppen vorgehen werde, die der „relativen Souveränität" entgegen, die der Regierung jegliche Unterstützung der Feinde Deutschlands verbiete. Es gelingt ihm jedoch nicht, Himmler von der Aufstellung der albanischen Waffen-SS-Gebirgsdivision „Skanderbeg" abzubringen. Neubacher setzt sich mit nur spätem Erfolg gegen die Vertreibung der Serben aus Kosovo ein. Er verhindert bulgarische Ansprüche auf ostalbanische Gebiete mit slawischer Bevölkerung und übt Druck auf die Neubildung der Regierung im Sommer 1944 aus.

Peinsipp wirft dem „österreichischen Quisling" Neubacher vor, den Albanern völlig irreale Versprechungen gemacht zu haben.

Rendulic sieht sich als loyalen unpolitischen Offizier, der von Hitler den kaum ausführbaren Auftrag erhält, mit unzureichenden Truppen Titos Partisanenarmee zu zerschlagen, die bisherigen italienischen Besatzungsgebiete zu übernehmen und die italienischen Verbände gefangen zu nehmen; er widerspricht ihm offen bei Lagebesprechungen. Das Nürnberger Urteil gegen ihn sieht er als schreiende Ungerechtigkeit an; seine frühe Freilassung wertet er als Unrechtseingeständnis der Siegermächte.

Steffens betont (auch durch Abbildung eines Dokuments), dass er nur Sanitätssoldat war. Ihm ist der Massenmord an den Juden bereits seit 1942 durch einen Teilnehmer daran bekannt. Er widmet seiner Haltung gegen den Nationalsozialismus und seiner Einstufung als nicht Betroffener im Entnazifizierungsverfahren breiten Raum.

Auch Vielnascher ist (neben seinen Pflichten als Geistlicher) als Sanitätssoldat eingesetzt. Beck ist sein Divisionspfarrer, den er kritisiert, weil er vor bulgarischen Soldaten über die deutsche Niederlage bei Stalingrad vorträgt. Vielnascher betont seine aus seinem Glauben hergeleitete Ablehnung des Nationalsozialismus und vertritt einen deutschnationalen politischen Katholizismus; er bleibt aber ein loyaler, wenn auch nicht sehr disziplinierter Soldat. Er entscheidet sich zur Rückkehr aus dem Heimaturlaub nach Albanien, um eine Verlegung an die Westfront zu vermeiden, und akzeptiert gern angebotene Sonderurlaube. Er verachtet Italiener und Deutsche, die zu den Partisanen übergegangen sind, als

Volksverräter; einen Anwerbeversuch des US-Geheimdienstes weist er brüsk zurück, weil die USA mit „den Russen" gegen Deutschland gekämpft hatten, das ihnen nicht getan habe.

Heimkes ist durch seine Erziehung katholischer NS-Gegner; er lässt sich teilweise von der antisemitischen und antibolschewistischen Propaganda vereinnahmen, ist aber über die deutschen Gräueltaten in der UdSSR entsetzt.

Körner behauptet gegenüber den Albanern wahrheitswidrig, sein Vater sei Ingenieur bei Fürst Wilhelm, seine Mutter Albanerin gewesen, und verschafft sich dadurch Prestige. Er wird sogar von einer Abordnung der Eliten aufgefordert, die Nachfolge von Fürst Wilhelm anzutreten. (Die Glaubwürdigkeit dieser Geschichte ist gering; sie erinnert an entsprechende Geschichten über Franz Baron Nopcsa und andere tatsächliche Albanien-Kenner. Körner verfügt nicht über tiefer gehendes Wissen; so gibt er Wieds Regierungszeit mit 1912–14 an.) Er brüstet sich mit seinem Einfluss; so habe er dem SS-Obergruppenführer Artur Phleps[23] und den Teilnehmern einer Stabsbesprechung klar gemacht, dass die Albaner der Waffen-SS-Division „Skanderbeg" nur in ihrem eigenen Land ausgebildet und eingesetzt werden könnten.

Hauptmann Frank ist Bataillonsführer des XXI. Gebirgs-Armeekorps. Er nennt sich in seinem Buch „Frei" und zeichnet ein Selbstporträt als organisatorisch wie kämpferisch kompetenter und menschlicher Offizier, der skeptisch gegenüber dem Krieg ist.

Peinsipp ist wegen seiner Italienisch-Kenntnisse zur Abwehr abkommandiert und soll vor Ort Gegenaufklärung, besonders gegen die BLOs, durchführen.

Vogel macht seiner Propagandaeinheit Quartier in einer bisher italienischen Bank und hält kosovarische Einheiten vom Plündern und Morden ab. Er gibt eine Soldatenzeitung, und einen Sprachführer[24] heraus, organisiert Truppenunterhaltung und verbreitet Rundfunkmeldungen, auch unter Nutzung der eigentlich strengstens verbotenen Reuters-Agentur. Er setzt sich beständig aufgrund seiner Kompetenz gegen höhere Autoritäten durch und pflegt enge soziale Kontakte zu den albanischen Eliten.

Die Dissidenten sehen ihre Aufgabe darin, zur Niederlage Deutschlands durch einen Frontwechsel beizutragen; es kommt auch zu direkten Konfrontationen zwischen 999er-Einheiten und der SS, und die Dissidenten nehmen für

---

23 Kaltenegger, Roland: Totenkopf und Edelweiß. General Artur Phleps und die südosteuropäischen Gebirgsverbände der Waffen-SS im Partisanenkampf auf dem Balkan 1942–1945. Graz 2008.

24 Gurakuqi, Karl: Albanisch für die Deutsche Wehrmacht. Hrsg. Propaganda-Abteilung Sued-Ost Aussenstelle Tirana 1944.

sich in Anspruch, die Zerstörung von Betrieben verhindert zu haben (Alfred Kluwe u.a. in Burkhardt u.a.; Kühnrich). Neumann und ihre Eltern verlassen Deutschland 1939, finden aber keine Möglichkeit in die USA oder nach Palästina auszuweichen. Albanien soll eigentlich nur eine Zwischenstation sein, doch verbringt die Familie sechseinhalb Jahre in diesem Land.

II. Wahrnehmung Albaniens

1. Generelle Eindrücke von Land und Leuten

Der Balkan ist von ethnischer Vielfalt gezeichnet, aus der sich die historisch-politisch relevante Frage der Abstammung der Völker ergibt. Dabei werden die Albaner als ethnisch ungemischt angesehen (Rendulic); andererseits assimilieren sie sich, besonders in Griechenland (Neubacher). Die Albaner stammen von den Illyrern ab (Frank, Neubacher) bzw. sind (zumindest im Norden) Reste „gotisch-germanisch-illyrischer Volksstämme" (Frank, Körner). Das Land ist stark von seiner Geschichte geprägt (Caesar, Skanderbeg) (Beck, Frank, Körner, Neubacher, Rendulic). Die überwiegende Islamisierung der Albaner und der orientalische Charakter vieler Ortschaft sind prägend (Beck, Frank, Rendulic, Steffens). Die „Zigeuner" treten als Akteure nicht in Erscheinung.

Die zerklüftete „romantische", einsame und von Hitze glühende karstige Berglandschaft hinterlässt Eindruck (Beck, Frank, Heimkes, Neubacher, Rendulic, Steffens, Vielnascher), stellt aber zugleich ein entscheidendes Hindernis für eine effektive Kriegführung seitens der Deutschen und einen Geländevorteil für ihre Feinde dar (Rendulic). Dem stehen Sumpfregionen gegenüber, die für Einheimische und Soldaten die Gefahr einer Malariainfektion bedeuten (Rendulic, Vielnascher, Beck, Schimke); auch diese Landschaften üben Faszination aus (Vielnascher).[25] Das Meer gibt den Soldaten Gelegenheit zur Erholung (Heimkes, Schimke). Die Rückgliederung Kosovos, des einzigen fruchtbaren Landstrichs, an Albanien macht das Land erst lebensfähig (Frank).

Die Albaner sind „Orientalen"; es besteht eine kulturelle Distanz zu den „Europäern" (Rendulic, Beck). Sie sind mit ihren Waffen „verwachsen" und „schießfreudig" bei jedem Anlass (Neubacher). Armut und primitive Behausungen sind Kennzeichen der ländlichen Bevölkerung (Steffens). Frauen leisten Schwerstarbeit und sind rechtlich und sozial inferior (Steffens); dem widersprechen Heimkes und Peinsipp. Muslimische Albaner verkaufen ihre Frauen auf

25 Siehe auch: Junge, Werner: Die Malaria der deutschen Truppen in Albanien und Montenegro im zweiten Weltkrieg, in: Wehrdienst und Gesundheit. 6 (1963), S. 75–174.

dem Markt (Frank). Die Mitwirkung von Frauen an Musikdarbietungen ist verpönt, weil diese Rolle nur von Zigeunerinnen wahrgenommen wird (Vogel).

Das Gewohnheitsrecht bestimmt das soziale Leben, besonders die Gastfreundschaft, von der Deutsche wie Briten profitieren (Gotthard Held in Kühnrich, Neubacher, Peinsipp, Steffens, Vogel), die Blutrache (Frank, Neubacher, Peinsipp) und die absolut unverbrüchliche Besa (Neubacher, Peinsipp); zumindest unter den nordalbanischen Stämmen dominiert es und bestimmt auch die Beziehungen zu den Deutschen, die nur da erfolgreich agieren, wo sie darauf Rücksicht nehmen (Peinsipp). Die politische Loyalität der Malësoren gehört ausschließlich ihrer Familie und ihrem Stamm, nicht dem Staat (Peinsipp). Die Autorität der Geistlichen, besonders der katholischen, ist hoch (Frank). Die Albaner sind korrupt und nutzen die Deutschen für ihre Machtspiele aus (Vogel). Die Bevölkerung in Durrës ist gegenüber den Deutschen zurückhaltend, aber ohne Hass (Schimke). Die Blutrache und andere Konflikte der Albaner untereinander lassen für die Deutschen nicht immer klar erkennen, ob blutige Auseinandersetzungen kriegsrelevant sind (Frank). Die Italiener sind bei den Albanern verhasst und können sich nicht ins Bergland wagen (Peinsipp); das Ende ihrer Herrschaft wird allgemein begrüßt (Körner, Rendulic).

Deutschland hat in Albanien einen guten Namen, wozu auch positive Erinnerungen an die österreichisch-ungarische Besatzung im I. Weltkrieg beiträgt (Beck, Neubacher, Peinsipp, Steffens, Beck); entscheidend ist dafür die Rückgliederung Kosovos an Albanien (Frank). Auch Fürst Wilhelm hinterließ einen guten Eindruck (Körner), andere sehen ihn als gescheitert und längst vergessen (Peinsipp). Das Bild der Albaner ist in Deutschland maßgeblich durch Karl May geprägt (Frank, Neubacher, Vogel).

Jedoch verhalten sich die Eliten, besonders die Großgrundbesitzer, abwartend und wollen sich nicht durch Teilnahme an einer prodeutschen Regierung gegenüber dem Westen kompromittieren. Sie beteiligen sich erst daran, nachdem die deutschen Behörden mit der Einsetzung einer Militärregierung drohen (Neubacher, Rendulic). Die Zerstörung der Hafenanlage in Durrës trägt zur Entfremdung zwischen Albanern und Deutschen bei (Frank).

2. Sicht auf die albanischen Feinde (kommunistisch geführte Partisanen)

Der Partisanenkrieg ist die Fortsetzung des Kampfes der vom Volk unterstützten und als Helden verehrten Hajduken gegen die Türken; er wird mit „abstoßender" größter Grausamkeit geführt, was für die deutschen Truppen die Notwendigkeit und das Recht schafft, die Partisanen (oft als „Banditen" bezeichnet) und ihre

Unterstützer mit gleicher Grausamkeit zu bekämpfen (Frank, Rendulic). „Banden“ können nur durch andere Banden, nicht durch reguläre Truppen besiegt werden (Vogel). Dennoch gingen die Gräueltaten nicht von der Wehrmacht, sondern von ihren Verbündeten aus (Rendulic).

Die albanische Partisanenarmee macht sich erst im Frühjahr 1944 und in Abhängigkeit vom Ausland (Tito, ELAS) bemerkbar (Peinsipp, Rendulic). Sie wird von den Briten per Flugzeug ausgerüstet (Beck, Peinsipp, Vielnascher, Vogel) und sind von den BLOs stark beeinflusst, die Freischärler sind, aber von deutscher Seite nicht als solche behandelt werden (Rendulic, Vogel). Sie überwachen und drangsalieren allerdings die BLOs und schützen sie nicht ausreichend (Vogel). Die Partisanen sind tapfere Kämpfer (Frank); sie beziehen ihre Versorgung aus dem Land selbst und vertreiben dadurch die Bevölkerung (Heimkes); zum Teil wurden sie bei Titos Truppen ausgebildet (Schimke).

Die Führer der Kommunisten (Hoxha, Shehu) sind jünger und energischer als die bisherige Elite und mobilisieren die Jugend „völlig skrupellos“ (Vogel). Dass der Partisanenarmee landesuntypisch auch Frauen angehören, fällt vielen Autoren auf, besonders den Dissidenten und den Kriegsgefangenen, die Gelegenheit haben, sich längere Zeit bei den Widerstandskämpfern aufzuhalten (Frank, Artur Musil in Burkhardt u.a.). Ab 1943 unternehmen sie ständige Angriffe auf italienische LKW-Konvois (Neumann).

Die Partisanen beherrschen im September 1943 bereits Teile des Südens (Neubacher) oder kontrollieren den ganzen Süden (Peinsipp). In Mittelalbanien sind sie im Herbst 1943 aktiver als die jugoslawischen Partisanen und werden immer stärker (Schimke). Sie verüben im Herbst 1943 ständig Anschläge und sind so kühn, die Nationalversammlung in Tirana mit Artillerie zu beschießen (Neubacher); die Anschläge werden 1944 immer häufiger (Schimke). Sie greifen im Herbst 1944 die Deutschen auf ganzer Linie an (Neumann). Sie verbreiten Furcht unter den Albanern, die ihre Rache fürchten (Beck, Frank, Schimke). Mehmet Shehu rekrutiert erfolgreich Kämpfer für die Partisanenarmee und verfügt über zahlreiche Informanten (Frank, Vogel). Im Herbst 1943 und bei den Kämpfen in Tirana im Herbst 1944 kämpfen sie gegen die „Nationalen“, respektieren aber wie diese die deutschen Besatzer (Schmidt-Rechberg, Vogel). Sie sind im Grenzgebiet zu Montenegro auch beim Abzug der Deutschen noch nicht stark (Schmidt-Richberg). Sie werden durch eine deutsche Offensive aus Mittelalbanien vertrieben, aber ihre Niederlage ist nicht nachhaltig (Vogel). Punktuell arbeiten sie sogar mit den Deutschen gegen die Briten zusammen (Vogel). Vielnascher berichtet, dass er im April/Mai 1944 bei dem Versuch, durch Partisanengebiet zu fahren, beschossen wurde und seine Fahrt abbrechen musste. Für ihn sind „Partisanen, Amerikaner und dergleichen … das gleiche Gesindel“. Er wird im September 1944 gefangen genommen, als 800 Partisanen eine Krankenstation in Kruja mit 30 Soldaten erobern – gegenüber den tapferen Wehrmachtssoldaten können die Partisanen nur durch zahlenmäßige Überlegenheit etwas ausrichten.

1943 machen die Partisanen keine deutschen Gefangenen (Schimke). Sie plündern ihre Gefangenen aus, behandeln sie unwürdig (z.B. im Zusammenhang mit sanitären Anlagen) und versorgen sie extrem schlecht mit Nahrung, Kleidung, Unterkunft und medizinischer Behandlung; viele sterben an Typhus (Beck, Vielnascher); auch werden Versorgungsmittel für die Gefangenen unterschlagen (Grünling bei Vielnascher). Das gilt auch für deutsche Zivilistinnen, die erst nach 13 Jahren freigelassen werden (Vogel). Ein Teil der deutschen Soldaten überlebt, weil es offenbar eine Vereinbarung zwischen Partisanen und Wehrmacht gegeben hatte, das Leben von Gefangenen zu verschonen; Enver Hoxha, den Vielnascher zu erkennen glaubt, beruft sich jedoch auf die Humanität der Kommunisten. Das ist aus Vielnaschers Sicht eine Lüge, weil die Partisanen bis dahin alle deutsche Gefangenen getötet hätten. Flüchtige Soldaten, die wieder eingefangen werden, und solche, die Widerstand leisten, werden exekutiert (Vielnascher, Beck). Die Autoren, die in albanischer Kriegsgefangenschaft waren, differenzieren bei der Schilderung der Persönlichkeiten auf Seiten der Partisanen. Bei den Kommandeuren gibt es den brutalen Typ, der die Gefangenen misshandelt, und den menschlichen, der berechtigte Beschwerden akzeptiert und eine humane, lebensrettende Behandlung der Gefangenen anordnet, u.a. durch Zuweisung an Bauernhöfe (Vielnascher, Beck[26]). Viele Zivilisten, aber auch Partisanen behandeln die Deutschen gut (eine Partisanin beschafft Vielnascher englische Militärschuhe).

Die Partisanen gestehen auch den Gefangenen gewisse soziale Standards zu: Vielnascher bleibt unbestraft, obwohl er einen minderjährigen Partisanen geohrfeigt hatte, nachdem dieser ihn als „Vagabunden" beschimpft hatte. Die Albaner zeichnen sich durch religiöse Toleranz aus (Vogel). Die Führer der Partisanen verfolgen eine gemäßigt religionsfeindliche Politik; Vielnascher führt seine Entlassung aus dem Krankenhausdienst darauf zurück, dass er ohne Genehmigung eine Ostermesse gelesen hatte. Einzelne Partisanen aber begünstigen ihn wegen seiner geistlichen Stellung. Die Kommunisten nutzen die Kriegsereignisse für Propaganda. So werden deutsche Gefangene gezwungen, mit exhumierten Leichen zu posieren, um Fotos zu machen, mit denen sie

26 Franz Mayer (bei Beck, S. 263) identifiziert diesen Politischen Kommissar als Jashar Menzelxhiu, einen später einflussreichen Parteifunktionär.

persönlich für Tötungen und Leichenschändungen verantwortlich gemacht werden (Wagner bei Vielnascher). Die Gefangenen müssen Zwangsarbeit leisten, u.a. in Genossenschaften, wo die Arbeit von Ineffizienz und sinnlosen Regeln geprägt ist; die Albaner nehmen aber von den Gefangenen keinen Rat an (Grünling bei Vielnascher).

Gründung und Aufbau der Kommunistischen Partei sind nahezu ausschließlich das Werk Enver Hoxhas, dem es gelingt, die Alliierten für seine Zwecke zu instrumentalisieren (Peinsipp). Der Kommunismus hat keine Basis im vorindustriellen Albanien (Frank). Die Kommunisten stützen sich auf die Bauern und die jungen Intellektuellen (Vogel) und betreiben nur nationale Propaganda (Vogel).

Die Dissidenten sind mit den Risiken eines Überlaufens zu den Partisanen konfrontiert; ihnen droht nicht nur seitens der Wehrmacht die sichere Todesstrafe, sondern auch die Gefahr, dass sie wegen der Sprachbarriere nicht als Überläufer, sondern als Angreifer oder als Spione angesehen und getötet würden (so auch Neumann). Eine Kontaktaufnahme durch albanische Mittelsmänner (z.B. Angehörigen von Partisanenführern) ist ratsam. Im Erfolgsfalle werden sie als gleichberechtigte Kameraden akzeptiert und nach Kriegsende auch bis zu ihrer Repatriierung beruflich integriert (Artur Musil, Max Zaspel, Gotthard Held, Alfred Kluwe in Burkhardt u.a., Gotthard Held in Kühnrich.)

3. Sicht auf die Italiener

Die Italiener haben sich Verdienste um die Infrastruktur, besonders um die Verkehrswege und um die Modernisierung der Hauptstadt Tirana, erworben (Rendulic, Vogel). Die Kasernen der italienischen Soldaten sind so unzulänglich wie ihre Malariabekämpfung (Rendulic); sie sind hervorragend ausgerüstet (Frank). Sie leiten eine umfassende Malariabekämpfung ein, an die die Kommunisten nach 1944 anknüpfen konnten (Vogel).

Die Italiener verhalten sich gegenüber den jüdischen Flüchtlingen korrekt und freundlich, lassen sie aber nicht nach Italien weiterreisen. Der italienische Generalgouverneur Jacomoni schützt sie auf Bitten von Ministerpräsident Mustafa Kruja vor deutschem Zugriff (Neumann).

Die italienische Besatzung führt nach König Zogus Zentralisierungsversuchen zur Wiederherstellung der Autorität der Bajraktare (Peinsipp). Vor dem Ausscheren der Italiener aus der Achse bestehen sie auf Hoheitsrechten in Albanien und zwingen deutsche Einheiten, auf dem Weg nach Griechenland um Albanien herumzumarschieren, statt es durchqueren zu dürfen (Heimkes). Die italienischen Offiziere treten als herausgeputzte „Paradesoldaten“ ohne Kampfwillen auf, die den Vormarsch der Partisanen geduldet haben (Körner).

Die meisten italienischen Verbände sind kriegsmüde und ergeben sich den Deutschen ohne Gegenwehr und übergeben ihnen vorhandene Ausrüstung und Versorgungsgüter (Beck, Frank, Körner, Rendulic, Vogel), ebenso Zivilisten (Vogel); die deutschen Kommandeure ersparen den Offizieren unnötige Demütigungen (Beck, Körner, Rendulic). Die deutsche Seite wendet militärische Drohungen an, um die Kapitulation zu erzwingen (Körner).Ihre Soldaten sind wegen der plötzlichen Änderung der Verhältnisse desorientiert; die meisten wollen nach Hause (Neubacher). Etliche Faschisten („Schwarzhemden-Bataillone") wollen auf der Seite Deutschlands weiterkämpfen (Frank, Körner, Rendulic, Schmidt-Richberg, Vielnascher, Vogel), andere gehen zu den Partisanen über (Beck, Frank, Vielnascher, Vogel).

Die Italiener haben einen Teil ihrer Waffen und Vorräte vor dem deutschen Eingreifen an die Partisanen weitergegeben (Beck, Frank). Viele Deutsche verachten die Italiener als Verräter. Auf Hitlers direkten Befehl werden italienische (einschließlich Südtiroler) Soldaten als „Verräter" erschossen (Heimkes). Die Deutschen zwingen auch verbliebene italienische Zivilisten im Frühjahr 1944 zur Heimkehr (Neumann).

4. Sicht auf andere albanische Akteure (Kollaborateure, Balli Kombëtar, Legaliteti, Stammesführer)

Deutschland unterstützt die auf der Grundlage von Stämmen aufgestellten sog. „nationalen Banden" als Gegengewicht zu den Partisanen (Körner, Neubacher, Rendulic) sowie die reguläre albanische Armee (Körner, Neubacher). Diese Verbände unterstützen ihrerseits aktiv die Wehrmacht (Beck, Frank, Neubacher, Vielnascher), nutzen aber auch die Situation aus, indem sie sich von den Deutschen ausrüsten lassen und sich dann absetzen (Neubacher).

Viele Mitglieder der alten Eliten sind anglophil, werden von den Briten aber an die Kommunisten verraten (Vogel). Der Balli Kombëtar wurde nach dem Vorbild anderer Länder von den Deutschen als Miliz zum Kampf gegen die Kommunisten gegründet; ihr Terror gegen die ganze Bevölkerung treibt die jungen Männer erst recht in die Reihen der Partisanen (Neumann).

Der Balli hatte gegen die Italiener gekämpft, für ihn sind die Kommunisten aber gefährlicher als die Deutschen, so dass er sie niemals angreift, wohl aber gegen die Partisanen kämpft (Frank, Neubacher, Peinsipp), z.T. auch gegen andere antikommunistische Kräfte (Vogel) und gegen die Briten (Vogel). Er kämpft mit den Deutschen gegen die Kommunisten, aber ihre Waffen- und Munitionsvorräte gelangen schließlich in die Hände der Kommunisten (Vogel).

Abaz Kupis Legaliteti steht unter britischem Einfluss, aber verhält sich neutral (Neubacher, Peinsipp, Vogel) und beschränkt sich auf die Auseinandersetzung mit den Kommunisten (Beck, Peinsipp); er lässt sich seine Neutralität durch direkte Versorgungshilfe der Deutschen bezahlen (Körner). Er hofftn vergebens auf Unterstützung der Alliierten gegen die Kommunisten (Peinsipp).

Neubacher hat durch seine politische Schlüsselposition enge Kontakte zu Ibrahim Bej Biçaku, Xhaferr Deva, Mehdi und Vehbi Bej Frashëri, Pater Andon Harapi, Rexhep Mitrovica, Mihal Zallari, Fiqri Dine; Vogel nennt neben Mehdi und Vehbi Frashëri Mihal Zallari, Abaz Kupi, Gjon Marka Gjoni, Andon Harapi und Mustafa Kruja. Er lässt keinen Zweifel daran, dass er selbst die Fäden in der Hand behält. Die meisten Politiker sind leicht zu beeindrucken und eher an Äußerlichkeiten interessiert als an Sachfragen (so auch Körner und Vogel). Mehdi Frashëri nötigt Neubacher Respekt ab, und für Harapi hat er große Sympathien (so auch Vogel); seine Hinrichtung als Kollaborateur durch das kommunistische Regime ist aus Neubachers Sicht der Märtyrertod eines hingebungsvollen Geistlichen, der sich geweigert hatte zu fliehen. Deva setzt sich auf Neubachers Drängen hin gegen die Vertreibung der Serben aus Kosovo ein; er vertritt eine harte Linie und führt einen erbitterten Vernichtungsfeldzug gegen die Kommunisten (Neubacher, Vogel); seine kosovarischen Truppen morden und plündern (Vogel). Er wird nach dem Rücktritt der Regierung Rexhep Bej Mitrovica aus der Regierung ausgebootet (Vogel).

Die Politiker, besonders Dine, versuchen, deutsche Militärausrüstung für den bevorstehenden Kampf gegen die Partisanen zu erhalten (so auch Frank und Vogel) und die Reste des Staatsschatzes an sich zu bringen. Die Mirditenführer arbeiten mit den Deutschen gegen die Partisanen zusammen (Frank, Vogel); Muharrem Bajraktari hingegen greift die Deutschen an und geht eine brüchige Allianz mit Shehu ein, schließt aber dann einen Waffenstillstand mit den Deutschen (Frank). Auch andere „nationale Albaner" werden von den Partisanen hingerichtet (Vielnascher). Mehdi Frashëri und General Prenk Previzi unterbinden die Aufstellung der Waffen-SS-Division „Skanderbeg" in ihrem Zuständigkeitsbereich mit Waffengewalt (aber nicht in Kosovo) (Peinsipp).

Vielnascher wird von einem albanischen LKW-Fahrer aus einem Partisanenangriff herausgebracht und sogar mit Geld beschenkt. Viele Albaner stehen den Deutschen wegen ihres korrekten Verhaltens freundlich gegenüber, fürchten aber die Rache der Partisanen (Beck, Neumann, Vogel). Das gilt besonders für die Stämme der Berglandes, die in den Deutschen Gäste sehen, die Anspruch auf Schutz haben (Peinsipp).

Die Waffen-SS-Division „Skanderbeg" ist „schwankend" und unzuverlässig (Schmidt-Richberg). Sie ist von vornherein „von Kommunisten verseucht" und muss entwaffnet werden, ebenso wie die albanischen Gendarmeriebataillone (Vogel). Hingegen hat sie beste Leistungen, selbst nach dem deutschen Abzug, erbracht (Körner). Albanische „Gebirgsfreiwillige" hindern die jugoslawischen Partisanen daran, nach Kosovo vorzudringen (Körner, Vogel). Der Umgang der Deutschen mit den „nationalen Verbänden" ist durch Fehler belastet (Vogel).

Ergebnis

Die deutschsprachige Memoirenliteratur über den II. Weltkrieg in Albanien ist vielfältiger als die britische. Letztere unterscheidet sich im Wesentlichen durch den Blick des jeweiligen Offiziers und Autors auf die albanischen Akteure, wobei die Sympathie überwiegend bei dem Verband liegt, bei dem sie selbst eingesetzt waren. Die deutschen Autoren sind (außer der Verfolgten Neumann und dem Politiker Neubacher) Kombattanten in einer Hierarchieweite zwischen einfachen Soldaten, z.T. in Strafbataillons, und Generälen.

Keiner der britischen Offiziere zieht die Richtigkeit seines Handelns und die Rechtmäßigkeit des – zum Zeitpunkt der Niederschrift siegreichen – Krieges, den Großbritannien gegen die Achsenmächte führte, in Zweifel. Demgegenüber müssen die deutschen Autoren (außer Neumann) aus der Sicht der Besiegten Rechenschaft über ihr Handeln im Rahmen des vom nationalsozialistischen Regime geführten Krieges ablegen. Das verleiht ihren Darstellungen in unterschiedlichem Maße den Charakter von Rechtfertigungsschriften. Die persönliche Beteiligung an Kriegsverbrechen wird durchweg abgestritten. Viele Autoren relativieren solche Taten als notwendige Antwort auf das völkerrechtswidrige Vorgehen des Widerstandes, besonders der kommunistischen Partisanen, denen die Verantwortung für die grausame Kriegführung zugeschoben wird.

Das Bild von Albanien und seiner Bevölkerung ist bei allen Autoren sehr stark von der Wahrnehmung im Sinne des Orientalismus geprägt, wobei Karl Mays Romane immer wieder als Referenzpunkt auftaucht. Das Gewohnheitsrecht beherrscht die albanische Gesellschaft und das Agieren der Albaner weit stärker als staatliches Recht. Die Landesnatur (Gebirge, Malariasümpfe) bildet ein zusätzliches Hindernis für den Aufbau einer funktionierenden Besatzungsverwaltung. Der menschliche Respekt beschränkt sich bei den meisten Autoren auf wenige Personen. Der Kontakt mit den Partisanen ist (abgesehen von den Dissidenten, die zu ihnen überlaufen) beschränkt auf die direkte Konfrontation im Kampf oder auf die Gefangenschaft, die als hart und teilweise grausam empfunden wird. Die Abwertung des Feindes hat auch eine ideologische Konnotation, da die meisten Autoren einen militanten Antikommunismus vertreten. Uneinheitlich ist auch die Bewertung des Kriegs der Partisanen gegen die Deutschen, die zwischen Stillhalten und gnadenlosen Dauerangriffen schwankt.

Die Italiener sind aus der Sicht der deutschen Soldaten zunächst Verräter, zumindest soweit sie sich als überzeugte Faschisten nicht zum Weiterkämpfen auf deutscher Seite entschließen. Bei den höheren deutschen Offizieren gibt es die Einstellung, für den von der Regierung Badoglio beschlossenen Frontwechsel nicht die Soldaten verantwortlich zu machen, sondern sie „anständig" und „ritterlich" zu behandeln und somit die eigenen menschlichen und soldatischen Qualitäten hervorzuheben. Das italienische Wirken in Albanien wird unterschiedlich beurteilt.

Sehr heterogen ist die Sichtweise auf die antikommunistischen Verbände, die teils als Werkzeuge der Deutschen – bis hin zu der objektiv falschen Wahrnehmung, der Balli Kombëtar sei direkt von den Deutschen gegründet worden -, teils als eigenständige Elemente des Widerstandes zumindest gegen die Italiener gesehen werden. Durch den Fortgang des Krieges, der einen Sieg der Achsenmächte immer unwahrscheinlicher machten, versuchten die „nationalen Banden" (nordalbanische Stämme, Balli Kombëtar, Legaliteti), die Deutschen als Hilfstruppen und Versorgungslieferanten gegen die Partisanen zu instrumentalisieren, wessen sich die Deutschen auch bewusst waren.

Die Wahrnehmungen der Autoren sind in vielen Punkten völlig widersprüchlich; das gilt für die militärischen Fähigkeiten der Partisanen ebenso wie für die der albanischen Waffen-SS-Division.

Viele der hier ausgewerteten Texte sind wegen ihrer Veröffentlichung als graue Literatur bisher wenig oder gar nicht benutzt worden. Die Subjektivität, die jeder Erinnerungsliteratur eigen ist und die zu besonders sorgfältiger Quellenkritik zwingt, macht sich hier besonders stark bemerkbar. In ihrer Gesamtheit ist die deutsche Memoirenliteratur über die deutsche Besatzungszeit eine wichtige Quellengattung, die das aus den Dokumenten gewonnene Bild in vielen Punkten bestätigt und ergänzt, und ist somit auch ein kultureller Berührungspunkt zwischen Deutschland und Albanien.

Paskal Milo, übersetzt von Delina Binaj

Kapitel IV: „Das stalinistische Albanien und das sowjetische Deutschland“ aus dem Buch „Albanisch-Deutsche Kreuzungen“

1. „Flitterwochen“ in den albanisch-ostdeutschen Beziehungen

Die Teilung Deutschlands und die Gründung zweier Staaten auf deutschem Boden – einer nach dem Modell eines zentralisierten kommunistischen Staates und der andere als föderativer demokratischer Bundesstaat – teilte auch die Meinungen und die Haltungen vieler Länder und Regierungen zu diesen beiden Staaten. Die Differenzen waren vom blockpolitischen Geist des Kalten Krieges und von dem gegensätzlichen ideologischen und politischen Charakter der Systeme bestimmt, die in den beiden deutschen Staaten existierten.

In Albanien wurde der Bevölkerung eine vereinfachte Wahrnehmung der deutschen Realität oktroyiert: Demgemäß lebten im Osten die „guten“ Deutschen – die Freunde und die Verbündeten, und im Westen dagegen „die Bösen“ – die Feinde und die Revanchisten. Die albanische Propaganda-Maschine verwendete in ihrer Positionierung zum geteilten Deutschland die von der sowjetischen Küche dafür bereitgestellten Zutaten. Wenige Tage nach dem 7. Oktober 1949 erreichte Tirana die Anweisung aus Moskau, den ostdeutschen Staat anzuerkennen und diplomatische Beziehungen mit seiner provisorischen Regierung aufzunehmen. Am 1. Dezember kündigte Enver Hoxha dem ostdeutschen Außenminister Georg Dertinger die Absicht der albanischen Regierung zur Aufnahme diplomatischer Beziehungen an.[1] Zwei Tage später äußerte Dertinger sich erfreut und bekräftigte die Bereitschaft, engere Beziehungen zwischen beiden Ländern und ihren Völkern zu entwickeln.[2]

Mit Datum von Ende Februar 1950, de facto aber im März wurde in Tirana die offizielle Note der Regierung der DDR zum Austausch diplomatischer Vertreter zwischen beiden Ländern übergeben.[3] Es fällt auf, mit welcher Dringlichkeit sich die deutsche Seite bemühte, nicht nur diplomatische, sondern auch

1 Archiv des Ministeriums für Auswärtige Angelegenheiten, Jahrgang 1949, Akten-Nr. 39, Bl. 2.

2 Ebd., Bl. 3.

3 Ebd., Akten-Nr. 56, Bl. 2–3.

wirtschaftliche und kulturelle Beziehungen mit Albanien aufzunehmen. Um die albanische Regierung zu einem schnellen Handeln zu bewegen, wurde der Vorschlag unterbreitet, gleichzeitig auch ein Handelsabkommen zur Unterstützung Albaniens zu unterzeichnen.[4] In Tirana wurde der Vorschlag positiv aufgenommen, weil man wegen fehlender finanzieller Mittel zunächst gezögert hatte, eine ständige diplomatische Mission in Berlin zu eröffnen. Die albanische Regierung entschied schließlich, eine solche Mission einzurichten. Vor diesem Schritt forderte sie jedoch die Unterzeichnung eines Abkommens über einen Kredit von 30 Millionen Rubel, davon 6 Millionen Rubel bereits für das Jahr 1951.[5] Im Januar 1952 kamen die albanischen diplomatischen Vertreter nach Berlin und errichteten ihre Mission vorübergehend in einer Wohnung.[6] Die ostdeutsche diplomatische Mission kam nach Tirana, und der bevollmächtigte DDR-Vertreter legte das Beglaubigungsschreiben im Oktober 1952 vor.[7] Mit Ausnahme Albaniens, Bulgariens und der Mongolei hatten im Herbst 1953 alle anderen Länder des kommunistischen Blocks ihre diplomatischen Beziehungen mit der DDR vom Niveau einer Gesandtschaft auf das einer Botschaft angehoben. Die Beziehungen zwischen Albanien und der DDR waren dagegen zunächst auf einem niedrigeren Niveau, nämlich auf dem einer einfachen diplomatischen Mission. Auf Ersuchen der Regierung der DDR Anfang November 1953 wurden die diplomatischen Vertretungen beider Länder offiziell auf das Niveau von Gesandtschaften angehoben, und Albanien ernannte als seinen bevollmächtigten Vertreter in Berlin Ulvi Lulo.[8] Ein Jahr später regte die ostdeutsche Regierung an, dass beide Länder mit Botschaften in den jeweiligen Hauptstädten vertreten sein sollten. Ende März 1955 wurde schließlich in einer gemeinsamen Erklärung beider Regierungen die Anhebung der Gesandtschaften auf das Niveau von Botschaften und der Austausch außerordentlicher und bevollmächtigter Botschafter verkündet.[9]

Die Eile, das Niveau der diplomatischen Vertretung Albaniens oder anderer kommunistischer Länder mit der DDR anzuheben, war zu jenem Zeitpunkt nicht zufällig. Sie zielte darauf ab, die internationale Stellung der DDR zu stärken und war Teil eines umfangreicheren Projekts der Sowjetunion. Das ostdeutsche Regime hatte durch den Volksaufstand am 17. Juni 1953 einen schweren Schlag einstecken müssen. Die in der DDR stationierte Sowjetarmee war die Garantin

4 Ebd., Bl. 8.
5 Ebd., Jahrgang 1951, Akten-Nr. 77, Bl. 6.
6 Ebd., Jahrgang 1952, Akten-Nr. 40, Bl. 1–2.
7 Ebd., Jahrgang 1961, Akten-Nr. 102/3, Bl. 5.
8 Ebd., Jahrgang 1953, Akten-Nr. 92, Bl. 9.
9 Ebd., Akten-Nr. 101, Bl. 5.

des SED-Staates, aber gleichzeitig war es politisch notwendig, dass die DDR nicht als ein besetztes Land dasteht, sondern als ein gleichberechtigtes Völkerrechtssubjekt in der Gemeinschaft der europäischen sozialistischen Staaten agiert. Als Grund für diese Eile muss in diesem Zusammenhang auch die Unterzeichnung des Pariser Abkommens im Oktober 1954 verstanden werden, mit dem die westlichen Mächte die Souveränität der Bundesrepublik Deutschland anerkannten und ihr den Weg für die Aufnahme in den Nordatlantikpakt (NATO) öffneten.

Als Gegengewicht entschied die sowjetische Regierung, eine politisch-militärische Organisation der kommunistischen Länder Europas zu gründen. Es gab aber ein formales juristisches Hindernis für die Aufnahme der DDR in diese Organisation. Die DDR war einer der beiden Nachfolgestaaten Nazi-Deutschlands, und bislang war kein Friedensabkommen unterzeichnet worden. Um die DDR von dieser Bürde zu „befreien" und nicht das westliche Vorgehen zu kopieren, nachdem die USA, Großbritannien und Frankreich mit Westdeutschland 1953 das Londoner Abkommen und im Jahr 1954 das Pariser Abkommen unterzeichnet hatten, leitete Moskau in seinem Einflussbereich eine politische Offensive ein. Das Präsidium des Obersten Sowjets, der als Kollektivorgan das höchste Regierungsgremium des sowjetischen Staates war, verkündete im Januar 1955 mit einem Erlass die Beendigung des Kriegszustandes zwischen der Sowjetunion und Deutschland. Ein Monat später, nämlich im Februar, schlossen sich auch die Tschechoslowakei und Polen diesem Beschluss an.

Moskau forderte auch die albanische Regierung auf, ebenfalls eine solche Entscheidung zu treffen. Es gab jedoch keinen formalen völkerrechtlichen Beweis dafür, dass Albanien sich im Kriegszustand mit Deutschland befunden hatte. Das lag nicht an Albanien. Der albanische König Zogu, der über eine gewisse Legitimität verfügte, hätte die Deklaration der Vereinten Nationen vom 1. Januar 1942 in Washington vielleicht unterzeichnen können, was aber von der britischen Regierung nachdrücklich abgelehnt wurde. Die fehlende Unterzeichnung dieses Dokuments durch einen Vertreter Albaniens und die nicht existierende formale Kriegserklärung Albaniens gegenüber Deutschland bis März 1945 hatten der britischen und der amerikanischen Regierung als Vorwände gedient, Albanien im Juni 1945 nicht zu der Gründungskonferenz der UNO nach San Franzisco einzuladen. Die Gegner der Beteiligung Albaniens an internationalen Organisationen und Konferenzen rechtfertigten ihre Position mit einigen Dokumenten der kollaborierenden albanischen Regierungsinstitutionen aus der Zeit der italienischen und der deutschen Besatzung.

Albanien befand sich jedoch im Zweiten Weltkrieg *de facto* im Kriegszustand mit Deutschland. Das hatten die drei alliierten Großmächte bereits im Dezember 1942 durch die Erklärungen ihrer Außenminister und später auch durch andere offizielle Erklärungen anerkannt. Wenn nach dem Krieg die amerikanischen und britischen Regierungen die Existenz des albanischen Widerstandes in Frage stellten, dann taten sie dies mit politischen Absichten im Kontext des Kalten Krieges. Für die albanische Auffassung sprachen auch zwei weitere Argumente: Bei Abschluss der Friedenskonferenz im Jahr 1946 war Albanien als *assoziierte Macht* für die Umsetzung des Friedensvertrages mit Italien anerkannt worden und im Dezember 1945 als Teilnehmerstaat in die Interalliierte Reparationsagentur (IARA) für die von Deutschland zu zahlenden Reparationen aufgenommen worden.

Diese und weitere Argumente boten die völkerrechtliche Grundlage für die Entscheidung des kollektiven Staatsoberhauptes Albaniens, nämlich des Präsidiums der Volksversammlung, das am 14. März 1955 das Dekret zur Beendigung des Kriegszustandes zwischen Albanien und Deutschland verkündete.[10] Damit war der Weg für Albanien geebnet, um im Mai 1955 in Warschau den „Vertrag über Freundschaft, Zusammenarbeit und gegenseitigen Beistand" zur Gründung der politisch-militärischen Organisation aller europäischen kommunistischen Staaten zu unterzeichnen.

Nach der Aufnahme der diplomatischen Beziehungen zwischen Albanien und der DDR wurden auch die politischen Beziehungen zwischen beiden Ländern intensiviert. Der Austausch auf der höchsten politischen Ebene begann bereits im November des Jahres 1954 als der albanische Ministerpräsident Mehmet Shehu Ost-Berlin einen Besuch abstattete. Im Januar 1959 reiste Enver Hoxha an der Spitze einer Partei- und Regierungsdelegation in die DDR und führte dort Gespräche mit der obersten politischen Führung, namentlich mit Parteichef Walter Ulbricht, Ministerpräsident Otto Grotewohl und Staatspräsident Wilhelm Pieck. Im gleichen Monat kam Grotewohl zu einem offiziellen Besuch nach Tirana.

Aus politischer Sicht trugen diese bilateralen Besuche und Treffen im Grunde genommen nur dekorativen Charakter. Die Gespräche endeten durchweg mit gemeinsamen Erklärungen, die die Sowjetunion verherrlichten und schablonenhaft dieselben Positionen wiederholten, die in Moskau ausgearbeitet und beschlossen worden waren. Diese Erklärungen forderten ausnahmslos zur Unterzeichnung des Friedensvertrags mit Deutschland und zur Lösung der West-Berlin-Frage auf. Sie verurteilten aber auch die „Wiederbelebung" von Militarismus und Revanchismus in Westdeutschland, das „sich zu einem

10 Ebd., Akten-Nr. 105, Bl. 12–13.

aggressiven Stützpunkt der NATO entwickelt hat und das Leben des deutschen Volkes und aller anderen europäischen Völker bedroht".[11]

Die wichtigsten Komponenten der Beziehungen mit der DDR waren für die albanische Regierung Wirtschaft und Handel. Albanien war unterentwickelt und das rückständigste Agrarland im Sowjetblock, während die DDR trotz aller Kriegszerstörungen über eine für die damalige Zeit gut entwickelte Industrie und eine sich wieder im Aufbau befindende Wirtschaft verfügte. Was die wirtschaftliche Zusammenarbeit betraf, existierte bereits seit dem Jahr 1949 die Organisation des Rates für gegenseitige Wirtschaftshilfe (RGW). Im Namen dieser Organisation, aber vor allem aufgrund von sowjetischen Direktiven, hatten sich die anderen RGW-Staaten entsprechend ihrer Möglichkeiten verpflichtet, das schwache Albanien zu unterstützen.

Das erste Abkommen im Bereich der Wirtschaft zwischen der DDR und Albanien wurde in Berlin am 27. März 1951 unterzeichnet. Es betraf die Vergabe eines Kredits für Waren und industrielle Ausstattungen in Höhe von 50 Millionen Rubel, der Albanien von der DDR für den Zeitraum von 1951 bis 1955 gewährt wurde.[12] Beginnend mit dem Jahr 1952 unterzeichneten beide Regierungen jedes Jahr Handelsabkommen für den Warenaustausch. Auf der Basis dieser Abkommen importierte Albanien aus der DDR u.a. industrielle Ausstattungen, Baumaschinen, Elektromaschinen, Maschinen für die Nahrungsmittelindustrie, Lokomotiven, Präzisions- und Optikinstrumente, Sanitäts- und Veterinärausstattungen, Chemielaboratorien und pharmazeutische Produkte. Gleichzeitig exportierte Albanien in die DDR vor allem Chromminerale, Naturbitumen, Kupfer, Tabak, Oliven und Olivenöl, Zitrusfrüchte und andere Früchte sowie Medizin- und Industriepflanzen.[13] Der Handel zwischen den beiden Ländern war allerdings nicht ausgeglichen. Zwar wuchs der Handel von Jahr zu Jahr, aber immer mit negativem Saldo für Albanien.

Mithilfe der ausgereichten Kredite wurden in Albanien einige Industrieobjekte, wie zum Beispiel das Kombinat für die Fisch- und die Gemüsekonservierung oder die Kupferanreicherungsfabrik gebaut. Nachdem die Sowjetunion auf die Rückzahlung der an Albanien vergebenen Kredite und auf ihre Verzinsungen verzichtet hatte, versuchte die albanische Regierung im Oktober 1957 auch von der ostdeutschen Regierung einen Verzicht auf die Rückzahlung der für den Zeitraum von 1951 bis 1955 gewährten Kredite in Höhe von 61,5 Millionen

---

11 Ebd., Jahrgang 1959, Akten-Nr. 133, Bl. 209–220; Jahrgang 1960, Akten-Nr., 165, Bl. 37–47.

12 Ebd., Jahrgang 1951, Akten-Nr. 77, Bl. 16–17.

13 Ebd., Jahrgang 1953, Akten-Nr. 99, Bl. 22.

Rubel zu erreichen. Im Dezember 1957 teilte Otto Grotewohl seinem albanischen Amtskollegen Mehmet Shehu den Verzicht auf eine Rückzahlung der Kredite und ihrer Verzinsungen mit.[14] Dieser Vorgang ermutigte die albanische Regierung ihre Forderungen auszuweiten. Neben einem Kredit von 40 Millionen Rubel, den sie für den Zeitraum von 1956 bis 1960 erhalten hatte, handelte sie im Jahr 1958 mit Ost-Berlin nach anfänglichem Zögern auch einen Kredit von 70 Millionen Rubel für den Zeitraum von 1961 bis 1965 aus.[15] Im Januar 1961 wurde zusätzlich ein neues Kreditabkommen für den Zeitraum von 1963 bis 1965 in Höhe von 9 Millionen Rubel unterzeichnet.[16]

Die Zusammenarbeit zwischen beiden Ländern wurde auch auf die Bereiche Kultur, Erziehung, Forschung und Rundfunk ausgeweitet. Ende Juli 1953 unterzeichneten Vertreter beider Regierungen eine Kulturkonvention für einen Zeitraum von fünf Jahren. Sie betraf die Zusammenarbeit der Institutionen und Organisationen aus Forschung, Kultur und Erziehung und vielseitige Formen des Erfahrungsaustausches wie gegenseitige Besuche, die Organisation von Konferenzen, die Veröffentlichung von Publikationen sowie die Förderung von Forschern, Dozenten, Künstlern, Schriftstellern und Journalisten und die Übersetzung wichtiger literarischer, künstlerischer, wissenschaftlicher, pädagogischer und politischer Werke aus beiden Ländern.[17] Zur Umsetzung dieser Konvention wurden jedes Jahr besondere Abkommen zwischen beiden Regierungen unterzeichnet.

Die Kulturkonvention führte in einigen Bereichen beidseitigen Interesses zu einem umfangreichen Austausch, der über die Jahre erfolgreich verlief; er erstreckte sich aber nicht auf alle Bestandteile der Konvention. Die albanischen Institutionen verfügten nicht über die Kapazitäten, sämtliche sich aus der Konvention ergebenden Verpflichtungen zu erfüllen. Im Rahmen der Vereinbarungen reisten bekannte deutsche Albanologen wie Maximilian Lambertz und Gustav Weigand sowie Journalisten, künstlerische Gruppen, Geschichts-, Ethnographie- und Kunstforscher und auch Touristen nach Albanien. Von diesem Austausch profitierte Albanien am meisten. Die Armut und das Fehlen von Budgetmitteln trugen dazu bei, dass die Finanzierung des Austausches im Bereich Kultur, Erziehung und Forschung zwischen beiden Ländern vor allem durch die deutsche Seite erfolgte. Ein Hinweis auf diese Asymmetrie geben die universitären Austauschprogramme. Während an der Universität Tirana nur eine geringe

14 Ebd., Jahrgang 1957, Akten-Nr. 87, Bl. 42–45.
15 Ebd., Jahrgang 1958, Akten-Nr. 102, Bl. 11–12.
16 Ebd., Jahrgang 1961, Akten-Nr. 111, Bl. 5–7.
17 Ebd., Jahrgang 1953, Akten-Nr. 105, Bl. 17–19.

Anzahl ostdeutscher Studierender Albanisch lernte, gab es an den Universitäten der DDR im Studienjahr 1960/61 achtundneunzig albanische Studierende.[18]

2. Die Geheimdienste

Eine besondere Zusammenarbeit außerhalb der öffentlichen Wahrnehmung erfolgte durch die Geheimdienste beider Länder.[19] Sie waren sowohl in Albanien wie auch in der DDR unter demselben Namen bekannt als: „Sigurimi i Shtetit"[20]. Unter dem organisatorischen Aspekt blieb die Staatssicherheit in Albanien bis zum Ende des kommunistischen Regimes Teil des Innenministeriums, während sie sich in der DDR 1950 als das Ministerium der Staatssicherheit (Stasi) etablierte. Beide Organisationen waren loyale Instrumente der jeweiligen Regime und garantierten durch Gewalt, Angst, psychischen Terror, Inhaftierungen, Folter und Mord die Kontrolle über Land und Leute sowie die Macht der kommunistischen Parteien, die sie ins Leben gerufen hatten. Es lässt sich nicht sagen, welche von beiden Geheimpolizeien grausamer und berüchtigter war: die deutsche Stasi oder der albanische *Sigurimi*. Dazu bedarf es einer spezifischen vergleichenden Untersuchung, die nicht Gegenstand dieser Arbeit ist.

Das Wesen und die gemeinsamen Zielsetzungen der kommunistischen Regime, aus denen beide Geheimdienste hervorgegangen waren, führte zu ihrer engen Zusammenarbeit. Der Vorschlag zur Abstimmung ihrer Aktivitäten kam im Juli 1955 von der deutschen Seite.[21] Bei der Vorbereitung für die Unterzeichnung des Abkommens erarbeitete die albanische Staatssicherheit die Gesprächsgrundlage und erwirkte im Oktober die Zustimmung der obersten Führung des Regimes. Die Hauptpunkte dieser Gesprächsgrundlage waren:

- Die gemeinsame Bekämpfung der Zentren feindlicher Geheimdienste, die gegen Albanien arbeiteten;
- der ständige Informationsaustausch; die Unterstützung bei der Etablierung einer albanischen Agentur in der BRD;
- die Koordinierung der Funkaufklärung;
- das Funktionieren und die Legalisierung der operativen Einheit der albanischen Staatssicherheit in Berlin usw.

---

18 Ebd., Jahrgang1960, Akten-Nr. 230, Bl. 59.

19 Siehe dazu den Beitrag von Georg Herbstritt in diesem Band.

20 Dt.: „Die Staatssicherheit"; [kurz hieß es „Sigurimi" (Dt.: Die Sicherheit) – Anm. d. Übers.]

21 Archiv des Ministeriums des Inneren, Fonds-Nr. 6, Jahrgang 1955, Akten-Nr. 489, Bl. 1.

Das zentrale Ziel der gemeinsamen Tätigkeit sollte die Bundesrepublik Deutschland und die Observierung und die Einflussnahme auf die Gruppen der albanischen politischen Emigration sein, die sich dort befanden.[22]

Das Abkommen über die Zusammenarbeit und der dazugehörige Text des Gesprächsprotokolls wurden in Berlin am 12. November 1955 vom albanischen Innenminister Kadri Hazbiu und vom stellvertretenden Minister für Staatssicherheit der DDR, Erich Mielke, unterzeichnet.[23]

Der albanische Sicherheitsdienst hatte schon vor der Unterzeichnung dieses Abkommens Informationen über die Tätigkeit der albanischen politischen Emigration in der BRD, die sich in der Nähe von München angesiedelt hatte. Seine Agenten mit den Decknamen „Besniku“ und „Agroni“ hatten die Reihen dieser Emigration infiltriert und lieferten Informationen an den *Sigurimi*. Demnach gab es in den Jahren von 1950 bis 1952 in München über zweihundertdreißig antikommunistische Albaner, die regelmäßig mit den Anführern der politischen Emigranten, wie Ali Këlcyra, Hasan Dosti, Abas Ermenji und Vasil Andoni Kontakt hielten. Sie wurden von amerikanischen und britischen Instrukteuren in einer Villa in Berchtesgaden ausgebildet und darauf vorbereitet, nach Albanien geschickt zu werden. Um mit ihnen über ihre Mission zum Sturz des kommunistischen Regimes in Albanien zu sprechen, hielten sich dort auch wiederholt einige bekannte antikommunistische albanische Emigranten auf, wie Abas Kupi, Zef Pali, Seit Kryeziu und Gaqo Gogo.[24] Im Jahre 1956 verfügte die albanische Staatssicherheit über Pläne mit Angaben zu den Aufenthalten der albanischen Emigranten in München.[25]

In der internen Kommunikation der Agenten der albanischen Staatssicherheit hatte die Stasi den Decknamen „Morava“. Beide Dienste verfolgten die Entwicklung und die Bewegungen der albanischen Migrantengruppe. Im Archiv des albanischen Sicherheitsdienstes befinden sich Listen des Jahrgangs 1957 mit Namen der antikommunistischen Albaner, die sich in der „Kompanie 4000“ unter der Anschrift L.S.C. Kaiserslautern, Postfach 5, etwa 400 Kilometer von München entfernt zusammengeschlossen hatten bzw. derjenigen, die von dort weggegangen und in die Vereinigten Staaten emigriert waren.[26] Im Jahre 1960

22 Ebd., Bl. 2–11.

23 Ebd., Bl. 12 und 42–47; Erich Mielke, der kurz danach Minister für Staatssicherheit wurde, blieb in dieser Funktion bis zum Ende der DDR, ca. 32 Jahre. Er hatte die längste Amtszeit als Staatssicherheitsminister aller Länder Osteuropas.

24 Ebd., Jahrgang 1960, Akten-Nr. 670, Bl. 1–23.

25 Ebd., Jahrgang 1956, Akten-Nr. 520, Bl. 1–29.

26 Ebd., Jahrgang 1960, Akten-Nr. 670, Bl. 40–45.

wurde berichtet, dass sich die Reihen der albanischen politischen Migranten in Deutschland um die Hälfte verringert hatten.[27] Die Aufmerksamkeit der Stasi blieb jedoch unvermindert. Im Oktober 1960 forderte das ostdeutsche Regime auf diplomatischem Wege von Tirana Informationen über zwei Kategorien von Menschen: Zum einen über albanische politische Auswanderer, die nach 1945 aus Albanien emigriert waren und eine politische oder anstiftende Rolle spielten, und zum anderen Informationen über die Namen von NS-Funktionären und Nazi-Kommandeuren, die in der Besatzungszeit in Albanien tätig gewesen waren, um ermitteln zu können, ob diese in Westdeutschland nunmehr in leitenden Positionen arbeiteten.[28] Solche lückenlosen Listen gab es im Archiv des Geheimdienstes, aber es ist unbekannt, ob sie der Stasi Ende des Jahres 1960 zur Verfügung gestellt wurden, nachdem der albanisch-sowjetische Bruch offen zutage getreten war, was sich bald in den albanisch-ostdeutschen Beziehungen niederschlagen sollte.

Gegenstand der Zusammenarbeit zwischen der Stasi und dem albanischen Geheimdienst war auch die Etablierung eines Netzes albanischer Agenten in Westdeutschland zur Aufklärung der Tätigkeit der Organisation „Gehlen" gegen Albanien. Laut Archivquellen der albanischen Staatssicherheit hatte „Gehlen" in Frankfurt am Main ein eigenes Büro, das sich mit Albanien befasste, und von einem Mann polnischer Herkunft geleitet wurde. Die Aufgabe dieses Büros war es, aus den Reihen der albanischen antikommunistischen Emigranten in Westdeutschland und in anderen westlichen Ländern Agenten zu rekrutieren, um sie nach Albanien zu schicken. Nach Einschätzung des albanischen Sicherheitsdienstes war die Repatriierung von Albanern für „Gehlen" der beste Weg, um dieses Ziel zu erreichen. Die zuständigen Einheiten der Staatssicherheit, die ihrerseits den Prozess der Repatriierung kontrollierten, wurden angewiesen, in dieser Angelegenheit besonders aufmerksam zu sein.[29]

Der für die Staatssicherheit verantwortliche albanische Innenminister setzte im Rahmen des kontinuierlichen Informationsaustausches im Juni 1957 den ostdeutschen Minister für Staatssicherheit, Ernst Wollweber, in Kenntnis, dass das für die albanische Frage zuständige westdeutsche Büro auch in Italien tätig sei, geleitet durch Vehbi Frashëri, der dort eine Handelsfirma eröffnet hatte und mit Unterstützung von Xhafer Deva, Mentor Çoku und Nexhmedin Vrioni

27 Ebd., Bl. 100.

28 Archiv des Ministeriums für Auswärtige Angelegenheiten, Jahrgang 1960, Akten-Nr. 166, Bl. 2.

29 Archiv des Ministeriums des Inneren, Fonds-Nr. 6, Jahrgang 1956, Akten-Nr. 166, Bl. 3.

arbeitete.[30] Um die Aufklärungsarbeit zu diesem Büro aus der Nähe zu organisieren und zu steuern war in Zusammenarbeit und mit Kenntnis der Stasi in der albanischen Botschaft in Berlin unter diplomatischer Abdeckung eine operative Einheit der albanischen Staatssicherheit errichtet worden. Eine solche Einheit, die aus drei „Diplomaten" bestand, war freilich keine albanische Besonderheit; dies war und ist auch in der Gegenwart eine übliche Praxis in diplomatischen Vertretungen. Aufgrund des großen Arbeitsvolums wurde die Stasi um Genehmigung gebeten, die albanische operative Einheit in Berlin um zwei weitere Mitglieder aufstocken zu dürfen. Dieses Ersuchen wurde abgelehnt. Gleichwohl ist es der albanischen Staatssicherheit gelungen, in Westdeutschland ein eigenes Agentennetz zu etablieren. Einige dieser Agenten hatten Decknamen wie „Boga", „Mario", „der Student" oder „der Bäcker".[31] Die albanische Staatssicherheit ersuchte die Stasi zusätzlich drei Frauen zu rekrutieren, die als Kellnerinnen in Lokalitäten arbeiteten, die von Leuten aus dem „Osten" frequentiert wurden, d.h. von den politischen Migranten aus den kommunistischen Ländern Osteuropas, einschließlich der Albaner.[32]

Die Agenten der albanischen Staatssicherheit in Westdeutschland hatten die Aufgabe, Informationen über die politische, wirtschaftliche und militärische Situation im Land zu sammeln und zu übermitteln. Da es sich um vertrauliche Mitteilungen handelte, waren sie in den meisten Fällen realistisch und standen im Widerspruch zu der offiziellen albanischen und ostdeutschen kommunistischen Propaganda. In einer von diesen Mitteilungen wurde berichtet: „Das deutsche Volk ist im Allgemeinen und bis zu diesem Zeitpunkt zufrieden mit seiner Regierung sowohl in der Politik wie auch in der Wirtschaft, weil die Westdeutschen der Meinung sind, dass das deutsche Volk nie besser und in einer derartig entwickelten Demokratie wie heute gelebt habe".[33]

Der Austausch der Informationen über die Situation in der Bundesrepublik und die Reisen der wenigen Westdeutschen nach Albanien weckten die besondere Aufmerksamkeit der Stasi. Als Anfang des Jahres 1958 zwei Vertreter westdeutscher Handelsfirmen nach Tirana kamen, wurden von Berlin umgehend Informationen verlangt. Im März desselben Jahres schickte Innenminister Kadri Hazbiu an Erich Mielke ein Schreiben mit ausführlichen Informationen über

30 Ebd., Jahrgang 1956, Akten-Nr. 530, Bl. 14–16; Jahrgang 1957, Akten-Nr. 596, Bl. 4–5.

31 Ebd., Jahrgang 1960, Akten-Nr. 670, Bl. 45; Akten-Nr. 729, Bl. 59.

32 Ebd., Akten-Nr. 729, Bl. 62.

33 Ebd., Akten-Nr. 680, Bl. 5–9.

die Aktivitäten, die Treffen und die Gespräche der westdeutschen Händler in Albanien.[34]

Die operative Einheit des albanischen Geheimdienstes in Berlin hatte auch die Aufgabe Österreich abzudecken, weil Albanien mit diesem Land noch keine diplomatischen Beziehungen aufgenommen hatte. Auch dort funktionierte ein kleines Netz von Agenten, deren Decknamen „Shkupi“[35], „Thana“[36] und „Dragobia“[37] waren.[38] Aus demselben Grund, nämlich wegen der nicht bestehenden diplomatischen Beziehungen, aber auch wegen der angespannten albanisch-griechischen Beziehungen, ist der albanische *Sigurimi* kontinuierlich auf die griechische Problematik fokussiert gewesen. Auch für die operative Gruppe des albanischen Geheimdienstes in Berlin hatte die Aufklärungsarbeit über Griechenland Priorität. Dies hatte einen besonderen Grund: Wegen des Bürgerkrieges in Griechenland (1946–1949) und der großen Arbeitslosigkeit kamen in den 1950er Jahren mehrere hunderttausende griechische Migranten nach Westdeutschland. Unter ihnen gab es eine beträchtliche Anzahl von Menschen mit politisch linken Überzeugungen aber auch Kommunisten sowie junge Menschen, die nicht nur in Ost- sondern auch in Westdeutschland studierten.

Diese Bevölkerungsgruppe wurde zum vorrangigen Gegenstand der Arbeit der operativen Einheit des albanischen Geheimdienstes in Berlin. Aus ihnen wurde eine nicht geringe Anzahl von Agenten mit albanischen Decknamen, wie „Mekaniku“[39], „Tregtari“[40], „Butrinti“[41], „Ylli“[42], „Ambulanti“[43], „Shpati“[44], aber auch mit griechischen Decknamen rekrutiert.[45] Im Arbeitsplan der operativen Berliner Einheit für das Jahr 1958 ist festgehalten, dass es die Aufgabe dieser Agenten ist, unter Migranten aus Griechenland zu arbeiten, insbesondere unter

34 Ebd., Jahrgang 1958, Akten-Nr., 613, Bl. 7.
35 „Skopje“ – Anm. d. Übers.
36 „Kornelkirsche“, kommt auch zur Verwendung als Bezeichnung für einen Gebirgspass in Albanien – Anm. d. Übers.
37 Name eines Dorfes in Nordalbanien – Anm. d. Übers.
38 Archiv des Ministeriums des Inneren, Fonds-Nr. 6, Jahrgang 1960, Akten-Nr. 729, Bl. 57.
39 „der Mechaniker“ – Anm. d. Übers.
40 „der Händler“ – Anm. d. Übers.
41 „Butrint“ ist eine archäologische Ausgrabungsstätte in Südalbanien – Anm. d. Übers.
42 „der Stern“ ist auch ein Eigenname im Albanischen – Anm. d. Übers.
43 „der Ambulante“– Anm. d. Übers.
44 Eigenname für Männer im Albanischen – Anm. d. Übers.
45 Archiv des Ministeriums des Inneren, Fonds-Nr. 6, Jahrgang 1958, Akten-Nr. 612, Bl. 51/1 – 56/6.

den demokratischen und den jungen Migranten, und nach Griechenland zu gehen und dort Informationen über die Bewegungen der amerikanischen Streitkräfte und der NATO zu sammeln sowie über alles andere, was mit Albanien zu tun hatte.[46]

„Die Diplomaten" des *Sigurimi* in Berlin, wie auch in allen anderen Ländern, hatten die Aufgabe, die albanischen Studenten vor Ort zu kontrollieren, die an unterschiedlichen ostdeutschen Universitäten studierten. Im Arbeitsplan der operativen Einheit von Berlin für November 1959 wurde betont, dass sie „aufmerksam der Frage der Sicherheit der Studierenden" nachgehen würde „indem sie Residenzen errichtet, um die albanischen Studierenden vor der Infiltrierung durch den Feind in ihren Reihen zu schützen".[47]

3. Das Zerbrechen einer Freundschaft, die als „unzerbrechlich" galt

Bis zum Sommer des Jahres 1960 entwickelten sich die albanisch-ostdeutschen Beziehungen positiv. Die gegenseitigen Besuche, die Reden, das Lächeln und die Kommuniqués der Oberhäupter der Parteien beider Staaten blieben jedoch politische Fassade. Sobald diese Beziehungen mit den Herausforderungen konfrontiert waren, die im Sommer des Jahres 1961 hervor traten, zerbrach die „unzerbrechliche Freundschaft", und die Realität, die sich danach offenbarte, war eine ganz andere. Die Versammlung der kommunistischen Parteien der sozialistischen Länder Europas und Asiens, die im Juni 1960 in Bukarest stattfand, war der Prolog des Zerfalls der albanisch-ostdeutschen Beziehungen.

Innerhalb der kommunistischen Welt waren Streitereien und Unstimmigkeiten entstanden, insbesondere zwischen der sowjetischen und der chinesischen kommunistischen Partei. Auf den ersten Blick schien sich dieser Konflikt auf die Strategie und die Taktik des Kommunismus im Wettstreit mit der westlichen Welt im Kalten Krieg zu beziehen. Hinter der Grundsatzdebatte über ideologische Fragen zwischen beiden kommunistischen Parteien der größten Länder des kommunistischen Blocks verbarg sich jedoch die Rivalität des sowjetischen Führers Nikita Chruschtschow mit Mao Tse-tung um die Führung innerhalb der kommunistischen Bewegung. Die Sowjets nutzten den Kongress der kommunistischen Arbeiterpartei Rumäniens im Juni 1960 als Kulisse, um die Meinungsverschiedenheiten mit den Chinesen zu diskutieren, ihre Thesen zurückzuweisen und sie zu verurteilen.

---

46 Ebd.
47 Ebd., Jahrgang 1960, Akten-Nr. 729, Bl. 4.

Enver Hoxha war sich dieser Meinungsverschiedenheiten bewusst und ging aus „gesundheitlichen Gründen" nicht nach Bukarest, um einer direkten Konfrontation auszuweichen und Zeit zu gewinnen, oder wie es einige westliche Diplomaten in Tirana interpretierten, wegen „diplomatischer Krankheit". Enver Hoxha war auch darüber informiert, dass die Sowjets innerhalb der albanischen kommunistischen Partei eine Gruppe bzw. eine Bewegung förderten, die es auf seinen Sturz abgesehen hatte. Um wachsam zu sein und seine Macht zu bewahren, entschied Hoxha unten diesen Umständen in Tirana zu bleiben. Er schickte als seinen Stellvertreter Hysni Kapo mit vorgegebenen Anweisungen nach Bukarest und erteilte ihm täglich Maßgaben für sein Verhalten auf der Konferenz.

Es soll an dieser Stelle nicht in Details eingegangen, jedoch darauf hingewiesen werden, dass sich Hoxha von Chruschtschow bedroht fühlte, weil dieser ihn für den letzten Stalinisten in der Führung der kommunistischen Parteien des Sowjetblocks hielt. Ein weiterer Grund für das Misstrauen von Enver Hoxha gegenüber Nikita Chruschtschow war, dass sich dieser seit dem Jahr 1955 dem jugoslawischen kommunistischen Führer Josip Broz Tito angenähert hatte, der von Hoxha als größter Feind angesehen wurde. Um dem Schicksal anderer Politiker aus den kommunistischen Parteien des Sowjetblocks zu entgehen, die eliminiert worden waren, entschied sich der albanische Führer, die Thesen der chinesischen Kommunisten zu unterstützen und sich aus der blinden Gefolgschaft der Sowjets zu lösen. Hysni Kapo wurde in Bukarest der treue Sprecher der Positionen von Enver Hoxha. Walther Ulbricht hingegen unterstützte Nikita Chruschtschow und kritisierte die Chinesen harsch.

So sehr sich der Kreml-Chef und viele seiner Gesinnungsgenossen aus den Führungen der kommunistischen Parteien in der Welt über die Positionierung von Enver Hoxha wunderten, so sehr ärgerten sie sich auch über ihn. Die Chinesen dagegen würdigten ihn sehr, nahmen ihn in Schutz und belohnten ihn. Chruschtschow war emotional und affektiert, aber er war auch listig und nachtragend. Während er eigentlich vor Wut kochte, versuchte er Hoxha zu umwerben und ihm Zuckerbrot anzubieten. In einer Versöhnungsmission und um die Lage zu erkunden reiste der Generalsekretär der französischen kommunistischen Partei, Maurice Thorez, im Juli/August 1960 „in Urlaub" nach Albanien. Er warnte Enver Hoxha, dass „die chinesischen Genossen Fehler machen, wie wir hinsichtlich ihrer Thesen festgestellt haben [...]."[48]

Nach der Versammlung von Bukarest ließen sich erste Anzeichen einer Abkühlung in den albanisch-ostdeutschen Beziehungen erkennen. Für die erste

---

48 Albanisches Zentralarchiv, Fonds-Nr. 14 / APOU, Jahrgang 1960, Akten-Nr. 19, Bl. 194.

Hälfte September war vorgesehen, dass eine hochrangige ostdeutsche Delegation, geleitet von Walter Ulbricht und Otto Grotewohl, zu einem Besuch nach Albanien kommen sollte. In Tirana war dazu fast alles vorbereitet: Das Datum war festgelegt worden und Enver Hoxha hatte eigenhändig zwei Reden geschrieben – die eine für den Empfang der Delegation auf dem Flughafen und die andere für die vorgesehene Kundgebung in der Hauptstadt – und der Entwurf eines gemeinsamen Kommuniqués war ebenfalls vorbereitet worden.[49] Die Ostdeutschen ersuchten aber in der zweiten Hälfte des Monats August um die Verschiebung des Besuchs auf eine unbekannte Frist. Enver Hoxha gefiel dies nicht und er vermutete, Ulbricht handele auf Chruschtschows Befehl. Nachdem am 7. September 1960 DDR-Präsident Wilhelm Pieck gestorben war, reiste nur eine zweitrangige Delegation am 23. September 1960 aus Albanien zur Urnenbeisetzung nach Berlin.[50]

[Das Amt des Präsidenten der DDR wurde abgeschafft und ein Staatsrat gebildet, dessen Vorsitzender Walter Ulbricht als Staatsoberhaupt fungierte. – E.S.]

Zur Jubiläumsfeierlichkeit der Gründung der DDR am 7. Oktober 1960 wurde zum ersten Mal keine albanische Delegation eingeladen. In den Berichten der albanischen Botschaft in der DDR für Tirana finden sich erstmalig kritische Einschätzungen und Analysen über die ostdeutsche Führung und die sozio-ökonomische Lage des Landes. Die Wahl von Walter Ulbricht zum Vorsitzenden des Staatsrats „ist nicht gut aufgenommen worden", da er „keine Sympathie im Volk genießt" und dass „es besser wäre, wenn Otto Grotewohl zum Vorsitzenden gewählt würde", teilte im Oktober die albanische Botschaft in Berlin mit, womit sie die Meinung breiter Kreise in der DDR übermittelte.[51] Im Oktober 1960 forderte das DDR-Außenministerium im Widerspruch zu der bis dahin üblichen Praxis die albanische Botschaft in Berlin auf, ohne seine Genehmigung kein Bulletin oder anderweitiges Material zu verbreiten.[52] Als Reaktion darauf kündigte das albanische Außenministerium analoge Massnahmen an.[53]

In der Moskauer Konferenz der kommunistischen Parteien aus aller Welt im November 1960 kritisierte Enver Hoxha offen die sowjetischen Thesen über die „friedliche Koexistenz", über die Fragen des Krieges und des Friedens sowie die Positionen der sowjetischen Regierung gegenüber Albanien. Nikita

---

49 Ebd., Akten-Nr. 8/2.

50 Ebd., Akten-Nr. 23.

51 Archiv des Ministeriums für Auswärtige Angelegenheiten, Jahrgang 1960, zusätzlicher Fonds, Akten-Nr. 234, Bl. 27–28.

52 Ebd., Akten-Nr. 41/1, Bl. 3–4.

53 Ebd., Akten-Nr. 166, Bl. 48–50.

Chruschtschow und die Mehrheit der Führer der anderen kommunistischen Parteien, einschließlich Walter Ulbrichts, reagierten negativ darauf.

Die ideologischen Meinungsverschiedenheiten weiteten sich auf die zwischenstaatlichen Beziehungen aus. Die Sowjetunion verhängte folgende Sanktionen gegen Albanien:

- Unterbrechung von Hilfeleistungen und Krediten an Albanien,
- Abzug des Militärstützpunkts des Warschauer Paktes in der Bucht von Vlora,
- Abzug der Berater und Experten,
- Rücksendung der albanischen Studierenden,
- Abzug des Botschafters
- Schließen der diplomatischen Vertretungen.

Die DDR schloss sich den sowjetischen Maßnahmen weitgehend an. Am 21. November 1961 informierte die DDR-Regierung die albanische Regierung offiziell über die Annullierung des Abkommens vom 11. Januar 1961 über die Vergabe eines Kredits an Albanien für den Zeitraum 1963–1965.[54] Am 18. Dezember 1961 verkündete sie wie auch die anderen Regierungen des Ostblocks durch ein Promemoria den Abzug ihres Botschafters aus Albanien und die Reduzierung des diplomatischen Personals in Tirana, verbunden mit der Aufforderung an die albanische Regierung, ihren Botschafter aus Berlin abzuziehen sowie die Zahl der Mitglieder ihrer diplomatischen Vertretung zu reduzieren.[55]

Am 27. Dezember 1961 reagierte die albanische Regierung mit einer ausführlichen Note an die ostdeutsche Regierung. Darin wies sie die Beschuldigungen der deutschen Seite zurück und erklärte, dass das Verhalten der DDR-Regierung befohlen sei und auf die antialbanischen Handlungen der sowjetischen Führung zurückgehe.[56] Bevor diese Note abgesandt wurde, schaute sich Enver Hoxha die endgültige Version persönlich an. Er machte einige Änderungsvorschläge und forderte den Hinweis einzufügen, dass die willkürliche Unterbrechung des gewährten Kredits der albanischen Wirtschaft einen immensen Schaden verursacht, wofür die Regierung der DDR die Verantwortung trage und die albanische Regierung sich das Recht vorbehalte, „zum passenden Zeitpunkt eine Entschädigung für diese Schäden“ einzufordern.[57]

54 Ebd., Jahrgang 1961, Akten-Nr. 111, Bl. 18–19.
55 Ebd., Akten-Nr. 97, Bl. 58.
56 Ebd., Bl. 33–53.
57 Ebd., Akten-Nr. 111, Bl. 27.

In dem Bemühen, Albanien zu isolieren und Druck auf die albanische Führung auszuüben, standen die SED, die ostdeutsche Regierung und insbesondere Ulbricht in der ersten Reihe. Ihre Vorwürfe gegenüber Enver Hoxha – auch wenn in einigen Punkten zutreffend – waren nicht prinzipieller Art. Hoxha und Ulbricht waren beide Produkte desselben Systems, und der Unterschied zwischen ihnen lag in dem Grad der Loyalität gegenüber dem stalinistischen Dogma und der Unterwerfung gegenüber Chruschtschow und der Sowjetunion. Enver Hoxha wurde Stalinist und überzeugter Anhänger des Stalinismus, da er durch den Stalinismus als Philosophie und Methode des Regierens die Macht bewahren konnte. Chruschtschow erklärte Stalinismus zur Ketzerei in dem Versuch, dem sowjetischen Kommunismus ein liberaleres Gesicht zu verleihen ohne aber an dem Kern der Doktrin und an der Natur der Macht zu rühren. Moskau wurde in den Beziehungen zu den kommunistischen Regimen Osteuropas nicht liberaler. Die Niederschlagung des ungarischen Volksaufstandes im Jahre 1956 hatte das nachdrücklich belegt. Die Verurteilung und die Isolierung der albanischen Führung sollten als Warnung und als Lektion für die anderen kommunistischen Führer des Ostblocks dienen.

Ulbricht und andere führende Politiker aus der DDR waren sich bewusst, dass sie dank der in ihrem Land stationierten großen Sowjetarmee an der Macht waren. Die blinde Gefolgschaft gegenüber Chruschtschow und Moskau war Bedingung für die Existenz des ostdeutschen Regimes. In der Kampagne, die der Kreml gegen Enver Hoxha als dogmatischen Stalinisten und als Personifizierung „des Personenkults" initiierte, gehörte Ulbricht zu den beflissensten Mitwirkenden. Dass der albanische kommunistische Führer solche Eigenschaften hatte und dass er stalinistische Methoden beim Regieren des Landes anwendete war unstrittig. Aber aus dem Mund von Ulbricht und den anderen ostdeutschen Führern klangen diese Anschuldigungen wie eine Farce. Sie waren von Stalin ausgewählt, sie waren seine Ausgeburt und regierten die DDR mit eiserner Hand.

Die Regierung der DDR annullierte auch einige andere mit der albanischen Regierung unterzeichnete Abkommen für den Gesundheitssektor, die wissenschaftlich-technische Zusammenarbeit, das Bildungswesen, den Kulturaustausch usw. Der Handelsaustausch reduzierte sich auf ein Minimum, und das Handelsabkommen für das Jahr 1962 wurde mit Verspätung von einigen Monaten unterzeichnet. Die albanische Botschaft und ihre Diplomaten in Berlin wurden isoliert und waren der ständigen Überwachung und der Aufsicht von Stasi-Agenten ausgesetzt. Auch gegenüber ostdeutschen Bürgern und Freunden Albaniens wurde Druck ausgeübt, die albanische Botschaft nicht ohne die Genehmigung der zuständigen Behörden aufzusuchen. Das galt auch für bekannte deutschen Albanologen, wie Maximilian Lambertz, Willy Steltner, Wilfried Fiedler, Gerda Uhlisch und andere.[58]

Das offizielle Tirana reagierte auf diesen Frontalangriff des Sowjetblocks als sei der Kriegszustand eingetreten. Enver Hoxha führte umgehend einen Schlag gegen eine kleine prosowjetische Gruppe in der oberen Führung der Partei und versetzte Streitkräfte, Staatssicherheit und Polizei in höchste Alarmbereitschaft. Es gelang ihm eine bewaffnete Konfrontation zwischen den sowjetischen und den albanischen Truppen im Militärstützpunkt von Vlora zu vermeiden. Albanien behielt vier U-Boote und einige Versorgungsschiffe ein, auf die die Sowjets einen Eigentumsanspruch geltend machten. Der Kreml unterbrach alle Hilfeleistungen und Kredite, zog seine Experten und Berater ab. Alle Ostblockstaaten einschließlich der DDR schlossen sich dem an. Angesichts dieser Isolierung und Blockade Albaniens erwartete man, das Land würde in Krise und Chaos sinken und Enver Hoxha würde entweder reuevoll umkehren und Moskau um Entschuldigung bitten oder er würde andernfalls von gehorsamen prosowjetischen Elementen gestürzt und ersetzt werden.

Albanien befand sich im Sommer-Herbst 1960 in großen wirtschaftlichen Schwierigkeiten. Die Sowjets verweigerten die Lieferung von Getreide und die albanische Regierung wandte sich daraufhin an westliche Märkte. Enver Hoxha gab nicht auf, sondern tat das, was er am besten zu tun gelernt hatte: Er fand innere „Feinde“, verurteilte sie und verschärfte die Diktatur. Auf der Ebene der Außenbeziehungen fand er von Europa weit entfernt seinen neuen Verbündeten in Mao Tse-tungs Volksrepublik China, die unmittelbar die sowjetische Unterstützung in allen Belangen ersetzte. Enver Hoxha und sein Regime überlebten, und man muss ihm zugestehen, dass er Chruschtschow und Moskau die Stirn geboten hat.

4. Gegenseitiges Misstrauen

Die Auflösung der Beziehungen zwischen Albanien und der Sowjetunion war keine einfache und vorübergehende Angelegenheit. Sie hinterließ tiefe Spuren mit vielseitigen Folgen, was sich in den zweiseitigen Beziehungen Albaniens zu dem jeweiligen Land des Sowjetblocks wiederspiegelte. In diesem Zusammenhang gab es auch für die albanisch-ostdeutschen Beziehungen keine Ausnahme.

Die Dokumentation im Archiv der albanischen Diplomatie aus jener Zeit belegt, dass das ostdeutsche kommunistische Regime nach Chruschtschows

58 Ebd., Jahrgang 1962, Akten-Nr. 105, Bl. 80–94.

Anweisungen eine unerbittliche Kampagne voller Anschuldigungen gegen Enver Hoxha und seine Regierung initiierte. Tirana blieb nicht passiv, aber die Front des ideologischen und politischen Konflikts war zu breit, um ihr adäquat entgegenzutreten und die verfügbaren Mittel waren zu gering, um effektiv reagieren zu können. Die Polemik wies hinsichtlich der Intensität und des Umfangs der Anschuldigungen ein deutliches Ungleichgewicht zuungunsten der Arbeiterpartei Albaniens auf. Ulbrich war selbst ein Stalinist, aber er bezeichnete Enver Hoxha im Sinne der Chruschtschow'schen Position als Stalinisten.

Die Verhärtung der Polemik zeigte sich in den zwischenstaatlichen Beziehungen mit zunehmender Tendenz. Nun hatte die diplomatische Berichterstattung, die nach Tirana geschickt wurde, eine andere, kritische Sichtweise über die SED und die ostdeutsche Regierung, und über ihre Innen- und Außenpolitik. Über Ulbricht wurde berichtet, dass „er im Volk wie auch in der Partei keine Sympathie genießt und dass insbesondere über seine Vergangenheit hasserfüllt gesprochen wird".[59] Die wirtschaftliche Lage wurde in diesen Berichten als schlecht beschrieben, mit großen Versorgungsmängeln auf dem Markt, insbesondere bei Großkonsumgütern und Lebensmitteln. Die Einschränkungen im Konsum der Bevölkerung waren deutlich. Die albanische Führung wurde in vielen Berichten über den Bau der Mauer in Berlin informiert, der „keine Unterstützung im Volk gefunden hat". Auch wurde darüber berichtet, dass innerhalb eines Jahres (August 1961 – August 1962) dreiundsechzigtausend Personen in die Bundesrepublik geflohen waren und dass bei dem Versuch, die Mauer zu überwinden, viele Menschen getötet worden waren.[60]

Die politischen, ökonomischen, kulturellen und alle anderen Beziehungen zwischen Albanien und der DDR erreichten das Niveau null. Was von der Vergangenheit übrigblieb, war die Unterzeichnung der jährlichen Handelsabkommen, an denen beide Seiten Interesse hatten. Aber im Jahre 1964, nach Chruschtschows Sturz, suchte die neue sowjetische Führung mit Leonid Breschnew an der Spitze nach Versöhnung mit Enver Hoxha, indem sie Chruschtschow für die Zerrüttung der Beziehungen mit Albanien verantwortlich machte. Auf Moskaus Anweisung und dem sowjetischen Beispiel folgend begann auch die DDR-Regierung Signale für eine Verbesserung der Beziehungen nach Tirana zu senden. Dahinter stand die Absicht, Albanien in das sowjetische Lager zurückzuholen. Jedes Jahr schickten Walter Ulbricht und Willi Stoph der albanischen Führung Glückwünsche zu albanischen Festtagen sowie Einladungen zur

59 Ebd., Bl. 62.

60 Ebd., zusätzlicher Fonds, Akten-Nr. 750, Bl. 57–60.

Teilnahme an Jahrestagen, an verschiedenen Veranstaltungen, Kongressen, Messen und Konferenzen.

Enver Hoxha wies alle Angebote und Einladungen der Sowjets und der anderen Länder Osteuropas, einschließlich der DDR, zurück. Albanien stabilisierte und erweiterte aber die Handelsbeziehungen mit der DDR, die im Vergleich zu 1961 im Jahre 1966 um 50% gestiegen waren.[61] Enver Hoxha hatte die Krise überwunden, und er hatte Ende der 1960er Jahre seine Kontrolle über die Partei und das Land weiter verstärkt. Es waren die Jahre, in denen Mao Tse-tung großzügige Hilfeleistungen für den kleinen Verbündeten vom Balkan gewährte und als Gegenleistung Zustimmung zu einigen seiner Thesen erhielt sowie Unterstützung bei den Formalitäten zur Aufnahme der Volksrepublik China in die UNO. Auch übernahm Albanien einige „Reformen" aus China.

Die Verstärkung der Diktatur und die Sicherstellung eines für albanische Verhältnisse minimalen ökonomischen Wohlstands erlaubten es Enver Hoxha, in den Beziehungen mit Moskau und den anderen kommunistischen Ländern Osteuropas entschiedener aufzutreten. Er stellte die Sowjetunion und die Vereinigten Staaten auf dieselbe Stufe und betrachtete beide als Großmächte, die gleichermaßen gefährlich sind für den Frieden in der Welt und die internationale Sicherheit, für die Freiheit und die Unabhängigkeit der Völker und kleiner Länder, einschließlich Albaniens. Aber tief in seinem Bewusstsein befürchtete er keinen Angriff und keine Gefahr von Seiten der Vereinigten Staaten und der NATO, trotz der antiimperialistischen Reden und Gesten. Die westlichen Länder waren daran interessiert, dass Albanien außerhalb des sowjetischen Einflussbereiches blieb und die Militärstützpunkte des Warschauer Paktes nicht dorthin zurückkehrten. Das Außenministerium der Vereinigten Staaten wies zu dieser Zeit seine diplomatischen Vertretungen in der Welt an, dass „die offene Spaltung zwischen der albanischen Partei und dem albanischen Staat einerseits und Moskau andererseits sich in einer Art entwickelt hat, die unseren Interessen dient". Die amerikanische Aufmerksamkeit und die der NATO in Bezug auf Albanien nahm zu, dies ging aber nicht über eine passive Politik, nämlich „warte ab und schaue" hinaus. Der Kern dieser Politik lässt sich in den Worten des damaligen Außenministers Dean Rusk zusammenfassen, „man sollte es zulassen, dass die Suppe langsam kocht"[62].

---

61 Ebd., Jahrgang 1967, Akten-Nr. 31, Bl. 3.

62 NARA. R.G. 59. General Records of the Department of State. Albania. Central Decimal File 1960–1963. Box. No. 1926.

Die Besetzung der Tschechoslowakei am 21. August 1968 durch die sowjetischen Truppen und die der verbündeten Ostblockstaaten schien Enver Hoxha in Angst zu versetzen – und nicht nur ihn, sondern auch Tito in Jugoslawien und Nicolae Ceausescu in Rumänien. Um keinen formal juristischen Anlass für eine Intervention in Albanien zu bieten, beschloss die Volksversammlung Albaniens auf Empfehlung der Regierung auch den *de jure* Austritt des Landes aus dem Warschauer Pakt. Die albanische Regierung verurteilte die sowjetische Aggression gegen die Tschechoslowakei und die Hilfe der DDR dabei. Die albanische Position wurde im Westen positiv aufgenommen und bedeutete auch eine Annäherung zwischen Tirana und Belgrad, die von offiziellen Bekundungen zur gegenseitigen Unterstützung im Falle einer Gefahr für Albanien und Jugoslawien begleitet wurde.

Die heftigen Vorwürfe aus Tirana gefielen der ostdeutschen Führung nicht, sie bezeichnete sie als Verleumdungen „wie jene des Imperialismus“ und protestierte offiziell.[63] Die Beziehungen zwischen beiden Ländern kamen nach einer leichten Tendenz der Annäherung in das alte Fahrwasser des Misstrauens zurück. Dieses Klima wurde im Oktober 1968 durch die Entdeckung verstärkt, dass das gesamte Gebäude der albanischen Botschaft in Berlin, die Wände, die Decken, die Böden sowie das hydraulische, elektrische und telefonische Netz vollständig mit Abhörgeräten der Stasi versehen worden war.[64] Die Botschaft fragte in Tirana an, wie sie darauf reagieren sollte, aber es scheint, dass sie keine schriftliche Anweisung zur Protesterhebung erhielt. Dieser Eindruck entsteht nicht nur, weil sich keine solche Anweisung im diplomatischen Archiv finden lässt, sondern auch angesichts der Tatsache, dass auch die ostdeutsche Botschaft und ihre Diplomaten sowie alle anderen ausländischen Missionen in Tirana mit denselben Mitteln und Methoden abgehört wurden.

Im Jahre 1969 war der „Prager Frühling“ und sein „heißer August“ nicht mehr auf der Agenda der albanisch-ostdeutschen Beziehungen. Das albanische Außenministerium stellte zum Ende dieses Jahres „einige Nuancen der Annäherung fest, die mit Vorsicht zu beobachten sind“. Durch verschiedene Äußerungen ostdeutscher Diplomaten sei „der Wunsch zur Verbesserung der existierenden Beziehungen“ signalisiert worden. Aber „sie gestehen ein, nichts tun zu können, da sie ohne die Unterstützung der Sowjets gegenüber der BRD nicht bestehen können“[65]. Das Regime Ostberlins fühlte sich durch die „Ostpolitik“

63 Archiv des Ministeriums für Auswärtige Angelegenheiten, Jahrgang 1968, Akten-Nr. 38, Bl. 33–35.

64 Ebd., Bl. 23–25.

65 Ebd., Jahrgang 1969, Akten-Nr. 62, Bl. 29–37.

des sozialdemokratischen Kanzlers Willy Brandt bedroht, als dieser 1969 an die Macht kam, und als er und Moskau sich anzunähern begannen. Die Ostdeutschen ersuchten im Dezember in Tirana um Unterstützung für ihren Vorschlag, den sie Bonn zur gegenseitigen Anerkennung und zur Aufnahme von diplomatischen Beziehungen zwischen beiden deutschen Staaten unterbreitet hatten. Einige Jahre später, im August 1973 wandten sie sich wiederum an Albanien um Unterstützung für die Aufnahme der DDR in die UNO in der 28. Generalversammlung.[66] Die albanische Regierung hatte sich im Prinzip zugunsten der Mitgliedschaft beider deutscher Staaten in die UNO ausgesprochen und stimmte im September 1973 dafür, als dieses Thema in New York von der Generalversammlung diskutiert wurde.

Diese Entwicklungen wie auch die Tatsache, dass Erich Honecker an die Spitze der SED gekommen war, veranlasste die SED-Führung weitere Schritte zur Normalisierung der Beziehungen einzuleiten und den diplomatischen Status auf Botschafterebene anzuheben. Das Jahr 1974 war voller Aktivitäten, um den Puls in Tirana zu messen, auch in Absprache mit dem Kreml. Aber das Hauptinteresse Albaniens blieb der Handel. In dem allgemeinen Volumen seines Außenhandels machte der Handelsaustausch mit der DDR einen kleinen Prozentsatz aus. Den ersten Platz nahmen die Beziehungen mit China ein, dahinter kamen die Beziehungen mit Italien und Jugoslawien. Es gab jedoch eine Zunahme des albanisch-ostdeutschen Handelsaustausches. Schon im Jahre 1966 hatte man begonnen, zwischen beiden Ländern fünfjährige Abkommen zum Warenaustausch zu unterzeichnen. Albanien exportierte in die DDR unter anderem: Chrommineralien, Kupfer, Bitumen, Erdöl, Kupferdraht, Cognac, Wein, Zigaretten, Tabak, Fischkonserven, Textilien und Bekleidung, handwerkliche Produkte, Obst und Gemüse. Aus der DDR importierte Albanien unter anderem: Maschinen für Industrie und Landwirtschaft, industrielle Ausstattungen und Ersatzteile, Transportmittel, pharmazeutische und optische Produkte, medizinische Ausstattungen, Laborausstattungen, Elektro-Haushaltsgeräte, kinematographische Ausstattungen und Stahlprodukte.[67]

In der ersten Hälfte der 1970er Jahre begann die Kurve in den albanisch-chinesischen Beziehungen unwiderruflich zu sinken. Zwischen Mao Tse-tung und Enver Hoxha entstanden erste ernsthafte ideologische und politische Meinungsverschiedenheiten, insbesondere in der Außenpolitik und in der Einschätzung der internationalen Situation. Dem albanischen Ministerpräsidenten

66 Ebd., Jahrgang 1973, Akten-Nr. 90, Bl. 4–5.
67 Ebd., Jahrgang 1976, Akten-Nr. 128, Bl. 12–19.

Mehmet Shehu wurde der geplante Besuch in China zwei Mal verschoben, mit dem Ergebnis, dass der Besuch letztendlich nicht realisiert werden konnte. Die wirtschaftlichen Hilfeleistungen für Albanien wurden drastisch reduziert. Die Abkühlung der Atmosphäre in den albanisch-chinesischen Beziehungen wurde in Moskau bemerkt und führte dazu, dass die sowjetischen Botschaften an Tirana zur Normalisierung der Beziehungen zwischen beiden Ländern vermehrt wurden. In diesen Versuchen hinkte auch Honecker nicht hinterher. Enver Hoxha, eingeschlossen in seiner „Festung" in Tirana, blickte nicht darüber hinaus und verweigerte jede Öffnung, sowohl nach Osten wie auch nach Westen. Das albanische Außenministerium, vollständig unter seiner Kontrolle und ihm zu Diensten, hatte keine Möglichkeit, auch in den Beziehungen mit der DDR anders zu handeln, außer Empfehlungen abzugeben, wie „es soll kein Schritt gemacht werden" und „jede Sondierung und Initiative der deutschen Seite soll – wegen der Gründe, die man kennt – negativ beantwortet werden"[68].

Die endgültige Auflösung der albanisch-chinesischen Beziehungen, die im Sommer 1978 verkündet wurde, schuf Probleme hinsichtlich der Orientierung Albaniens in den Außenbeziehungen. Neue Spekulationen wurden sowohl im Osten wie auch im Westen angestellt angesichts der Erwartung, dass Albanien ohne fremde Hilfe und ohne die Unterstützung einer Großmacht nicht auskommen konnte. Als alle darüber spekulierten, in welche Richtung Enver Hoxha sich orientieren würde, traf er auf dem Höhepunkt der Paranoia die absurde Entscheidung einer Selbstisolierung Albaniens. Mit niemandem und gegen alle – die USA, die UdSSR und ihre jeweiligen politischen und militärischen Blöcke.

Die Phobie wurde der Schlüssel, um Albanien noch stärker von der Außenwelt abzuschotten, was nicht nur für politische Beziehungen, sondern auch Beziehungen in den Bereichen Kultur, Bildung, Forschung, Tourismus und ähnlichem galt. Die Ostdeutschen versuchten wieder in dem bereits bekannten Stil Angebote für Kontakte auf der politischen Ebene zu machen. Sie schickten hochrangige Vertreter und sogar Mitglieder des Politbüros der SED zu den diplomatischen Empfängen anlässlich der nationalen Festtage Albaniens in Berlin. Die Zeitungen berichteten im positiven Stil, und selbst Honecker besuchte im dritten Jahr in Folge im Herbst 1984 den albanischen Informationsstand auf der Leipziger Messe.[69]

Tirana, wie üblich, wies die Angebote entweder zurück oder schwieg dazu. Die Veränderung akzeptierte sie, sofern sie diese als in ihrem Interesse einschätzte.

68 Ebd., Jahrgang 1974, Akten-Nr. 91, Bl. 42–44.
69 Ebd., Jahrgang 1985, Akten-Nr. 403, Bl. 7–11.

Der Handel war derjenige Bereich, in dem die albanische Regierung eine deutliche Bereitschaft zur Verbesserung zeigte. Das geschah vor dem Hintergrund der großen Schwierigkeiten, vor denen die albanische Wirtschaft zu Beginn der 1980er Jahre stand. In den Jahren 1981 – 1985 erreichte der Gesamtwert des Handelsaustausches zwischen den beiden Ländern maximal den Wert von 163 Millionen Rubel.[70] Einige Anzeichen der Veränderung traten zu Tage, auch im Bereich des Kultur- und Forschungsaustausches. Ostdeutsche Albanologen, wie Johannes Irmscher, Wilfried Fiedler und Oda Buchholz wurden nach Tirana eingeladen und Konferenzen zu Albanien wurden in Ost-Berlin organisiert.

5. Gemeinsam dem Ende entgegen

Die albanisch-ostdeutschen Beziehungen befanden sich Mitte der 1980er Jahre an der Schwelle zu einer qualitativen Veränderung. Innere aber auch äußere Gründe bedingten diesen Prozess der Annäherung in beiden Ländern. Albanien durchlebte eine sehr schwierige wirtschaftliche Phase. Der autarken Industrie mangelte es an Rohstoffen und Technologie, und sie hatte begonnen sich selbst „zu fressen". Die durch das System der sozialistischen Kollektivierung überwiegend extensive Landwirtschaft stimulierte weder die Menschen noch die Produktion, und es mangelte an moderner Technik. Den Bürgern wurde eine Rationierung der Lebensmittel auferlegt, während die Lebensbedingungen auf dem Land die kritische Grenze des Existenzniveaus erreichten. Die Wirtschaftspolitik des Regimes war – um im Belagerungszustand zu existieren und sich „auf die eigenen Kräfte" zu stützen – von Beginn an zum Scheitern verdammt.

In der Tat war es weder Albanien noch das albanische Volk, sondern das kommunistische Regime, das in einem Belagerungszustand leben wollte und dem vollständigen Scheitern entgegenging. Die blinde Überzeugung oder besser gesagt, die Furcht von dem ideologischen Dogma abzuweichen einerseits und die schreiende Dringlichkeit andererseits einen Ausweg aus der Krise zu finden, wurde für das Regime zu einem Alptraum. Die eigene Unfähigkeit, Lösungen zu finden und die Kamikaze-Loyalität gegenüber dem Dogma zogen das Regime noch tiefer in den Strudel der Krise hinein.

Immer daran gewöhnt durch Hilfe von außen zu regieren und zu überleben, machten sich die albanischen Führer – als sie 1978 auch den letzten „Wohltäter" China verloren – wiederum auf die Suche nach externen Quellen einer vorübergehenden Finanzierung. Aber dieses Mal konnten sie weder Hilfeleistungen

70 Ebd., Jahrgang 1986, Akten-Nr. 348.

noch Kredite fordern, deren Aufnahme die Verfassung des Jahres 1976 verbot, sondern sie klagten „die Schulden“ ein, die zwei große westliche Staaten gegenüber Albanien zu begleichen hätten. Das waren die Bundesrepublik Deutschland, die Reparationen für die Verbrechen Hitler-Deutschlands gegenüber Albanien im Zweiten Weltkrieg leisten sollte und Großbritannien, das für die in London blockierten albanischen Goldreserven zahlen sollte.

In der DDR wurde mit Interesse und Sympathie die albanische Offensive für die Reparationen und die Verhandlungen verfolgt, die darüber und über die Aufnahme der diplomatischen Beziehungen zwischen der albanischen und der westdeutschen Regierung begannen. Bereits 1973, als Tirana die Frage der Reparationen auf der Generalversammlung der UNO in die Diskussion brachte, reagierte Ost-Berlin und verlangte eine Klärung, von wem Albanien sie verlangte, von der BRD oder der DDR.[71]

Die Perspektive einer Aufnahme der diplomatischen Beziehungen zwischen Albanien und der Bundesrepublik veranlasste das ostdeutsche Regime, die Bemühungen in Richtung Tirana zur Normalisierung der Beziehungen zwischen beiden Ländern und ihre Anhebung auf Botschafterebene zu intensivieren. Das geschah insbesondere nach dem „touristischen“ Besuch des Ministerpräsidenten von Bayern, Franz Josef Strauß, in Albanien im August des Jahres 1984. Die diplomatischen Kreise in Tirana merkten damals an, dass die DDR durch diesen Besuch sehr entmutigt war.[72] Erich Honecker schickte anlässlich des Todes von Enver Hoxha im April 1985 ein Beileidstelegramm und einen Kranz; beides wurde jedoch in Tirana nicht angenommen. Dasselbe Schicksal erlitt auch das Glückwunschtelegramm, das Honecker Hoxhas Nachfolger an der Spitze von Partei und Staat, Ramiz Alia, schickte.[73]

Dieses taktische und für eine öffentliche Resonanz bestimmte Verhalten machte schrittweise einem stillschweigendem Einvernehmen Platz, die Beziehungen zwischen beiden Ländern zu verbessern und ihr Niveau anzuheben. Ein weiterer Grund war auch die kritische Sicht beider Regimes auf die Politik des neuen sowjetischen Führers Michail Gorbatschow; Tirana trat offen gegen ihn auf und die SED-Führung in Andeutungen. Gorbatschows Liberalisierung des Regierungshandelns, die Neuorientierung bei der Beurteilung der vergangenen Verbrechen und der begangenen Fehler, und die Öffnung gegenüber Kritik und nichtkommunistischen Alternativen waren für sie inakzeptabel.

71 Ebd., Jahrgang 1973, Akten-Nr. 91, Bl. 6.
72 Archiv des Ministeriums des Inneren, Fonds-Nr. 4, Jahrgang 1984, Akten-Nr. 123, Bl. 9.
73 Ebd., Jahrgang 1985, Akten-Nr. 138, Bl. 102; 122.

Der Zeitpunkt, an dem sich eine qualitative Veränderung zwischen beiden Ländern abzeichnete, war der Frühling des Jahres 1986. Im April erklärte Honecker auf dem XI. Parteitag der SED, dass „die Deutsche Demokratische Republik die Möglichkeit erwägt, die Beziehungen mit der Sozialistischen Volksrepublik Albaniens weiter zu entwickeln".[74] Nach dieser Erklärung reiste der Minister für Außenhandel der DDR, Gerhard Beil, am 23. Juni nach Tirana, um das Abkommen über den Warenaustausch und die Zahlungen für die Jahre 1986–1990 zu unterzeichnen. Zum ersten Mal nach fünfundzwanzig Jahren kam ein ostdeutscher Minister in die albanische Hauptstadt, der auch von Ministerpräsident Adil Çarçani empfangen wurde. Das Abkommen galt einem Austausch im Wert von 222 Millionen Rubel, das waren 57 Prozent mehr als im Abkommen für die fünf vorangegangenen Jahre.[75] Zwei Monate später wurde zwischen den Gesundheitsministerien beider Regierungen ein Abkommen unterzeichnet, das es erkrankten Personen aus beiden Ländern gestattete, zur Diagnostizierung und ärztlicher Behandlung die jeweiligen Gesundheitsinstitutionen aufzusuchen.[76]

Ermutigt von dieser Entwicklung gingen die Ostdeutschen noch einen wichtigen Schritt weiter und forderten ein Treffen der Außenminister beider Länder während der Sitzungsperiode der UN-Generalversammlung im Herbst 1987.[77] Im Sommer dieses Jahres äußerte das ostdeutsche Außenministerium noch einmal seinen Wunsch, anlässlich der bevorstehenden Aufnahme der diplomatischen Beziehungen zwischen Albanien und der BRD, die Möglichkeit einer Anhebung der diplomatischen Vertretungen zwischen beiden Ländern auf Botschafterebene zu erwägen, um zu verhindern, dass sich die DDR in einer minderwertigen Position gegenüber dem anderen deutschen Staat befinden würde.[78] Die albanische Diplomatie war bemüht, formell die DDR-Führung nicht zu beunruhigen, insbesondere was die Definition der Termini für die Behandlung des Status von West-Berlin betraf. Beide Seiten führten Konsultationen durch, um Formulierungen zu finden, die für beide deutsche Staaten annehmbar sein könnten.

Die ostdeutsche Beharrlichkeit für die Anhebung des Niveaus der diplomatischen Beziehungen hatte einen tieferen Grund. „In der DDR sei der Geist der Perestroika spürbar geworden", berichtete die albanische Botschaft aus

74 Archiv des Ministeriums für Auswärtige Angelegenheiten, Jahrgang 1989, Akten-Nr. 363, Bl. 25.
75 Ebd., Jahrgang 1986, Akten-Nr. 348.
76 Ebd., Akten-Nr. 351.
77 Ebd., Akten-Nr. 343, Bl. 1–3.
78 Ebd., Jahrgang 1987, Akten-Nr. 378, Bl. 52.

Ost-Berlin. Im Juni 1987 fanden in der „Hauptstadt" der DDR drei Tage lang Demonstrationen statt, auf denen die Achtung der Freiheit und der Menschenrechte gefordert wurden. Der von kirchlichen Kreisen in Dresden organisierte massenhafte Protest hinterließ einen besonderen Eindruck. Zusammen mit der Bewegung für mehr Freiheiten und Rechte kam die Unzufriedenheit zum Ausdruck über die Senkung des Lebensniveaus und über die deutliche Verschlechterung der Versorgung der Bevölkerung mit Konsumgütern, vor allem im Süden der DDR.[79]

Das ostdeutsche Regime, wie auch das gesamte kommunistische Osteuropa, war im Begriff den Boden unter den Füssen zu verlieren. Die liberale Politik Gorbatschows ermutigte die antikommunistischen Bürgerbewegungen zuerst in Polen und Ungarn und dann schrittweise auch in anderen Ländern des zusammenbrechenden Sowjetblocks. Die DDR als der zweite Staat einer geteilten Nation spürte eine doppelte Gefahr: den Zusammenbruch des Systems und des kommunistischen Regimes aber auch die staatliche Auflösung. Die Gefahr des Machtverlusts führte zu einer Solidarität zwischen den kommunistischen Regimen, die gegen die demokratischen Reformen waren. Das war auch ein zentraler Grund, weshalb zwischen Albanien und der DDR im Herbst 1987 wirkliche politische Kontakte begannen. Der Besuch von Erich Honecker im September in Bonn beseitigte die Befürchtung des offiziellen Tirana hinsichtlich möglicher Fehlinterpretationen auf Seiten der Bundesrepublik, falls die albanische Regierung sich für das Treffen ihres Außenministers mit dem ostdeutschen in New York entschließen würde.

Die albanische Regierung zögerte in der Tat mit der Antwort auf den ostdeutschen Vorschlag auch aus einem anderen Grund. Der albanische Außenminister konnte seinen ostdeutschen Amtskollegen nicht treffen ohne vorher den westdeutschen zu treffen. Erst als das Treffen mit Hans-Dietrich Genscher bestätigt war, wurde die Vereinbarung des Treffens zwischen dem albanischen Außenminister Reis Malile mit dem Außenminister der DDR, Oskar Fischer, weiterverfolgt. Die Begegnung fand am 25. September in New York statt. Das Hauptthema, das diskutiert wurde, war die Anhebung der beiderseitigen diplomatischen Vertretungen auf die Ebene von Botschaften. Fischer begründete dieses Ersuchen auch mit der Tatsache, dass Albanien im Begriff war, diplomatische Beziehungen auf Botschafterebene mit Westdeutschland aufzunehmen. Ein Unterschied des diplomatischen Niveaus der Vertretung wurde von der DDR als Diskriminierung und als Prestigeverlust, verbunden mit schweren politischen

79 Ebd., Bl. 48–54.

Nachteilen, angesehen. Die albanische Führung zögerte, denn sie hatte Bedenken, ob die Ostdeutschen nicht eine Vermittlungsrolle zu spielen versuchten, um Tirana und Moskau anzunähern. Malile äußerte diese Bedenken offen gegenüber Fischer. Der ostdeutsche Minister versicherte, dass die DDR eine solche Aufgabe nicht übernommen hätte.[80]

Malile gab auf das Anliegen seines ostdeutschen Amtskollegen keine klare Antwort, aber er ließ die Tür für weitere Gespräche offen. Er erwähnte Fischer gegenüber das Promemoria vom 18. Dezember 1961 und legte ihm nahe, dass nur seine Annullierung in einer offiziellen Note an die albanische Regierung den Weg für den Austausch der Botschafter zwischen beiden Ländern ebnen könnte. Der ostdeutsche Minister versprach, einen solchen Schritt einzuleiten.[81] Im Oktober 1987 wurden auf diplomatischem Wege Meinungen über den Entwurf eines neuen Promemoria ausgetauscht, das jenes vom Dezember 1961 annullieren würde. Der offizielle Austausch der Unterlagen für die Anhebung des Niveaus der Beziehungen zwischen beiden Regierungen wurde schließlich am 10. Dezember 1987 abgeschlossen.[82] Im Februar 1988 übergab der ostdeutsche Botschafter Dieter Kulitzka in Tirana sein Beglaubigungsschreiben. Kurz danach tat dasselbe auch der neue albanische Botschafter in der DDR, Ilir Boçka.

Die politischen Beziehungen zwischen beiden Ländern erreichten ihr höchstes Niveau im Juni 1989 beim Besuch von Außenminister Oskar Fischer. Das war nach dreißig Jahren die erste Visite des höchsten Diplomaten der DDR in Tirana. Was bei den Gesprächen Fischers mit der albanischen Führung auffiel, war die gemeinsame Sorge über die Veränderungen, die gerade in Polen und Ungarn stattfanden, und die Furcht vor einem Dominoeffekt, der beiden Regimen drohte. Fischer äußerte im vertraulichen Gespräch seine Unzufriedenheit und Vorbehalte gegenüber der Sowjetunion und Gorbatschow sowie Befürchtungen hinsichtlich möglicher Zugeständnisse des Kreml-Chefs während seines Besuchs in Bonn. Dort war viel über die Frage der Berliner Mauer gesprochen worden, und auch wenn Gorbatschow erklärt hatte, dass „die Berliner Mauer dann fallen wird, wenn die Gründe, die sie geschaffen haben, nicht mehr bestehen“, hatte das ostdeutsche Regime Zweifel an dieser Erklärung. Fischer sagte zu Malile, dass „wir die Berliner Mauer nicht fallenlassen werden. Ihr Fall bedeutet eine Verminung der DDR“[83]. Der DDR-Außenminister hatte damit unbeabsichtigt eine Entwicklung vorhergesehen, die sehr bald erfolgen würde.

80 Ebd., Jahrgang 1989, Akten-Nr. 363, Bl. 26.
81 Ebd., Jahrgang 1987, Akten-Nr. 408, Bl. 16–20.
82 Ebd., Akten-Nr. 375, Bl. 6–7; 22–23; 74–75.
83 Ebd. Jahrgang 1989 Akten-Nr. 363, Bl. 83–84.

Während des Besuches von Fischer in Tirana wurden zwei Abkommen unterzeichnet, eins für die wirtschaftliche, industrielle und technische Zusammenarbeit und ein weiteres für die Zusammenarbeit im Bereich der Gesundheit und der Medizin.[84] Der Handelsaustausch zwischen beiden Ländern hatte im Jahre 1988 ein Volumen von 55 Millionen Rubel erreicht, während für das Jahr 1989 ein Volumen von 72 Millionen Rubel vorgesehen war.[85]

Im Herbst 1989 bereiteten sich beide Länder auf ihre traditionellen Festtage vor. Die DDR feierte am 7. Oktober den 40. Jahrestag ihrer Gründung und Albanien am 29. November den 45. Jahrestag seiner Befreiung. Die Umstände für beide Regimes können am besten mit „Hochzeit im Angesicht des Todes" beschrieben werden. Nach anfänglichem Zögern erklärte sich die albanische Regierung zum ersten Mal nach 28 Jahren bereit, an den Feierlichkeiten des 7. Oktober teilzunehmen. Letztendlich schickte sie aber dann doch keine Delegation. Die Gründe dafür könnten folgende gewesen sein: Erstens würde Gorbatschow dort anwesend sein und die albanische Regierung wollte keinen Anlass für Spekulationen über eine mögliche albanisch-sowjetische Annäherung bieten, und zweitens hatte sich im Sommer 1989 die politische Lage in der DDR dramatisch verschlechtert.

Das zermürbte SED-Regime hatte keine Kraft mehr, die Flucht-, Ausreise- und Protestbewegung zu stoppen. Die Maueröffnung am 9. November 1989 wurde zum großen deutschen, europäischen und Welt-Ereignis, das das Ende einer historischen Epoche und des in Europa regierenden Kommunismus sowie den Anfang eines neuen Prozesses, nämlich der Wiedervereinigung Deutschlands aber auch Europas einleitete. Die Öffnung der Berliner Mauer leitete auch den Sturz des SED-Regimes ein.

Aus der Sicht dieser Ereignisse sollten auch die albanisch-ostdeutschen Beziehungen in dem letzten Jahr ihrer Existenz betrachtet werden. Im September 1989 war Peter Schubert als Botschafter der DDR nach Albanien gekommen, ein ehemaliger Student der Universität Tirana der Jahre 1956 – 1959. Später war er zweimal als Diplomat an der DDR-Mission in der albanischen Hauptstadt. Am 20. November 1989 teilte Schubert in Tirana mit, dass die neue DDR-Regierung von Hans Modrow entschlossen war, die Freundschaftsbeziehungen mit Albanien weiter zu entwickeln, und dass die zwischen beiden Ländern geschlossenen Abkommen respektiert würden. Er räumte ein, dass von der ostdeutschen Regierung Fehler begangen worden waren, insbesondere in der Politik und in

84 Ebd., Akten-Nr. 361, Bl. 25; Akten-Nr. 378, Bl. 88–91.
85 Ebd., Jahrgang 1989, Akten-Nr. 361, Bl. 26–27.

der Wirtschaft, dass sie sich von dem Volk entfernt, die Lage im Land beschönigt und für jede Schwäche „dem externen Feind" die Schuld gegeben hatte.[86] Einen Monat später erklärte Schubert im albanischen Außenministerium, dass, auch wenn in seinem Land „gerade unvorhergesehene und schmerzhafte Ereignisse stattfanden", seine Regierung zur Entwicklung der bilateralen Beziehungen entschlossen sei.[87]

Der Optimismus des ostdeutschen Botschafters in Tirana war eher ein Wunsch und eine diplomatische Erklärung. Die albanische Botschaft in Berlin berichtete nach Tirana über „völlig unerwartete und unvorhergesehene" Ereignisse und bezog eine andere Stellung über die Zukunft der Beziehungen zwischen beiden Ländern. Demnach würde die neue Situation zweifellos auch die bilateralen Beziehungen in allen Aspekten beeinflussen, insbesondere im Handel, und sie vertrat die Ansicht, dass „wir in der Lage sein sollen, auch unerfreulichen Situationen entgegenzusehen".[88]

Die Ereignisse überschlugen sich in den beiden Ländern auf eine unaufhaltsame Weise, schneller in der DDR und langsamer in Albanien. Dort gab es noch keine organisierte antikommunistische und oppositionelle Bewegung. Die schwere wirtschaftliche Lage, die Abwesenheit jeglicher Freiheiten und Menschenrechte sowie der Einfluss der antikommunistischen Entwicklungen in Osteuropa ermutigte unorganisierte soziale Gruppen, insbesondere Jugendliche, Arbeitslose und vom Regime Verfolgte zu regierungskritischen Demonstrationen in zwei oder drei Städten Albaniens. Es kam zu Auseinandersetzungen mit Polizeikräften. Die albanische kommunistische Partei- und Staatsführung versuchte diese anfängliche und spontane oppositionelle Bewegung im Keim zu ersticken – nicht nur gewaltsam, sondern auch mit Versprechungen und administrativen Maßnahmen.

Die Nachricht über die ersten antikommunistischen Demonstrationen in Albanien überschritt die Grenzen des Landes, und die öffentlichen Informationskanäle in Europa und in der Welt verbreiteten die Nachricht im Januar 1990. Auch die ostdeutsche Presse berichtete über die Ereignisse in Albanien, aber die Regierung Modrow übersandte eilig eine Distanzierung von den Inhalten der DDR-Nachrichten nach Tirana.[89] Die albanische Botschaft in Berlin erhielt jedoch auch einige „feindliche Briefe", in denen von der albanischen Regierung die Gewährung der Religionsfreiheit, die Beendigung der Gewalt

86 Ebd., Akten-Nr. 361, Bl. 47–50.
87 Ebd., Akten-Nr. 370.
88 Ebd., Akten-Nr. 25.
89 Ebd., Jahrgang 1990, Akten-Nr. 373, Bl. 1–2.

und der willkürlichen Hinrichtungen und der Beginn der Demokratisierung des Landes gefordert wurden.[90]

In der Atmosphäre dieser kaum noch kontrollierbaren Entwicklungen hielten beide Regierungen in Tirana und in Berlin in der Erwartung der Ereignisse, insbesondere der Wahlen vom 18. März in der DDR, beharrlich ihre Kommunikation weiter aufrecht. Das albanische Außenministerium listete am 7. Februar 1990 alle Verabredungen im Rahmen der bilateralen Beziehungen mit der DDR auf, von denen man erwartete, dass sie eingehalten würden: im Bereich der Politik der Gegenbesuch des albanischen Außenministers Malile sowie der Besuch einer albanischen parlamentarischen Delegation in Berlin; im Bereich der Wirtschaft das Projekt eines Abkommens für die Zusammenarbeit im maritimen Verkehr und die zweite Sitzung der Gemeinsamen Kommission für die wirtschaftliche Zusammenarbeit – deren erste Sitzung in Tirana im Oktober 1989 stattgefunden hatte; Austauschprojekte auf kulturellem Gebiet sowie in den Bereichen Forschung, Tourismus, Sport und Gesundheitswesen.[91]

Die Regierung von Hans Modrow konzentrierte sich am Vorabend der Wahlen auf die Frage einer möglichen deutschen Vereinigung. Am 9. Februar 1990 informierte Botschafter Schubert die albanische Regierung über Modrows Vorschlag für ein „neutrales vereinigtes Deutschland" durch einen Friedensvertrag. Ein erster Schritt in Richtung Wiedervereinigung wäre der Abschluss einer Anzahl von Abkommen zwischen beiden Ländern. Dem würde später die Gründung einer Konföderation folgen und schließlich würde dieser Prozess mit der Vereinigung in einer einzigen Föderation abgeschlossen werden.[92] Drei Wochen später, am 2. März, machte Schubert das albanische Außenministerium mit einem neuen Dokument bekannt. Es handelte sich dabei um das Memorandum seiner Regierung an die fünfunddreißig Unterzeichner-Länder der Schlussakte von Helsinki des Jahres 1975. Demgemäß galt die Vereinigung mittels einer Konföderation nun als überholt; die ostdeutsche Regierung war gegen den „Anschluss"[93] und schlug vor, dass der Prozess der Wiedervereinigung „die Werte und die Errungenschaften der DDR" berücksichtigen sollte und dass das vereinigte Deutschland nicht Teil der NATO werden sollte.[94] In einem der Treffen, die Schubert im Außenministerium in Tirana hatte, wurde auch über die

90 Ebd., Bl. 69–70.
91 Ebd., Bl. 78–79.
92 Ebd., Bl. 4–5.
93 Im albanischen Text wird das deutsche Wort *Anschluss* verwendet. Anm. d. Übers.
94 Archiv des Ministeriums für Auswärtige Angelegenheiten, Jahrgang 1990, Akten-Nr. 373, Bl. 8–11.

Frage der Reparationen gesprochen, die im Zusammenhang mit der deutschen Wiedervereinigung und der Unterzeichnung des Friedensvertrages relevant werden könnten.[95]

All diese Überlegungen waren nach den DDR-Parlamentswahlen vom 18. März null und nichtig. Bei diesen Wahlen gewann die „Allianz für Deutschland", angeführt von der Christlich-Demokratischen Partei – der Schwesterpartei der CDU, mit 48 Prozent die Mehrheit der Stimmen. Die Sozialdemokraten kamen auf 21,8 Prozent.[96] Die Befürworter der schnellen deutschen Einheit hatten die Wahl eindeutig gewonnen. Neuer Außenminister in der Koalitionsregierung aus „Allianz für Deutschland", Sozialdemokraten und Liberalen wurde der Sozialdemokrat Markus Meckel.

In Tirana wurden der Wahlgewinn der „Allianz für Deutschland" und die Bildung der neuen DDR-Regierung mit Verbitterung aufgenommen. Unter den neuen Umständen beschloss die albanische Regierung dennoch, „alle Versuche zur Umsetzung jener Vorhaben, die wir in Protokollen und Abkommen als vereinbart festgehalten haben" zu realisieren.[97] Aber zur Verwirklichung der für die ersten sechs Monate des Jahres 1990 vereinbarten Vorhaben kam es nicht. Der Wirtschafts- und Handelsaustausch sank deutlich. Viele Unternehmen der DDR unterbrachen nach dem 1. Juli fast vollständig den Handel mit den albanischen Außenhandelsunternehmen und verursachten damit einen finanziellen Schaden von ca. 15 Millionen Rubel.[98] Für Albanien ergab sich ein negativer Saldo, der am Ende des Jahres einen Umfang von 32 Millionen Rubel erreichte.[99]

In der DDR beeinflusste die veränderte politische Situation auch die Beziehungen zu dem kommunistischen Regime Albaniens. In Albanien waren oppositionelle Regungen noch schwach und eher im Stillen als öffentlich präsent. Es existierte keine Opposition mit einem ausgearbeiteten demokratischen Programm. Es gab nur wenige Stimmen, die neue und mutige Ansichten artikulierten. Sie forderten zwar Veränderungen des Systems, aber nicht seinen Sturz. Die Öffnung, die Ramiz Alia im zehnten Plenum des Zentralkomitees der Partei der Arbeit Albaniens im April zusammen mit einigen kleinen und schrittweisen Zugeständnissen im Bereich der Freiheiten und der Menschenrechte ankündigte, waren ein taktischer Zug, um das Regime an die in Osteuropa gerade

95 Ebd., Bl. 13–15.
96 Ebd., Bl. 80–84.
97 Ebd., Bl. 83–84.
98 Ebd., Jahrgang 1991, Akten-Nr. 368, Bl. 7.
99 Ebd., Akten-Nr. 345/1, Bl. 18.

stattfindenden Veränderungen anzupassen und die inneren Spannungen sowie den zunehmenden Druck von außen zu reduzieren.

Diese Maßnahmen hatten keine Aussicht auf Erfolg. Sie bestärkten nur die spontane und urbane Opposition, die das Model der Veränderung in dem sah, was in den anderen Ländern Osteuropas geschehen war. Der Siedepunkt der Revolte war gekommen, und sie brach Anfang Juli aus, als Tausende von Albanern, darunter viele junge Menschen in die in Tirana bestehenden westlichen Botschaften eindrangen, vor allem in die Botschaft der Bundesrepublik Deutschland, und die Forderung erhoben, Albanien verlassen zu dürfen, um ein besseres Leben in Freiheit in den westlichen Ländern zu suchen. Die Unruhen trafen das kommunistische Regime unerwartet; es war darauf nicht vorbereitet. Seine Reaktion war hart und bewies die Scheinheiligkeit der angekündigten Reformen zur Demokratisierung des Landes.

Die internationale Reaktion auf die Entwicklungen in Tirana war außerordentlich. Markus Meckel verglich die Ereignisse mit jenen, die ein Jahr zuvor in der DDR stattgefunden hatten. In beiden Fällen, sagte er, „stand das Volk auf und forderte Hilfe von außen". Der Außenminister rief dazu auf, „Druck auszuüben und die Regierung Albaniens zu veranlassen, weitere Veränderungen zu unternehmen".[100] Die Volkskammer der DDR verabschiedete eine Resolution, in der auch sie die Position vertrat, dass das Problem der Besetzung der Botschaften nachhaltig „nur durch eine radikale Veränderung der Innenpolitik" zu lösen wäre.[101] Der Botschafter der DDR in Tirana, dessen Karriere und Überzeugungen eng mit dem gestürzten SED-Regime verbunden waren, zeigte „Verständnis" für die Art und Weise, wie die albanische Regierung mit den Botschaftsbesetzungen umging.[102]

Peter Schubert teilte Anfang August 1990 der albanischen Regierung mit, dass er von seiner Regierung beauftragt worden war, Kontakt mit der Botschaft der Bundesrepublik in Tirana zu halten und mit ihr zusammenzuarbeiten. Am 18. und 19. September erschien er anlässlich seines Abzugs aus Albanien zu protokollarischen Treffen im Außenministerium und teilte offiziell mit, dass die Botschaft der DDR am 3. Oktober 1990 geschlossen werde.[103] Das war genau der historische Tag der deutschen Einheit. Das diplomatische Personal Albaniens und der DDR kehrte in aller Stille in seine jeweiligen Länder zurück und besiegelte damit das Ende ihrer Beziehungen.

100 Ebd., Jahrgang 1990, Akten-Nr. 1349, Bl. 57.
101 Ebd., Bl. 60.
102 Ebd., Bl. 59.
103 Ebd., Akten-Nr. 373, Bl. 23; 26–27.

Georg Herbstritt

Sigurimi und Stasi – über die kurzzeitige Geheimdienstallianz zwischen Albanien und der DDR in den Jahren 1955 bis 1961

1. Albanien und die DDR im sowjetischen Machtbereich 1949 bis 1961

Es war nur eine kurze Zeitspanne, in der die Volksrepublik Albanien und die DDR gemeinsam dem sowjetisch dominierten „Ostblock" angehörten. 1948 brach Albanien seine engen Bindungen zu Jugoslawien ab und richtete sich bis 1961 an der Sowjetunion aus. Im Februar 1949 trat Albanien dem wenige Wochen zuvor gegründeten „Rat für gegenseitige Wirtschaftshilfe" (RGW) bei und gliederte sich damit auch formal in das östliche Bündnissystem ein. Die DDR, erst im Oktober 1949 gegründet, wurde 1950 Mitglied im RGW. Im Mai 1955 gehörten beide Staaten zusammen mit den übrigen europäischen Ländern des sowjetischen Machtbereichs zu den Gründungsmitgliedern des östlichen Militärbündnisses, des Warschauer Pakts bzw. Warschauer Vertrags. 1961 beendete Albanien seine Zusammenarbeit innerhalb dieses Bündnissystems. Albanien und die Sowjetunion stellten in jenem Jahr ihre politische, wirtschaftliche und militärische Zusammenarbeit ein und brachen im Dezember 1961 schließlich ihre diplomatischen Beziehungen ab. Die DDR beließ immerhin einen Geschäftsträger in Tirana. Erst ab 1988 residierte wieder ein regulärer („außerordentlicher und bevollmächtigter") Botschafter der DDR in Albanien. Albanien stellte sich von 1961 bis 1978 unter die „Patronage" der Volksrepublik China, die sich seit den frühen 1960er-Jahren zum innerkommunistischen Rivalen der Sowjetunion entwickelte.[1]

1 Grothusen, Klaus-Detlev: Die politische Entwicklung seit dem Zweiten Weltkrieg. Außenpolitik. In: Südosteuropa-Handbuch, Band VII: Albanien. Hg. von Klaus-Detlev Grothusen. Göttingen 1993, S. 86–156, insbesondere 115–128; Bartl, Peter: Albanien. Vom Mittelalter bis zur Gegenwart. Regensburg 1995, S. 240–257. Zur Geschichte des sozialistischen Albaniens siehe auch Mëhilli, Elidor: From Stalin to Mao. Albania and the Socialist World. Ithaca 2017.

2. Vernetzung und Kooperation der sozialistischen Geheimdienste unter sowjetischer Aufsicht

Zu Lebzeiten Josef Stalins band die Sowjetunion ihre „Satellitenstaaten“ vor allem mithilfe bilateraler Beziehungen an sich.[2] Erst nach dem Tod des sowjetischen Diktators 1953 setzte allmählich ein Strategiewechsel ein. Die Länder des sowjetischen Machtbereichs wurden nun verstärkt auch auf multilateraler Ebene miteinander vernetzt. Der Warschauer Vertrag von 1955 ist hierfür das bekannteste Beispiel.[3]

Auf der Ebene der Staatssicherheitsdienste verlief die Entwicklung ähnlich. Nach dem Ende des Zweiten Weltkriegs übertrugen die sowjetischen Sicherheitsdienste das eigene Modell auf die Länder Ostmittel- und Südosteuropas und bauten dort entsprechende geheimpolizeiliche Strukturen auf. Durch gezielte Personalauswahl sowie durch Berater und Verbindungsoffiziere sicherten sich der KGB und seine Vorläuferinstitutionen (NKWD, NKGB, MGB, MVD) dauerhaft ihren Einfluss auf die Staatssicherheitsdienste in den meisten dieser Länder. Ihre Aufgabe bestand darin, die Herrschaft der prosowjetischen kommunistischen Parteien durchzusetzen und auf Dauer zu erhalten sowie politische Gegner zu bekämpfen.[4]

Bis zur Mitte der 1950er-Jahre dominierten bilaterale Beziehungen die Verbindungen zwischen dem KGB und den Staatssicherheitsdiensten der übrigen Ostblockstaaten. Das änderte sich mit der ersten multilateralen Geheimdienstkonferenz, die vom 5. bis 7. März 1955 in Moskau stattfand. Daran nahmen die Innenminister oder Geheimdienstchefs aller Staaten des späteren Warschauer Pakts teil, auch die Vertreter Albaniens und der DDR. Dort steckte der KGB den Rahmen für die künftige Zusammenarbeit der Staatssicherheitsdienste untereinander ab und benannte die gemeinsamen Ziele und die verschiedenen Felder

2 Grothusen: Die politische Entwicklung, S. 115.

3 Die meisten Länder, die 1955 dem Warschauer Pakt beitraten, waren bereits durch ein Geflecht bilateraler Freundschafts- und Beistandsverträge miteinander verbunden, die sie in den Jahren 1945 bis 1949 abschlossen. Die DDR unterzeichnete hingegen erst ab 1964 derartige bilaterale Verträge mit anderen sozialistischen Ländern. Albanien hatte lediglich mit Bulgarien am 16.12.1947 einen „Vertrag über Freundschaft, Zusammenarbeit und gegenseitigen Beistand“ abgeschlossen; vgl. Südosteuropa-Handbuch, Band VII: Albanien, S. 767. Vgl. auch die umfassende Dokumentation dieser frühen Verträge in Meissner, Boris: Das Ostpakt-System. Dokumentensammlung. Frankfurt/M., Berlin [West] 1955.

4 Umfassend hierzu Kamiński, Łukasz; Persak, Krzysztof; Gieseke, Jens (Hg.): Handbuch der kommunistischen Geheimdienste in Osteuropa 1944–1991. Göttingen 2009.

der Kooperation.[5] In Folge dieser Konferenz schloss die DDR-Staatssicherheit schriftlich Kooperationsvereinbarungen mit den Staatssicherheitsdiensten Polens (Juni 1955), der Tschechoslowakei (Juli 1955) sowie mündlich mit der rumänischen Securitate (Oktober 1955).[6]

Inhaltlich ging es in den damaligen Kooperationsvereinbarungen jeweils darum, sich gegenseitig im „Kampf gegen feindliche Zentren in Westberlin und Westdeutschland" zu unterstützen. Dies zielte gegen die westlichen Geheimdienste und gegen die Emigrantenverbände aus den ostmittel- und südosteuropäischen Ländern, die sich in der Bundesrepublik Deutschland organisiert hatten, oft mit westalliierter Hilfe. Im Rahmen ihrer Kooperation wollten die östlichen Staatssicherheitsdienste ihr Wissen über westliche Geheimdienste und Emigrantenverbände teilen sowie sich darin unterstützen, inoffizielle Mitarbeiter bzw. Agenten anzuwerben, zu nutzen und in „feindliche" Institutionen einzuschleusen. Ferner sicherten sie sich gegenseitig zu, ihre Erfahrungen im technischen Bereich („operative Technik") auszutauschen.[7] Diese Inhalte waren im Wesentlichen identisch mit den Aufgaben und Zielen, auf die sich die Staatssicherheitsdienste auf ihrer Moskauer Konferenz im März 1955 geeinigt hatten.

---

5 Die Moskauer Geheimdienstkonferenz vom März 1955 ist in den bulgarischen Staatssicherheitsakten gut dokumentiert; darüber schreibt in deutscher Sprache erstmals ausführlich Nehring, Christopher: Die Zusammenarbeit der DDR-Auslandsaufklärung mit der Aufklärung der Volksrepublik Bulgarien. Regionalfilialen des KGB? Diss. phil., Heidelberg o.J. [2016], S. 48 f (online publiziert: http://archiv.ub.uni-heidelberg.de/volltextserver/21918/). Im Archiv des MfS ist die Moskauer Konferenz nur bruchstückhaft dokumentiert, und zwar im „Protokoll der Dienstbesprechung vom 22. März 1955"; BStU, MfS, SdM 1921, Bl. 104–111. Dieses Protokoll gibt einen zusammenfassenden Bericht von Stasi-Chef Ernst Wollweber über die Moskauer Konferenz und einige dort gefasste Beschlüsse wieder. Ich danke meinem Kollegen Roger Engelmann für seinen Hinweis auf dieses Dokument.

6 Herbstritt, Georg: Entzweite Freunde. Rumänien, die Securitate und die DDR-Staatssicherheit 1950 bis 1989. Göttingen 2016, S. 33–35. Über ähnliche Vereinbarungen mit Ungarn und Bulgarien ist derzeit nichts bekannt.

7 Siehe hierzu die Protokolle über die Zusammenarbeit der DDR-Staatssicherheit mit ihren Pendants aus Polen (22.6.1955), IPN BU 1583/161, Bl. 1–10, und der Tschechoslowakei (7.7.1955), BStU, MfS, Abt. X, Nr. 1861, Bl. 1–8. Ich danke Christian Domnitz (+), der mir das ostdeutsch-polnische Protokoll zugänglich gemacht hat. Vgl. auch den Bericht der Securitate über die Beziehungen zum MfS vom 27.7.1973; ACNSAS, fonddocumentar, D 13362, vol. 7, Bl. 54–61, in deutscher Übersetzung vorhanden in Herbstritt: Entzweite Freunde, S. 520–527, hier 520.

3. Die Sigurimi in Ostberlin

In welcher Weise sich der albanische Staatssicherheitsdienst Sigurimi[8] und die DDR-Staatssicherheit damals über eine Zusammenarbeit verständigten, ist in den MfS-Unterlagen nicht überliefert. Weder ist bislang eine schriftliche Kooperationsvereinbarung bekannt, noch gibt es eindeutige Belege für eine mündliche Grundsatzvereinbarung. Im November 1955 fand jedoch ein Treffen des albanischen Innenministers Kadri Hazbiu mit der Führung der DDR-Staatssicherheit statt.[9] Wahrscheinlich verständigte man sich damals über den Rahmen der zukünftigen Zusammenarbeit. Für diese Annahme spricht auch die Tatsache, dass das MfS ab 1956 mit der Sigurimi auf gleiche Weise kooperierte wie mit den Staatssicherheitsdiensten anderer Ostblockstaaten. Stets richtete sich die Zusammenarbeit vor allem gegen Flüchtlinge und Emigranten aus den jeweiligen Ländern, die nun in der Bundesrepublik lebten.

Das Ministerium für Staatssicherheit war für die anderen östlichen Sicherheitsdienste damals ein begehrter Kooperationspartner. Denn bis zum Mauerbau am 13. August 1961 bot das geteilte Berlin für sie ideale Voraussetzungen. Die östlichen Sicherheitsdienste richteten in der jeweiligen Botschaft ihres Landes

8 Sigurimi (albanisch: Sicherheit) wird in diesem Beitrag als Kurzform für den albanischen Staatssicherheitsdienst gebraucht; in den MfS-Akten kommt er nicht vor. Formal bildete die Sigurimi die Hauptverwaltung für nationale (oder: staatliche) Sicherheit innerhalb des albanischen Innenministeriums. Die Begriffe „Staatssicherheit" und „Staatssicherheitsdienst" werden als Bezeichnung für kommunistische Geheimdienste verwendet, wobei der Begriff den repressiven Charakter dieser Institutionen betont. Verwendet wird aber auch der neutralere Begriff „Geheimdienst".

9 Kadri Hazbiu (1922–1983) war von 1954–1980 Innenminister Albaniens. Ihm unterstand auch die Sigurimi. Aus einer MfS-internen Liste von Gastgeschenken geht hervor, dass der albanische [Innen-]Minister und der Leiter der Sigurimi-Operativgruppe in Ostberlin, Saraci, am 12.11.1955 Gastgeschenke vom MfS erhielten. Hazbiu bekam einen Praktina-Fotoapparat (damals eine hervorragende und innovative Spiegelreflexkamera), ein Fernglas und 800 Patronen, Saraci einen Contax-Fotoapparat; beide Fotoapparate waren hochwertige DDR-Produkte. Da die Gastgeschenke üblicherweise im Rahmen eines persönlichen Treffens ausgetauscht wurden, ist davon auszugehen, dass es damals eine Begegnung zwischen Hazbiu und der Führung der DDR-Staatssicherheit gab; BStU, MfS, Abt. X, Nr. 1501, Bl. 281. Im Falle der rumänischen Securitate deutet die MfS-interne Liste von Gastgeschenken auf eine Begegnung der Leiter von DDR-Staatssicherheit und Securitate im Oktober 1955; eine ausdrückliche Bestätigung dieses Hinweises findet sich in den Securitate-Akten, aus denen zudem hervorgeht, dass im Oktober 1955 eine mündliche Vereinbarung über die künftige Zusammenarbeit getroffen wurde; vgl. Herbstritt: Entzweite Freunde, S. 33–35.

in Ostberlin einen Stützpunkt bzw. eine Residentur ein. Mitarbeiter des jeweiligen Sicherheitsdienstes waren dort als Diplomaten getarnt und führten unter diplomatischem Deckmantel geheimdienstliche Operationen in Westberlin und Westdeutschland durch. In Ostberlin verfügten sie über eine sichere Basis und konnten aufgrund der offenen Grenze in Berlin problemlos zwischen Ost und West wechseln. Das MfS als deutscher Geheimdienst kannte sich mit den Verhältnissen in der Bundesrepublik am besten aus und leistete seinen Verbündeten auf Anfrage praktische und logistische Unterstützung. Zu bedenken ist an dieser Stelle, dass die Bundesrepublik damals keine diplomatischen Beziehungen zu den sozialistischen Ländern (mit Ausnahme der Sowjetunion) unterhielt. Diese Länder konnten daher keine diplomatischen Vertretungen in der Bundesrepublik eröffnen und hatten somit auch keine Möglichkeit, unter diplomatischem Schutz einen Spionagestützpunkt in der Bundesrepublik einzurichten. Einige Ostblockstaaten unterhielten seit den 1950er-Jahren in Frankfurt am Main, also in der Bundesrepublik, eine Handelsvertretung, die aber keinen diplomatischen Status hatte. Diese Handelsvertretungen wurden von der Ostberliner Residentur des jeweiligen Staatssicherheitsdienstes gleichwohl als geheimdienstlicher Außenposten genutzt.[10]

Diese Entwicklung blieb der westlichen Spionageabwehr nicht verborgen. Im April 1960 ließ die Bundesregierung eine ausführliche Dokumentation veröffentlichen, in der sie beschrieb, wie die DDR und ihre östlichen Verbündeten von Ostberlin aus die Bundesrepublik zu unterwandern und auszukundschaften versuchten. Der „sowjetische Sektor Berlins", wie Ostberlin im westlichen Sprachgebrauch auch genannt wurde, hatte sich nach den Erkenntnissen der Bundesregierung in den 1950er-Jahren zu einer der „größten Agentenzentralen der Welt" entwickelt.[11] Diese Dokumentation erweist sich auch heute noch als eine recht verlässliche Darstellung, doch sie weist auch einige Lücken auf. Zu den gravierenden Lücken gehört, dass den bundesdeutschen Geheimdiensten die Präsenz der albanischen Sigurimi in Ostberlin offenbar nicht bekannt war. Denn die Dokumentation beginnt eines ihrer Kapitel mit der einleitenden Feststellung, dass neben den Geheimdiensten der Sowjetunion und der DDR „auch

---

10 Herbstritt: Entzweite Freunde, S. 26–33.

11 Ost-Berlin. Agitations- und Zersetzungszentrale für den Angriff gegen den Bestand und die verfassungsmäßige Ordnung der Bundesrepublik Deutschland und Operationsbasis der östlichen Spionagedienste. Bonn 1960, S. 32. Die Broschüre nennt keinen Herausgeber oder Verfasser. Sie wurde vom Bundesamt für Verfassungsschutz erstellt und stützt sich zu einem wesentlichen Teil auf die Aussagen von Überläufern und von östlichen Agenten, die in der Bundesrepublik verhaftet wurden.

die Geheimdienste der Satellitenstaaten (mit Ausnahme Albaniens) über Leitstellen und Stützpunkte in Ost-Berlin" verfügten.[12] Anhand der Stasi-Akten, die heute der Forschung zur Verfügung stehen, lässt sich nachweisen, dass auch die Sigurimi in der zweiten Hälfte der 1950er-Jahre über einen Stützpunkt in Ostberlin verfügte und von dort aus mit Hilfe des MfS in die Bundesrepublik hineinwirkte. Anders als es die bundesdeutschen Behörden 1960 darstellten, bildete Albanien damals keine Ausnahme.

Es ist anzunehmen, dass die Sigurimi ihren Stützpunkt bzw. ihre Residentur in der diplomatischen Vertretung Albaniens in Ostberlin etablierte und damit analog zu den anderen sozialistischen Geheimdiensten handelte. Albanien und die DDR hatten sich bereits im Dezember 1949 diplomatisch anerkannt, doch erst 1952 wurde im jeweils anderen Land erstmals eine diplomatische Mission eröffnet. Der erste Gesandte Albaniens in der DDR, Halim Budo, trat sein Amt im Februar 1952 an. Die diplomatische Mission Albaniens in Ostberlin wurde im November 1953 in eine Gesandtschaft und im September 1955 in eine Botschaft umgewandelt, was sie bis Ende 1961 blieb.[13] Ihren Sitz hatte die diplomatische Vertretung Albaniens bis Ende der 1960er-Jahre im Ostberliner Bezirk Karlshorst, und zwar zunächst in der Treskowallee 77, danach in der nahegelegenen Godesberger Straße 1.[14]

12 Ebenda, S. 45.

13 Einen knappen Abriss der staatlichen Beziehungen zwischen Albanien und der DDR bietet der letzte DDR-Botschafter in Tirana, Peter Schubert, in: Bock, Siegfried; Muth, Ingrid; Schwiesau, Hermann (Hg.): Alternative deutsche Außenpolitik? DDR-Außenpolitik im Rückspiegel (II). Münster 2006, S. 84–88, wobei einige Jahresangaben fehlerhaft sind. Generell untergliedert Schubert die bilateralen Beziehungen in drei Etappen 1949–61, 1961–88, 1988–90. Zur Entwicklung der diplomatischen Beziehungen vgl. auch entsprechende Meldungen im Neuen Deutschland vom 5.2.1952, S. 1: „Albanischer Gesandter in Berlin", vom 14.11.1953, S. 3: „Präsident Pieck empfing den Außerordentlichen Gesandten und Bevollmächtigten Minister Ulvi Lulo", vom 1.10.1955, S. 5: „Botschafter [Gaqo] Paze bei Präsident Pieck" und vom 19.12.1961, S. 1: „Außenministerium zu den Beziehungen DDR – Albanien".

14 Die Ostberliner Telefonbücher, die nicht jährlich erschienen, geben folgende Anschriften der albanischen Gesandtschaft bzw. Botschaft an: 1955: Treskowallee 77; 1959–1967: Godesberger Straße 1; 1969–1981: Puschkinallee 49 (Bezirk Treptow); 1984–1991: Florastraße 94 (Bezirk Pankow).

4. Kooperationspartner: Sigurimi und DDR-Staatssicherheit 1955 bis 1961

Die „Balkan-Akte" des MfS

Die Zusammenarbeit zwischen MfS und Sigurimi in den Jahren 1955 bis 1961 ist in den MfS-Unterlagen am gründlichsten in der länderübergreifenden Akte mit dem Decknamen „Balkan" dokumentiert. Dieser „Objektvorgang Balkan" des MfS umfasst 19 Bände und zeigt, wie das MfS seit Mitte der 1950er-Jahre mit den Geheimdiensten Ungarns, Rumäniens, Bulgariens und Albaniens zusammenarbeitete, um Emigranten aus diesen Ländern, die nun in der Bundesrepublik lebten, zu überwachen, zu verfolgen und zu bekämpfen. Die Emigranten sollten als politischer Faktor ausgeschaltet werden, denn sie stellten die Herrschaft der neuen, kommunistischen Machthaber offen infrage und wurden daher als Bedrohung wahrgenommen.

Die „Balkan-Akte" enthält einige Berichte über Besprechungen des MfS mit den Geheimdiensten dieser Länder, Hinweise auf inoffizielle Mitarbeiter und Belege für konkrete Aktionen gegen einzelne Personen.[15] Innerhalb des MfS war hierfür die Hauptabteilung II/5 zuständig. Ihr Aufgabengebiet bestand seit Juni 1956 darin, „feindliche Emigrantenorganisationen, die das Gebiet der UdSSR

15 Der Objektvorgang „Balkan" trägt die Signatur BStU, MfS, AOP 4288/65. Er wurde zwar erst 1960 angelegt, doch wurden darin zahlreiche Unterlagen zusammengeführt, die im Rahmen der Kooperation mit den kommunistischen Geheimdiensten Albaniens, Bulgariens, Rumäniens und Ungarns bei der Bekämpfung von Emigranten seit Mitte der 1950er Jahre entstanden waren. Über „albanische Emigrantenorganisationen [in] Westdeutschland" hatte die Hauptabteilung (HA) II/5 des MfS am 26.9.1958 eine eigene Akte („Objektvorgang") angelegt, die 1960 in die Balkan-Akte einfloss. Der Objektvorgang vom 26.9.1958 hatte den Zweck, „die albanischen Emigranten in Westdeutschland besser bearbeiten zu können", wie die federführende HA II/5 am 27.9.1958 zur Begründung schrieb; BStU, MfS, AOP 4288/65, Bd. 1, Bl. 8. Der Wortlaut dieser Begründung deutet an, dass die albanische Emigration auch vor 1958 schon bearbeitet wurde, nur soll die Bearbeitung ab jetzt „besser" werden. Tatsächlich reicht diese Akte bis 1956 zurück. Vergleichbare Akten hatte das MfS im Juli 1955 bereits über bulgarische, im April 1956 über ungarische und im Januar 1957 über rumänische Emigrantenverbände angelegt; hinzu kam im Februar 1956 ein Objektvorgang über „Radio Free Europe" in München; auch diese Vorgänge gingen 1960 in die Balkan-Akte ein, vgl. BStU, MfS, AOP 4288/65, Bd. 1, Bl. 4–13. Einen Objektvorgang mit ähnlicher Aufgabenstellung, jedoch auf Polen und die Tschechoslowakei bezogen, führte die HA II/5 des MfS damals unter der Deckbezeichnung „Neiße", siehe BStU, MfS, AOP 452/60.

und Volksdemokratien betreffen“ sowie den „Sender ‚Freies Europa‘ in Westdeutschland“ zu bearbeiten und die Grenze der DDR zu Polen und der Tschechoslowakei geheimdienstlich zu überwachen.[16] Somit existierte im MfS damals ein eigenes Referat, das sich mit Emigranten aus den sozialistischen Ländern befasste. Das ist insofern bemerkenswert, weil die DDR mit diesem Personenkreis eigentlich nichts zu tun hatte. Denn es ging um Menschen, die aus Albanien oder anderen ostmittel- und südosteuropäischen Ländern stammten und die nun in der Bundesrepublik lebten. Die DDR spielte für diesen Personenkreis kaum eine Rolle.

Im März 1965 fertigte ein Mitarbeiter der MfS-Hauptabteilung II/5, Oberfeldwebel Horst Löschinger, den Abschlussbericht zum Objektvorgang „Balkan“ an. Darin vermerkte er, dass von den „befreundeten Sicherheitsorganen“ seit 1962 keine Informationen mehr über Emigranten oder Emigrantenorganisationen übergeben wurden und der Vorgang daher „keine Perspektive“ mehr habe.[17] Die Thematik hatte bis Mitte der 1960er-Jahre offenbar an Brisanz verloren, woran die Geheimdienste mit ihren aktiven Maßnahmen allerdings ihren Anteil hatten.

Wenn in dem vorliegenden Beitrag von „Emigranten“ geschrieben wird, so umfasst dieser Begriff mehrere, verschiedenartige Kategorien von „Auswanderern“, denn es gab sehr verschiedene Motive für Flüchtlinge, Exilanten und andere, ihre angestammte Heimat in Albanien zu verlassen beziehungsweise nicht dorthin zurückzukehren. Aus der Perspektive des MfS handelte es sich hingegen bei den Emigranten, sofern sie sich zu Gruppen zusammenschlossen, grundsätzlich um „konterrevolutionäre“ und „volksfeindliche“ Vereinigungen, die das gemeinsame Ziel verfolgten, die „kapitalistische Gesellschaftsordnung in ihren Heimatländern [wieder herzustellen]“.[18]

Die Sigurimi-Operativgruppe in Ostberlin

Die albanische Geheimdienst-Residentur in Ostberlin findet im November 1955 erstmals Erwähnung in den Akten des MfS. Damals schenkte die

---

16 MfS, Stellvertreter des Ministers [Beater], 16.6.1956: Schreiben an den Leiter der Bezirksverwaltung Gera betr. Strukturveränderung in der Hauptabteilung II und in den Abteilungen II der Bezirksverwaltungen; BStU, MfS, BdL/Dok 3818, unpaginiert. Zuvor lagen die Zuständigkeiten bei der HA II/6, ehe sie an die HA II/5 übergingen. Ich danke Roland Wiedmann, der mich auf dieses Schreiben hinwies.

17 BStU, MfS, AOP 4288/65, Bd. 1, Bl. 21.

18 Wörterbuch für die politisch-operative Arbeit, hg. von der Juristischen Hochschule des MfS, Potsdam 1969, JHS GVS 160 – 300/69, K 465, Stichwort „Emigrantenorganisationen, konterrevolutionäre“.

DDR-Staatssicherheit dem Leiter der Operativgruppe, Saraci, einen Contax-Fotoapparat, und titulierte ihn als „Ltr. der Gruppe".[19] Deutlicher ist ein MfS-Dokument von September 1956. Damals ersuchte die Operativgruppe das MfS um Hilfe, um den geflüchteten albanischen Fußballspieler Kemal Vogli aus dem Westen nach Ostberlin zurückzuholen. In den MfS-Akten ist in diesem Zusammenhang von der „albanischen Operativgruppe" die Rede.[20] Im Jahr darauf wird die albanische Geheimdienst-Residentur vom MfS auch als die „Berliner Gruppe" der „albanischen Genossen" bezeichnet.[21] Diese Begrifflichkeiten verwendete das MfS damals auch für die Residenturen anderer befreundeter Geheimdienste in Ostberlin. Ein wichtiges Merkmal dieser Residenturen bestand darin, dass sie mit dem Wissen und der (stillschweigenden) Zustimmung der DDR-Behörden etabliert wurden. Darin unterschieden sie sich grundsätzlich von den diplomatischen Vertretungen der Ostblockstaaten in Westeuropa, die zwar ebenfalls mit Geheimdienstpersonal durchsetzt waren, aber selbstverständlich ohne Einwilligung der westlichen Gastländer. Die Residenturen bzw. Operativgruppen verfügten innerhalb der DDR über einen gewissen Handlungsspielraum; beispielsweise konnten sie in Ostberlin geheime Treffs mit ihren im Westen eingesetzten Agenten durchführen. Sie fungierten auch als Verbindungsstelle ihrer jeweiligen Geheimdienstzentrale zum MfS.

Da die Korrespondenz zwischen den östlichen Geheimdiensten damals häufig auf Russisch stattfand, findet sich in den MfS-Akten auch die Schreibweise „Saratschi" für den Leiter der Operativgruppe, was eine Rückübertragung der kyrillischen Form „Сарачи" darstellte.[22]

19 MfS, Abt. X: Geschenkelisten; BStU, MfS, Abt. X, Nr. 1501, Bl. 281.

20 [MfS,] Abt. X, 28.9.1956: Sachstandsbericht. Betr.: Voigli[!], Kemal [...]; BStU, MfS, AOP 4288/65, TV 2, Bd. 2, Bl. 158. Zur Flucht Voglis siehe weiter unten.

21 [MfS, Abt. X,] 9.4.1957: Betr.: Informatorische Mitteilung der albanischen Genossen; BStU, MfS, AOP 4288/65, TV 3, Bd. 1b, Bl. 23.

22 Die Schreibweise „Saraci" findet sich in: ebenda. Die Form „Saratschi" wird verwendet in BStU, MfS, AOP 4288/65, TV 2, Bd. 2, Bl. 158 (wie Anm. 20) und Bl. 261; Bl. 262 ist ein handgeschriebener Brief Saracis in russischer Sprache an den Leiter der MfS-Hauptabteilung II, Josef Kiefel, der unterzeichnet war mit „Сарачи, АлбанскиТоварищ" (Saratschi, Albanischer Genosse). Saraci wird lediglich in den in dieser Fußnote genannten Dokumenten und in der Geschenkeliste (Anm. 19) namentlich erwähnt. Diese Dokumente belegen seine Zugehörigkeit zur Sigurimi-Operativgruppe in Ostberlin in der Zeit von November 1955 bis April 1957. Wie lange er die Operativgruppe insgesamt leitete, geht aus den MfS-Akten nicht hervor.

Wie viele Mitarbeiter der Sigurimi-Operativgruppe angehörten, geben die MfS-Akten nicht preis. Saraci ist der einzige Angehörige der Sigurimi-Operativgruppe, der namentlich in den MfS-Akten erwähnt wird. Von der Operativgruppe der rumänischen Securitate in Ostberlin ist bekannt, dass sie Mitte der 1950er-Jahre aus drei operativen Mitarbeitern, einem Fahrer und einem Funker bestand.[23] Es ist anzunehmen, dass die Sigurimi-Operativgruppe eine ähnliche Größe aufwies.

Ziele und Formen der geheimdienstlichen Zusammenarbeit

Vermutlich hatte sich die Sigurimi schon deutlich vor dem Spätherbst 1955 in der diplomatischen Vertretung Albaniens in Ostberlin etabliert, wie dies nachweislich beispielsweise auch die Securitate getan hat.[24] Doch eine geregelte Zusammenarbeit mit der DDR-Staatssicherheit setzte erst Mitte der 1950er-Jahre ein. Dafür gab es zwei wichtige Impulse: der erste war die bereits erwähnte multilaterale Geheimdienstkonferenz im März 1955 in Moskau, der zweite war der antikommunistische Aufstand in Ungarn, der am 23. Oktober 1956 begann und den die sowjetische Armee im November 1956 blutig niederschlug.

Die kommunistischen Geheimdienste machten – zu Unrecht – die Emigrantenverbände maßgeblich für den Ausbruch des Ungarnaufstandes verantwortlich und verstärkten deshalb seit Herbst 1956 ihre Arbeit gegen sie. In einem MfS-internen Papier von April 1957 hieß es dazu: „Der konterrevolutionäre Putsch in Ungarn hat gezeigt, dass es unbedingt notwendig ist, den Emigrantenorganisationen, die sich meist wie andere Organisationen als ‚biedere Vereine' tarnen, noch mehr Aufmerksamkeit zu widmen als bisher." Im MfS ging man damals davon aus, dass weitere Aufstände vorbereitet würden. In dem eben zitierten Papier wurde die Bekämpfung der Emigrantenverbände deshalb als vorbeugende Maßnahme interpretiert; es gehe darum, dass „alle Versuche des Gegners, weitere Putschversuche im soz.[ialistischen] Lager zu versuchen, bereits im Keime erstickt" werden.[25] Das MfS leitete aus den Ereignissen des

23 Herbstritt: Entzweite Freunde, S. 33.

24 Anhand von Securitate-Akten lässt sich die Präsenz von Securitate-Offizieren in Ostberlin ab 1950 belegen; ebenda, S. 25. Der erste Leiter der diplomatischen Mission Rumäniens in der DDR, Mircea Bălănescu, nahm im März 1950 seine de-facto Botschaftertätigkeit in Ostberlin auf. Albanien folgte erst zwei Jahre später und eröffnete im Februar 1952 eine diplomatische Mission in Ostberlin; vgl. hierzu Anm. 13.

25 [MfS: Auskunftsbericht, ca. 26.4.1957:] Ungarische Emigration; BStU, MfS, AOP 4288/65, TV 1, Bd. 1, Bl. 11–21, Zitat auf Bl. 21.

Jahres 1956 ausdrücklich die Notwendigkeit ab, mit den anderen kommunistischen Geheimdiensten enger zusammenzuarbeiten.[26] Unruhen und Aufstände in einem sozialistischen Land wurden als Bedrohung für die Staatsführungen aller sozialistischen Länder begriffen.

Aus dieser Perspektive war es für das MfS konsequent, auch den albanischen Staatssicherheitsdienst in dessen Kampf gegen westliche Emigranten zu unterstützen. Auch wenn Albanien das kleinste unter den verbündeten Ländern war und die albanische Emigrantenszene im Westen sehr viel überschaubarer war als diejenigen aus Ungarn oder Rumänien, so ging es dem MfS hier doch um das grundsätzliche Ziel, das sozialistische Lager insgesamt zu stärken und gegen mögliche Angriffe oder Einflüsse aus dem Westen zu schützen.

Die Zusammenarbeit zwischen MfS und Sigurimi fand auf mehreren Ebenen statt. Dazu gehörte die Lieferung technischer Geräte an die Sigurimi. Ferner zählte dazu ein allgemeiner Informationsaustausch. So übersandte die Sigurimi dem MfS Spionageinformationen, die teils internationale Aspekte betrafen, teils von der albanischen Emigration in der Bundesrepublik handelten. Außerdem beinhaltete die Zusammenarbeit, dass sich die Sigurimi mit der Bitte an das MfS wandte, namentlich benannte albanische Emigranten in Westdeutschland zu observieren und die hierbei gewonnenen Erkenntnisse an die Sigurimi zu übermitteln. In Einzelfällen unterstützte das MfS die albanischen Kollegen dabei, direkt gegen eine Person vorzugehen. Kommunikation und Absprachen zwischen den beiden Staatssicherheitsdiensten liefen zumindest teilweise über die Sigurimi-Operativgruppe in Ostberlin.

Nicht zuletzt basierte die Effizienz der Zusammenarbeit auf persönlichen Faktoren. Auch darauf achteten beide Seiten. Hierzu trugen wertvolle Gastgeschenke bei, wie weiter oben bereits erwähnt. Aber das MfS kümmerte sich beispielsweise auch darum, dass drei beinamputierte Sigurimi-Mitarbeiter in der DDR Prothesen angefertigt bekamen und zu diesem Zweck im Frühjahr 1958 für knapp zwei Monate in die DDR kommen konnten. Für die erkrankte Ehefrau eines Sigurimi-Mitarbeiters schickte das MfS im Sommer 1958 Medikamente nach Albanien. Andererseits verbrachten zwei Stellvertreter des Ministers für

26 MfS, vermutlich Hauptabteilung II/5: Lektion: Der Kampf des Ministeriums für Staatssicherheit gegen die imperialistischen Geheimdienste, die sich mit dem Aufbau von Kanälen und Einschleusen von Agenten nach den Volksdemokratien befassen, undatiert [1957]; BStU, MfS, AOP 452/60, Bd. I/1, Bl. 112.

Staatssicherheit, Otto Last und Otto Walter, jeweils zusammen mit ihren Familien, ihren gut zweiwöchigen Sommerurlaub 1957 in Albanien.[27]

Das MfS stattet die Sigurimi mit technischen Geräten aus und soll beim Fälschen von Pässen helfen

Albanien erhielt von seinen jeweiligen Verbündeten spürbare wirtschaftliche Unterstützung, zunächst von Jugoslawien, danach von den Ländern des sowjetischen Machtbereichs, und schließlich von China.[28] Was für die albanische Volkswirtschaft im allgemeinen galt, galt auch für die Sigurimi. Zur „Unterstützung der albanischen Genossen" schickte das MfS in den Jahren 1957 und 1958 technische Geräte, Ausrüstungen und Materialien im Wert von rund 142.000 DDR-Mark an den verbündeten Staatssicherheitsdienst an der Adria. Das war damals ein beachtlich hoher Geldbetrag. Für die Funkabwehr und -aufklärung der Sigurimi wurden stationäre und fahrbare UKW-Anlagen geliefert, außerdem Sende- und Empfänger-Geräte, dazu Kopfhörer, Gummileitungen, Isolierband, 30 Kilo Stahlnägel, 17.500 Rohrschellen, rund zehn Kilometer Erdleitungsdraht aus Kupfer für Übertragungen („YG-Draht") und anderes mehr. Für geheime Abhörmaßnahmen dienten außerdem 59 Mikrofone sowie mehrere Tonbandgeräte und Tonbänder. Eine weitere Lieferung bestand aus einer Laboreinrichtung, mit der Briefe daraufhin untersucht werden konnten, ob sie mit Geheimschrift aufgebrachte, unsichtbare Nachrichten enthielten. Ebenso stattete das MfS die albanischen Genossen mit einem kompletten Labor für „operative Fotografie" aus, ferner mit einer Einrichtung, mit der man auf foto-chemischer Basis Fälschungen erkennen konnte.[29] Der Minister für Staatssicherheit Erich Mielke schickte Anfang 1958 außerdem fünf Spezialisten des MfS für einen Monat nach Tirana, die die gelieferten Geräte dort aufbauten und ihre Sigurimi-Kollegen

---

27 Schreiben Mielkes (ohne Adressaten) vom 1.8.1957; Schreiben Mielkes an Hazbiu, 14.1.1958; MfS, Abt. O, 20.8.1958: Schreiben an die MfS-Abt. X nebst Anlage; BStU, MfS, Abt. X, Nr. 2656, Bl. 28, 33, 37 f.

28 Grothusen: Die politische Entwicklung, S. 106, 115, 121–123, 128; Grothusen führt beispielsweise an, dass 1949 der albanische Staatshaushalt zu 37 Prozent von den anderen RGW-Ländern finanziert wurde; ebenda, S. 115.

29 Siehe die von den MfS-Abteilungen „K" (Operativ-Technische Mittel) und „Nachrichtenverbindungen und Waffen" am 13.12.1957 angefertigten Listen der Geräte und Materialien, die an „das Ministerium des Innern, Hauptverwaltung für Nationale Sicherheit der Volksrepublik Albanien" übergeben wurden; BStU, MfS, Abt. X, 1978, Bl. 89–94.

schulten.[30] Das MfS trug demnach maßgeblich dazu bei, die Sigurimi zu einer technisch modernen Geheimpolizei aufzurüsten. Der albanische Innenminister Kadri Hazbiu schätzte diese geheimdienstliche Aufbauhilfe und dankte in zwei Briefen an Erich Mielke ausdrücklich für die geleistete Unterstützung der ostdeutschen Partner. Das MfS habe es mit seiner „wertvollen Hilfe" ermöglicht, dass die Sigurimi eine Abteilung für operative Technik habe einrichten können, bedankte sich Hazbiu bei Mielke, und fuhr fort: „Die[se] Materialien [...] gaben uns die Möglichkeit, [...] gute Resultate bei der Aufklärung und Entlarvung der Feinde der VR Albanien zu erreichen."[31] Erich Mielke behielt diesen Dank nicht für sich, sondern gab ihn weiter: Er informierte die Führungsspitze des MfS auf ihrer Kollegiumssitzung am 19./20. Februar 1958 über die beiden Dankschreiben Hazbius.[32] Ein Jahr später trafen sich Hazbius Stellvertreter Mihallaq Ziçishti und der Leiter des Funkabwehrdienstes der Sigurimi mit Kollegen des MfS; hierbei dürfte es auch um Absprachen auf dem Gebiet der nachrichtendienstlichen Technik gegangen sein.[33]

Solange die Sigurimi nicht selbst über bestimmte nachrichtendienstliche Technik verfügte, erbat sie entsprechende Unterstützung von ihren Verbündeten. So ging es in einem Gespräch von Sigurimi-Vertretern mit Erich Mielke im Juni 1956 um die Frage, ob das MfS in der Lage sei, Reisepässe und andere Dokumente aus Italien, Griechenland und der Türkei zu „vervielfältigen", sprich: Totalfälschungen herzustellen. Die Sigurimi-Vertreter erklärten sich bereit, bei Bedarf entsprechende Originaldokumente als Vorlagen zu beschaffen.[34] Die überlieferten

---

30 Schreiben Mielkes an Hazbiu vom 28.1.1958 sowie Antwortschreiben Hazbius an Mielke vom 7.2.1958; ebenda, Bl. 95 f.

31 Schreiben Hazbius an Mielke vom 7.2.1958; ebenda, Bl. 96.

32 Protokoll der Kollegiumssitzung am 19./20.2.1958; BStU, MfS, SdM 1900, Bl. 18.

33 Aus einer MfS-internen Liste von Gastgeschenken geht hervor, dass der stellvertretende albanische Innenminister Mihallaq Ziçishti, der Leiter des Funkabwehrdienstes (FAD) der Sigurimi und ein weiterer Mitarbeiter am 9.3.1959 Geschenke vom MfS erhielten. Die Namen sind fehlerhaft geschrieben: Ziçishti wurde in der MfS-Geschenkeliste als „Sitschischti" geführt, der Name des Leiters des FAD wurde „Tschepani" geschrieben, der dritte und rangniedrigste Mitarbeiter wurde „Boidani" geschrieben; BStU, MfS, Abt. X, Nr. 1501, Bl. 281. Die Eintragung in der Liste der Gastgeschenke belegt, dass es damals ein Treffen dieser drei Personen mit dem MfS gegeben hat. Die MfS-Gesprächspartner werden nicht genannt; üblicherweise hatten sie aber gleichrangige Funktionen wie ihre Gäste. Die Anwesenheit des FAD-Leiters legt nahe, dass Fragen der Funkabwehr und -aufklärung besprochen wurden.

34 Schreiben des Leiters der MfS-Abteilung X (Koordinierung der Kooperation mit verbündeten Geheimdiensten), Willi Damm, an den Leiter der Hauptverwaltung A

Akten sagen nichts darüber aus, ob die Fälscherwerkstätten des MfS schließlich für die Sigurimi tätig geworden sind.

Informationsaustausch

Allgemeine Spionageerkenntnisse

Zu den üblichen Formen geheimdienstlicher Zusammenarbeit zählt der Austausch von Spionageerkenntnissen. Auch MfS und Sigurimi schickten sich gegenseitig Informationsberichte. Ein MfS-internes Verzeichnis der „Informationen aus der VR Albanien" listet für den Zeitraum von 1958 bis Juni 1961 insgesamt 38 Informationen auf, die die Sigurimi dem MfS übermittelte.[35] Es handelte sich vor allem um Erkenntnisse aus der politischen und der militärischen Spionage (16 bzw. 13 Informationen), ferner um Berichte über Aktivitäten der im Westen lebenden Emigranten (7 Informationen) sowie vereinzelt um ökonomische und operativ-technische Fragen (je 1 Information). Einen erkennbaren Schwerpunkt bildeten Informationen über die französische Außenpolitik, also über ein Land, das für Albanien eigentlich nicht an vorderster Stelle stand. Daneben befassten sich – naheliegender Weise – mehrere Informationen mit der Außen- und Militärpolitik Italiens sowie der dortigen albanischen Emigration. Welchen Nutzen das MfS aus diesen Informationen bezog, ist schwer zu sagen. Die vereinzelten Einschätzungen der MfS-Auswerter bezeichneten die Berichte der Albaner als „teilweise brauchbar".[36] Von praktischem Nutzen waren sie offenbar nicht. Der Informationsaustausch hatte jedoch auch einen symbolischen Wert: er war ein konkreter Beleg für praktizierte Kooperation. Wahrscheinlich übergab das MfS seinerseits auch der Sigurimi Spionageinformationen, doch ist dies in den bislang bekannten MfS-Unterlagen nicht dokumentiert. Das MfS-interne Verzeichnis der „Informationen aus der VR Albanien" belegt nebenbei auch die Existenz der Sigurimi-Operativgruppe in Ostberlin. Denn von den 38 verzeichneten Informationen hatte das MfS 35 Informationen aus Tirana erhalten, drei hingegen von der „Bln. Gr." (Berliner Gruppe) der Sigurimi.[37]

Nur die wenigsten Berichte, die in dem hier erwähnten Informationsverzeichnis aufgelistet sind, sind bislang im MfS-Archiv gefunden worden;

(Auslandsspionage) des MfS, Markus Wolf, 9.10.1956, betr.: Pässe und andere Dokumente aus Italien, Griechenland und der Türkei; BStU, MfS, Abt. X, Nr. 2656, Bl. 1.

35 BStU, MfS, Abt. X, Nr. 1959, Bl. 1–15.

36 Ebenda, Bl. 12, 14 f.

37 Alle drei Informationen der Sigurimi-Operativgruppe in Ostberlin gingen dem MfS im Jahre 1958 zu; ebenda, Bl. 2–4.

möglicherweise wurden sie irgendwann vernichtet. Der früheste im Archiv erhaltene Informationsbericht der Sigurimi an das MfS datiert von März 1956; er belegt damit, dass das Informationsverzeichnis unvollständig ist, da es nur die Jahre 1958 bis 1961 erfasst.

In dem Bericht von März 1956 ging es um Emigranten, die aus den Ländern des sowjetischen Machtbereichs nach Jugoslawien geflohen waren und von dort nach Italien weiterreisten. Viele von ihnen seien mit den Verhältnissen in den italienischen Aufnahmelagern unzufrieden und wollten in andere westliche Länder gebracht werden. Die italienische Grenzstadt Triest diene als Basis, von wo aus mit Hilfe der „reaktionärsten Emigrantenkreise" Informationen über die sozialistischen Länder gesammelt und Agentennetze in diesen Ländern (einschließlich Jugoslawiens) aufgebaut würden.[38] Italien stand auch im Mittelpunkt der beiden folgenden erhalten gebliebenen Sigurimi-Berichte an das MfS vom Oktober 1956. Darin ging es um die italienische Militär- und Verteidigungspolitik, seine Position in der NATO und Operationen westlicher Geheimdienste gegen die sozialistischen Staaten vom Boden Italiens aus.[39] Im September 1957 informierte die Sigurimi über eine US-amerikanische Aufklärungsgruppe, die in dem Athener Vorort Kifisia Spionage gegen die sozialistischen Länder betreibe und Flüchtlinge aus diesen Ländern vernehme.[40] 1958 erhielt das MfS eine sieben Seiten umfassende Übersicht über Flüchtlingslager und Schulungsobjekte, in denen britische und US-amerikanische Geheimdienste angeblich Emigranten aus Albanien und anderen sozialistischen Ländern zu Agenten ausbilde. Neben einigen Orten in Westdeutschland, die weiter unten noch angeführt werden, wurden Lyon in Frankreich, Triest und Bari in Italien, sowie Athen, London und die Insel Malta unter diesem Aspekt beschrieben.[41] Im April 1958 leitete die Sigurimi dem MfS eine Information über Aktivitäten des Bundesnachrichtendienstes (BND) zu, die dieser von Italien aus gegen Albanien unternehme. Angeblich bediente sich der BND prominenter albanischer Exilpolitiker wie Xhaferr Deva

38 Information, übersetzt am 2.3.1956, den Referatsleitern der HA II im März 1956 zur Kenntnis vorgelegt; BStU, MfS, AOP 4288/65, TV 3, Bd. 1b, Bl. 37–39.

39 [MfS,] Abt. X, 26. bzw. 30.10.1956: Betr.: Informationsaustausch; ebenda, Bl. 25–36.

40 [MfS,] Abt. X, 6.9.1957: Information der albanischen Genossen über eine Aufklärungsgruppe des amerikanischen Geheimdienstes in Athen; ebenda, Bl. 20.

41 Information über einige geheime Objekte des amerikanischen und englischen Geheimdienstes für die Schulung von Agenten, die nach Albanien und andere volksdemokratische Länder eingeschleust werden; BStU, MfS, AOP 4288/65, TV 1, Bd. 4, Bl. 25–31. Das Dokument wurde aus dem Russischen übersetzt; die Datierung auf das Jahr 1958 ergibt sich aus einem Abgleich mit anderen Dokumenten in der „Balkan-Akte".

und Vehbi Frashëri, die in Italien lebten, um „albanische Emigranten zu Diversionsakten heranzuziehen". Frashëri betreibe zur Tarnung die Handelsvertretung „Delco", die Handelsgeschäfte bundesdeutscher Firmen in Italien abwickle.[42] Ob Xhaferr Deva und Vehbi Frashëri tatsächlich BND-Kontakte unterhielten, lässt sich anhand dieser einen Sigurimi-Information nicht feststellen; dafür bedarf es weiterer Dokumente. Beide kollaborierten während der deutschen Besetzung Albaniens mit den Deutschen, und Deva hatte während des Kriegs als V-Mann auch geheime Kontakte zu den Deutschen.[43] In der Sigurimi-Information von April 1958 heißt es ferner, der BND interessiere sich für die Kontakte zwischen der Kommunistischen Partei Italiens (KPI) und der KPD.

Diese sechs Sigurimi-Informationsberichte sind die einzigen, die internationale Aspekte betreffen und die in den bislang gesichteten MfS-Unterlagen erhalten geblieben sind. Sie widerspiegeln die regionalen Schwerpunkte der albanischen Aufklärung. Für das MfS dürfte vor allem jener Bericht von unmittelbarem Belang gewesen sein, der das BND-Interesse an den Kontakten zwischen den kommunistischen Parteien Italiens und (West-)Deutschlands thematisierte, weil die KPD auf's Engste mit der SED verbunden war.[44]

42 Information über die Tätigkeit des westdeutschen Geheimdienstes gegen die Volksrepublik Albanien vom Gebiet Italiens aus. (Nach Angaben aus dem Jahre 1956); BStU, MfS, AOP 4288/65, TV 2, Bd. 2, Bl. 269–272. Die Information wurde dem MfS am 29.4.1958 „von den albanischen Genossen" in russischer Sprache übergeben und vom MfS ins Deutsche übersetzt.

43 XhaferrDeva (1904–1978) war während der deutschen Besetzung unter anderem Innenminister (1943/44) und gilt als einer der führenden Faschisten Albaniens. Vehbi Frashëri, Sohn des früheren albanischen Ministerpräsidenten Mehdi Frashëri, war während der deutschen Besetzung Unterstaatssekretär im albanischen Außenministerium und leitete das Ministerium zeitweilig provisorisch; vgl. Kasmi, Marenglen: Die deutsche Besatzung in Albanien 1943 bis 1944. Potsdam 2013, S. 15 f, 18, 24 f, 36–39. Die Sigurimi-Information von April 1958 erwähnt als wichtigen BND-Vertreter in Rom außerdem den aus Frankreich stammenden Jean Alain Geoffroy D'Escos (fälschlich „Konti Alain Decsanx" geschrieben). Als Resident des BND und seiner Vorläufer fungierte von 1947–1969 Johannes (Giovanni) Gehlen, der Bruder des BND-Chefs Reinhard Gehlen. D'Escos war BND-Agent und arbeitete eng mit Johannes Gehlen zusammen. Zu diesen Personen und allgemein zur damaligen BND-Präsenz in Rom siehe Franceschini, Christoph; Friis, Thomas Wegener; Schmidt-Eenboom, Erich: Spionage unter Freunden. Partnerbeziehungen und Westaufklärung der Organisation Gehlen und des BND. Berlin 2017, S. 52–118.

44 Die westdeutsche KPD wurde von der SED faktisch wie eine Filiale behandelt; siehe hierzu die anschauliche Studie von Mensing, Wilhelm: SED-Hilfe für West-Genossen. Die Arbeit der Abteilung Verkehr beim Zentralkomitee der SED im Spiegel der

Dokumente über die deutsche Besatzung Albaniens 1943/44

Spätestens 1956 begann das MfS damit, in den verbündeten sozialistischen Ländern nach Dokumenten aus der NS-Zeit zu suchen. Es erhoffte sich davon insbesondere, belastende Unterlagen über Personen zu finden, die nun in der Bundesrepublik wichtige Ämter in Politik, Verwaltung, Wirtschaft und anderen Bereichen innehatten. Vor allem in Polen, der Sowjetunion und der Tschechoslowakei waren entsprechende Akten zu erwarten.[45] Doch offenkundig erhielt das MfS frühzeitig auch Unterstützung aus Albanien. Die Sigurimi übergab im Laufe des Jahres 1956 eine Liste mit den Titeln von 341 Dokumenten, die sich in den Archiven des Innenministeriums befanden und sich „auf die Zeit der faschistischen Besetzung Albaniens während der Zeit von 1943–1944 beziehen".[46] Darunter befanden sich viele Schreiben albanischer Politiker, Institutionen und einfacher Bürger an deutsche Dienststellen in Albanien. In der zentralen Auskunftsabteilung, dem faktischen Archiv des MfS, hielt man allerdings nur ein einziges der 341 Dokumente für interessant. Darin ging es um den Beauftragten des Reichsführers SS in Albanien, Josef Fitzthum. Alle anderen Dokumente würden nur albanische Bürger betreffen und seien für das MfS „vollkommen uninteressant", hieß es – sachlich unzutreffend – in einer kurzen MfS-internen Einschätzung.[47]

Überlieferung des Ministeriums für Staatssicherheit der DDR (1946–1976). Hg. BStU. Berlin 2010.

45 Umfassend hierzu siehe Leide, Henry: NS-Verbrecher und Staatssicherheit. Die geheime Vergangenheitspolitik der DDR. Berlin 2005, insbes. S. 181–190.

46 „Aufstellung verschiedener Dokumente, welche sich auf die Zeit der faschistischen Besetzung Albaniens während der Zeit von 1943–1944 beziehen"; BStU, MfS, Abt. X, Nr. 2656, Bl. 4–21. Ganz am Ende der Liste heißt es: „Diese Materialien befinden sich in den Archiven des Innenministeriums." Die Liste gibt keinen weiteren Aufschluss über ihre Herkunft. Ihr ist jedoch ein Begleitschreiben vom 16.10.1956 beigegeben, das vom Leiter der MfS-Abt. X (Koordinierung der Kooperation mit verbündeten Geheimdiensten) an den Leiter der MfS-Abt. XII (Zentrale Auskunft/Speicher – faktisch das Archiv des MfS) gerichtet ist. Aufgrund der Zuständigkeiten der Abt. X, die häufig Schreiben und Dokumente zwischen verbündeten Geheimdiensten und MfS-Fachabteilungen hin und her schickte, liegt die Schlussfolgerung nahe, dass dieses Dokumentenverzeichnis von der Sigurimi stammte.

47 Einschätzung bzw. Vorlage für Oberstleutnant Karoos, 23.10.1956; BStU, MfS, Abt. X, Nr. 2656, Bl. 22. Paul Karoos war Leiter der MfS-Abteilung XII (Zentrale Auskunft/Speicher). Die Liste weist deutlich mehr Schriftstücke aus, die das Handeln der Deutschen in Albanien 1943/44 dokumentieren. Der Beauftragte des Reichsführers SS in Albanien, Josef Fitzthum, war bereits am 10.1.1945 ums Leben gekommen.

Daten über die albanische Emigration in Westdeutschland und Westeuropa

Deutlich konkreter fielen jene Informationen und Berichte aus, in denen es um Emigrantenverbände oder einzelne albanische Emigranten in der Bundesrepublik ging. Zeitlich erstrecken sie sich, soweit sie in der „Balkan-Akte" überliefert sind, auf die Jahre 1957 und 1958. Mit Schreiben vom 14. Januar 1957 übergab der Leiter der albanischen Operativgruppe Saraci dem MfS die Namen, Adressen und kurze Charakterisierungen von vier albanischen Emigranten, die in Westdeutschland lebten. Wie Saraci dem MfS ergänzend mitteilte, halte er diese vier Emigranten für geeignet, um vom MfS als Informanten genutzt zu werden.[48] Saracis Schreiben war eine Folge der sich intensivierenden Zusammenarbeit beider Geheimdienste. Kurze Zeit zuvor hatte er beim MfS offenbar um Unterstützung bei der Überwachung albanischer Emigranten in der Bundesrepublik nachgefragt. Das MfS bat ihn daraufhin, ihm zuverlässige Emigranten zu benennen, die für diese Zwecke „verwendet" werden könnten.[49] Mit seiner Auskunft vom 14. Januar 1957 kam Saraci dieser Bitte des MfS nach. Einen Monat später erhielt das MfS von der Sigurimi, vermutlich zum selben Zweck, die Daten und Fotografien von drei weiteren albanischen Emigranten.[50]

Vermutlich war es kein Zufall, dass dieser Austausch kurz nach dem Ungarnaufstand vom Herbst 1956 stattfand. Vielmehr dürfte es sich hier um eine direkte Reaktion von Sigurimi und MfS auf die Ereignisse in Ungarn gehandelt haben, in deren Folge sie die Emigranten als Bedrohungsfaktor verstärkt in den Blick nahmen. Wie Saraci dem MfS im April 1957 mitteilte, habe die Sigurimi beobachtet, dass zwischen Dezember 1956 und Februar 1957 albanische Emigranten aus Italien und Frankreich in die bundesdeutschen Städte München und Frankfurt a.M. gebracht worden seien. Dort sollten sie militärisch und nachrichtendienstlich ausgebildet und dann über Griechenland nach Albanien eingeschleust werden.[51] Ob diese Beobachtungen der Realität entsprachen, mag dahingestellt

48 Schreiben Saracis vom 14.1.1957 an den Leiter der MfS-Hauptabteilung II, Josef Kiefel, nebst Namen und Daten von vier albanischen Emigranten, die in Bayern und Baden-Württemberg lebten; BStU, MfS, AOP 4288/65, TV 2, Bd. 2, Bl. 261 f, 265.

49 Ebenda, Bl. 261.

50 [MfS,] Abt. X, 18.2.1957: Aufstellung albanischer Emigranten; ebenda, Bl. 207. Alle drei hier benannten und charakterisierten Emigranten lebten damals in München. Die Fotografien der Emigranten, auf die in der Aufstellung Bezug genommen wird, sind in der Akte nicht vorhanden.

51 [MfS,] 9.4.1957: Betr.: Informatorische Mitteilung der albanischen Genossen; BStU, MfS, AOP 4288/65, TV 3, Bd. 1b. Bl. 23. In dieser Mitteilung ist davon die Rede, dass einige der Emigranten später auch nach Bulgarien eingeschleust werden sollten.

bleiben. Sie erklären auf jeden Fall die damalige Bedrohungswahrnehmung der Staatssicherheitsdienste gegenüber der Emigration.

Weitere Informationsberichte der Sigurimi an das MfS aus dem Jahr 1957 waren weniger brisant. Es ging darin um Konferenzen und Lehrgänge in Westberlin und Straßburg für jugendliche oder studentische Emigranten sowie um einen Empfang des kanadischen Ministerpräsidenten John Diefenbaker für die Vertreter der osteuropäischen Emigration am Rande einer NATO-Tagung in Paris im Dezember 1957.[52]

Erstaunlich spät, nämlich erst im Winter und Frühjahr 1958, übergaben die „albanischen Genossen" nach persönlicher Rücksprache mit MfS-Mitarbeitern detaillierte Aufstellungen über Zentren der albanischen Emigration in der Bundesrepublik und in Westeuropa.[53] Einige dieser Daten hatte die Sigurimi bereits im November 1956 zusammengetragen. Das MfS übersetzte diese Informationen, die es zumeist in russischer Sprache von den Albanern erhielt, ins Deutsche und legte sie in der „Balkan-Akte" ab. Dort befinden sie sich noch heute und bieten in deutscher Sprache einen interessanten Einblick in einige Aspekte der damaligen albanischen Emigration. Wie zuverlässig die Angaben sind, müsste anhand anderer Quellen gegengeprüft werden. Manche Wortwahl und manche Formulierungen lassen erkennen, wie sehr die Geheimdienste in Feindbildern verhaftet waren: die Emigranten galten pauschal und grundsätzlich als „Feinde des Friedens"; in einem Bericht werden sie auch einfach als „Verbrecher" tituliert.[54]

München und Kaiserslautern als Zentren albanischer Emigration in Westdeutschland

Zwei bundesdeutsche Städte standen ganz besonders im Fokus der Sigurimi: München und Kaiserslautern. Die bayerische Landeshauptstadt war nach Erkenntnissen der Sigurimi der Sitz der albanischen Emigration in der Bundesrepublik. Das ist durchaus nachvollziehbar, denn im Großraum München ließen

52 [MfS,] Abt. X, 18.12.1957 und 6.1.1958: Betr.: Information der albanischen Genossen; ebenda, Bl. 14–19, 48.

53 BStU, MfS, AOP 4288/65, TV 1, Bd. 4, Bl. 13–37; TV 2, Bd. 2, Bl. 191–206, 266–272.

54 HA II/SR 2, 17.12.1958: Struktur der albanischen Emigrantenorganisation in WD; BStU, MfS, AOP 4288/65, TV 1, Bd. 4, Bl. 13–15, hier 13; [Sigurimi-Bericht, am 29.4.1958 dem MfS übergeben:] Information über die Tätigkeit des westdeutschen Geheimdienstes gegen die Volksrepublik Albanien vom Gebiete Italiens aus (Nach Angaben aus dem Jahre 1956); BStU, MfS, AOP 4288/65, TV 2, Bd. 2, Bl. 269–272, hier 271.

sich damals viele Flüchtlinge und Emigranten aus den Ländern Südosteuropas nieder. Als Leiter der albanischen Emigration identifizierte die Sigurimi den früheren Hauptmann Alia Tschausch, der in München lebte.[55] Die Bedeutung Münchens widerspiegelt sich auch in zwei Listen mit den Namen und Anschriften albanischer Emigranten in der Bundesrepublik, die die Sigurimi dem MfS im Februar 1958 übergab. Von den 116 aufgelisteten Emigranten lebten 87 in München oder in umliegenden oberbayerischen Kommunen.[56] Nach Erkenntnissen der Sigurimi unterhielten US-amerikanische Dienststellen mehrere Schulungsstätten, in denen Emigranten aus Albanien und anderen Ländern für „Spionage- und Diversionstätigkeit in den volksdemokratischen Ländern geschult" würden. Solche Schulungsstätten befänden sich unter anderem in den bayerischen Orten Karlsfeld bei München und Salzberg bei Berchtesgaden sowie in den hessischen Gemeinden Kronberg und Königstein im Taunus.[57] Über einzelne Verbände oder Vereinigungen albanischer Emigranten finden sich in der „Balkan-Akte" hingegen keine Angaben. Der Begriff „albanische Emigration" ist hier im übrigen mit Vorsicht zu lesen, denn er suggeriert eine straffe Organisierung aller albanischer Emigranten, was wohl nicht der Realität entsprach.

Im rheinland-pfälzischen Kaiserslautern existierte 1958 eine „Albanische Wachkompanie". Nach Erkenntnissen der Sigurimi, die sie an das MfS weiterreichte, unterhielt die US-Armee 1958 ungefähr 35 Wachkompanien. Eine Kompanie bestünde aus rund 180 Mann, zumeist Emigranten aus Ostmittel- und Südosteuropa. Die Kompanien bewachten militärische Objekte der USA. Die albanische Wachkompanie zählte damals nur 130 Mann. Sie waren kaserniert untergebracht und mit Maschinenpistolen bewaffnet. Der Dienst war insofern attraktiv, als er ein regelmäßiges Einkommen sowie Unterkunft und Verpflegung garantierte und man nach dem täglichen sechsstündigen Dienst das Militärgelände verlassen durfte. Kompanieführer der albanischen Kompanie sei der aus

55 HA II/5, 18.4.1958: Auskunftsbericht: Albanische Emigration in Westdeutschland und Ausland; BStU, MfS, AOP 4288/65, TV 1, Bd. 4, Bl. 24; Struktur der albanischen Emigration (wie Anm. 52), Bl. 14.

56 Eine Liste ist überschrieben mit „Lista e adrsevatëemigrantveqëgjendennë Gjermaninperendimore" und bei der Leitung der MfS-Hauptabteilung II am 18.2.1958 eingegangen, die andere Liste ist ohne Titel; BStU, MfS, AOP 4288/65, TV 2, Bd. 2, Bl. 191–193.

57 Auszüge aus Informationen, die die Sigurimi am 29.4.1958 an das MfS übergab, wobei die Informationen den Kenntnisstand von November 1956 wiedergaben; ebenda, Bl. 202–206 sowie 266–268. Ähnlich in BStU, MfS, AOP 4288/65, TV 1, Bd. 4, Bl. 15, 23, 25 f. Ein weiterer erwähnter Schulungsort lässt sich nicht eindeutig bestimmen.

Albanien stammende Hauptmann Caush Basho. Die Kompanie sei bis Februar 1957 in Wächterhof am südlichen Stadtrand Münchens stationiert gewesen und dann in den Stadtteil Kaiserslautern-Vogelweh verlegt worden, wo eine große Siedlung für US-Militärangehörige entstanden war.[58] Die albanische Wachkompanie wird in den überlieferten Akten nicht mit irgendwelchen Maßnahmen der westlichen Seite gegen die sozialistischen Länder in Verbindung gebracht. Sie erscheint daher in erster Linie als ein Sammelbecken früherer albanischer Armeeangehöriger.

Ermittlungen: das MfS spioniert für die Sigurimi in Westdeutschland

Die Sigurimi übermittelte dem MfS nicht nur Informationen, sondern trat auch als Bittstellerin auf. Etwa im Frühjahr 1957 trat die Sigurimi mit der Bitte an das MfS heran, Ermittlungen über albanische Emigranten in München durchzuführen. Die Sigurimi übergab dem MfS zu diesem Zweck die Namen, Anschriften und einige biografische Angaben von mindestens einem Dutzend albanischer Emigranten.[59] Mindestens zwei inoffizielle Mitarbeiter des MfS reisten daraufhin im Frühjahr und Sommer 1957 nach München und zogen Erkundigungen ein. Unter verschiedenen Legenden befragten sie Vermieter, Ladenbesitzer und Angehörige. So verschafften sie sich ein Bild davon, wer als solide und arbeitsam galt, wer auf welche Weise seinen Lebensunterhalt bestritt, wer den „undurchsichtigen, lichtscheuen Elementen" zugerechnet wurde, wer sich politisch

---

58 [MfS,] 19.6.1958: Betr.: Angaben eines ehemaligen albanischen Emigranten, der bis Mai 1958 Angehöriger der in Kaiserlautern-Vogelweh stationierten Albanischen Wachkompanie war; BStU, MfS, AOP 4288/65, TV 1, Bd. 4, Bl. 32–38. Dieses Dokument sowie eine namentliche Aufstellung nebst Geburtsdaten von 36 Angehörigen der albanischen Wachkompanie gingen der MfS-Hauptabteilung II von der MfS-Abteilung X zu. Die Abteilung X war für die Kontakte des MfS zu den befreundeten Staatssicherheitsdiensten zuständig und leitete Informationen und Anfragen weiter. Daher ist anzunehmen, dass die Angaben über die albanische Wachkompanie von der Sigurimi an das MfS weitergegeben wurden. Auch das von der HA II/SR 2 am 17.12.1958 erarbeitete dreiseitige Dokument „Struktur der albanischen Emigrantenorganisation in WD"; ebenda, Bl. 13–15, basiert offenkundig auf Zuarbeiten der Sigurimi; dieses Dokument enthält zudem eine Liste mit den Namen von 155 albanischen Emigranten, von denen einige der Wachkompanie angehörten, sowie ein anschauliches Strukturdiagramm der albanischen Emigration in Westdeutschland; ebenda, Bl. 16–19, 39.

59 Schreiben des Leiters der HA II, Kiefel, an die MfS-Abteilung X, 1.10.1957, Betr.: Ermittlungen für die albanischen Genossen; BStU, MfS, AOP 4288/65, TV 4, Bd. 1, Bl. 173.

positionierte, wer in welchen familiären Verhältnissen lebte, wer welchen Umgang pflegte und anderes mehr.[60]

Einige dieser Emigranten hatten in Briefen an ihre Angehörigen in Albanien den Wunsch geäußert, irgendwann wieder in ihr Heimatland zurückzukehren. Die Sigurimi kannte den Inhalt dieser Briefe.[61] Die Sehnsucht nach der Familie und der Heimat bot den Geheimdiensten einen Anknüpfungspunkt, um mit Emigranten in Verbindung zu treten. Diese Strategie lässt sich am Beispiel des damals 43-jährigen Ismail I. nachvollziehen. Im Frühjahr 1957 spähte eine inoffizielle Mitarbeiterin des MfS in München I.s Lebensumfeld aus und sprach auch mit dessen Lebensgefährtin Therese A. Dabei erfuhr sie, dass die beiden ernsthaft erwägten, nach Albanien zurückzukehren. Die MfS-Agentin bot Therese A. daraufhin an, einen Bekannten in Berlin darüber in Kenntnis zu setzen, der ihnen bei der Rückkehr nach Albanien Hilfe leisten könnte. Therese A. nahm dieses Angebot freudig auf, notierte die MfS-Agentin. Ungefähr zwei Monate später schickte das MfS auf Wunsch der Sigurimi den inoffiziellen Mitarbeiter „Dieter" zu Therese A. nach München. Er überbrachte ihr die Nachricht, „dass ihrer Rückkehr nach Albanien nichts mehr im Wege steht und sie zu diesem Zweck nach Berlin kommen möchten".[62] An dieser Stelle wird offenkundig, dass es der Sigurimi darum ging, die beiden Rückkehrwilligen nach Ostberlin zu locken. Was sie dort erwarten sollte, geht aus den MfS-Akten nicht hervor. In Analogie zu ähnlichen gemeinsamen Maßnahmen von MfS und Securitate in jenen Jahren ist zu vermuten, dass sie entweder als Sigurimi-Agenten angeworben und nach München zurückgeschickt werden sollten, um dort gegen andere Emigranten eingesetzt zu werden, oder dass sie sofort gewaltsam nach

---

60 Berichte über einzelne albanische Emigranten in München in: BStU, MfS, AOP 4288/65, TV 2, Bd. 2, Bl. 130–132, 136 f, 145–147, 173 f, 196–201, 207. Die dort beschriebenen Emigranten wurden unter anderem von den „Geheimen Informatoren" (GI) „Petra" und „Dieter" ausgespäht, die das MfS zu diesem Zweck nach München schickte; siehe ebenda, Bl. 132, 196, 201.

61 Siehe entsprechende Hinweise der Sigurimi an das MfS; ebenda, Bl. 130, 136, 173.

62 Siehe die entsprechenden Ausspähberichte vom 25.6. und 10.9.1957, in: ebenda, Bl. 132, 200 f. „Dieter", mit bürgerlichem Namen Günter Betzin, war in einem kommunistischen Elternhaus in Berlin aufgewachsen, als junger Mann 1943–45 Kriegsdienst, 1948 aus polnischer Gefangenschaft entlassen, 1949–52 Offizier in der Kasernierten Volkspolizei der DDR. 1954 als inoffizieller MfS-Mitarbeiter angeworben, unternahm Betzin bis 1960 zahlreiche Ausspäh-Aufträge in Westdeutschland und Westberlin sowie in Polen. Faktisch arbeitete Betzin damals bereits hauptamtlich für das MfS, das ihn aber erst 1962 als regulären hauptamtlichen Mitarbeiter einstellte; vgl. BStU, MfS, AIM 9125/62, Personalakte, Bl. 20–30, 37–43, 46, 62–65.

Albanien verbracht werden sollten.[63] Gewiss wären sie aber zuerst intensiv über die albanische Emigrantenszene in der Bundesrepublik verhört worden. Doch dazu kam es nicht. Denn Ismail I. und Therese A. hatten ihre Rückkehrpläne inzwischen verworfen, weil sie aus Albanien Zeichen bekommen hatten, die sie zur Vorsicht mahnten. „Dieter" musste daher unverrichteter Dinge in die DDR zurückkehren.[64]

Vereinzelt schickte das MfS seine IM auch in andere westdeutsche Städte, um für die albanischen Kollegen bestimmte Personen auszuspähen, die entweder aus Albanien stammten oder aus anderen Gründen in den Fokus der Sigurimi geraten waren. Zwischen 1957 und 1959 führte das MfS entsprechende Ermittlungen in Hamburg, Frankfurt am Main, Offenbach, sowie in mehreren bayerischen Orten durch.[65]

Im Juni 1960 übersandte die MfS-Hauptabteilung II der Sigurimi bzw. ihrer Ostberliner Operativgruppe die Ergebnisse zweier Ermittlungen. Das war zum einen eine „Aufstellung von griechischen und türkischen Studenten aus Westberlin, die eine Transitreise durch die DDR beantragten". Zum anderen war es die Auskunft auf eine entsprechende Anfrage der Sigurimi, dass dem MfS über eine Redaktion „Fakti" in Frankfurt am Main nichts bekannt sei; unter der angegebenen Adresse befinde sich vielmehr die Redaktion der Zeitung „Die Tat".[66] Diese beiden Auskünfte vermitteln nicht nur einen punktuellen Einblick in das Themenspektrum, über das sich Sigurimi und MfS austauschten. Sondern es handelt sich hier zugleich um die letzte Korrespondenz beider Staatssicherheitsdienste, die in den MfS-Akten überliefert ist.

---

63 Vgl. hierzu Herbstritt: Entzweite Freunde, S. 56–63, 71–74, 88–90.

64 MfS-Bericht vom 10.9.1957 über die Reise des GI „Dieter" am 30.8.1957 nach München; BStU, MfS, AOP 4288/65, TV 2, Bd. 2, Bl. 132. Der Beauftragung des MfS an GI „Dieter" für diese Reise nach München sowie der mit dem Decknamen „Dieter" unterzeichnete Reisebericht nach seiner Rückkehr nach Ostberlin in: BStU, MfS, AIM 9125/62, Arbeitsakte Bd. II, Bl. 35 f, 44.

65 Ebenda, Bl. 120–126, 133–135, 138–140, 148 f, 154 f, 207–209.

66 Siehe hierzu die beiden Anschreiben der MfS-Hauptabteilung II/5 an die MfS-Abteilung X vom 3.6.1960 und ergänzenden MfS-internen Schriftverkehr; BStU, MfS, AOP 4288/65, TV 4, Bd. 1, Bl. 184–187, und TV 2, Bd. 2, Bl. 179, sowie die namentliche Aufstellung der griechischen Studenten und ein Anschreiben des MfS an die „Berliner Gruppe" der Sigurimi in: BStU, MfS, Abt. X, Nr. 2656, Bl. 46–48. Die Wochenzeitung „Die Tat" erschien in Frankfurt am Main. Sie wurde vom Rat der Vereinigung der Verfolgten des Naziregimes (VVN) herausgegeben, vertrat überwiegend Positionen der DDR und wurde von dort unterstützt.

Das oben erwähnte Verzeichnis der „Informationen aus der VR Albanien" belegt zwar, dass die Sigurimi dem MfS auch im ersten Halbjahr 1961 noch Informationsberichte schickte. Doch weder jenes Verzeichnis noch irgendwelche anderen MfS-Dokumente enthalten Hinweise auf Aktivitäten, die das MfS noch zugunsten der Sigurimi entfaltete. Gleichwohl ist es denkbar, dass die Zusammenarbeit beider Staatssicherheitsdienste bis in das Jahr 1961 hinein weitergeführt wurde.[67]

Das MfS in Rom – und anderswo – auf den Spuren des BND

Im Juli 1958 hielt sich der inoffizielle MfS-Mitarbeiter „Seemann" für eine Woche in Rom auf. „Seemann", mit bürgerlichem Namen Hans Sommer, kannte sich im Geheimdienstgeschäft aus: Von 1940 bis 1944 arbeitete er im Rang eines SS-Obersturmführers für den Sicherheitsdienst (SD) in Frankreich, sodann von 1950 bis zu seiner Entlassung 1953 hauptamtlich für den BND-Vorläufer „Organisation Gehlen", und von 1954 bis 1968 als gut bezahlter IM für das MfS. 1956 siedelte er aus Geschäfts- und Sicherheitsgründen in die norditalienische Stadt Brescia über.[68] Sommer war nun der Mann, der den Sigurimi-Informationen über Aktivitäten des BND in Rom nachgehen sollte. Es handelte sich dabei um einen „dringenden Chefauftrag", wie ihn seine MfS-Führungsstelle wissen ließ. Doch Sommers Recherchen und Nachfragen erbrachten keine verwertbaren Erkenntnisse. Weder fand er Hinweise auf eine Firma „Delco", die Vehbi Frashëri angeblich in Rom als Tarnung für seine nachrichtendienstliche Arbeit führe, noch konnte er in Rom den aus Frankreich stammenden Journalisten und BND-Agenten Jean Alain Geoffroy D'Escos finden. Hans Sommer resümierte, ohne weitere Angaben könne man diese Spuren in Rom nicht weiter verfolgen.[69]

---

67 Am 16. November 1960 hielt Enver Hoxha auf der Konferenz der kommunistischen und Arbeiterparteien in Moskau eine Rede, in der er mit der sowjetischen Politik „erbarmungslos abrechnete", wie der Südosteuropa-Historiker Peter Bartl den damaligen Auftritt Hoxhas knapp zusammenfasste; Bartl: Albanien, S. 252. Damit war der Bruch Albaniens mit seinen Verbündeten offenkundig, doch er wurde erst im Laufe des Jahres 1961 praktisch vollzogen.

68 Ausführlich zu Hans Sommer alias „Seemann" siehe Leide: NS-Verbrecher, S. 301–318.

69 Siehe hierzu die verschiedenen Meldungen und zusammenfassenden Berichte in der IM-Akte von „Seemann": BStU, MfS, AIM 1370/72, Bd. II/11, Bl. 228, II/12, Bl. 103–106, 150, 152–154, 156, II/13, Bl. 230, 243, II/15, Bl. 57 f; teilweise auch vorhanden in BStU, MfS, AOP 4288/65, TV 2, Bd. 2, Bl. 189 f. D'Escos blieb womöglich deshalb unauffindbar, weil das MfS seinen Namen allzu fehlerhaft an Sommer

Ob das MfS Sommers Einsatz mit der Sigurimi abgestimmt hatte, ist nicht ersichtlich; es gibt keine Hinweise darauf. Erkennbar ist nur, dass das MfS die Hinweise der Sigurimi ernst nahm.[70]

Da die Kurierverbindung des MfS zu Hans Sommer um die Jahreswende 1958/59 abbrach und er aus Sicherheitsgründen vorübergehend nicht nach Deutschland reisen wollte, suchte er andere Wege, um sich mit seinen Führungsoffizieren auszutauschen. Zum Jahreswechsel 1958/59 prüfte er die Möglichkeit, in Italien auf offiziellem Wege ein Visum für Albanien zu bekommen, um sich dort mit den MfS-Führungsoffizieren zu treffen. Doch er kam zu dem Ergebnis, Albanien sei für Westeuropäer eine „uneinnehmbare Festung". Es gebe allenfalls in Ausnahmefällen eine „direkte Sondergenehmigung von Tirana", doch damit würde man im Westen ganz sicher auffallen – was der Agent Hans Sommer aber unbedingt vermeiden musste. Die Sigurimi wurde hier, aus welchen Gründen auch immer, nicht um Amtshilfe gebeten.[71]

Das MfS war den römischen Spuren, auf die die Sigurimi hingewiesen hatte, gewiss auch aufgrund eigener Interessen nachgegangen, um mehr über die europaweiten Aktionen seines westdeutschen Gegners zu erfahren. Im Dezember 1957 hatte Erich Mielke seinem albanischen Amtskollegen Kadri Hazbiu zudem schon einmal sehr konkret ein bestimmtes Interesse des MfS an BND-Aktivitäten

übermittelte: Sommer suchte nach einem „Dassaux"; die Sigurimi hatte dem MfS gar die Schreibweise „Decsanx" angeboten.

70 In einer Abschrift mehrerer Ermittlungsergebnisse des IM „Seemann", angefertigt am 30. Januar 1959 von der HA II/4 des MfS, findet sich unter dem Betreff/Vorgang „Romauftrag/Auftrag Freunde" der missverständliche Satz: „Die Möglichkeit der Ermittlungen in Rom sind den Freunden bekannt."; BStU, MfS, AIM 1370/72, Bd. II/15, Bl. 47–61, hier 57 f. Das Wort „Freunde" bezeichnet hier wie so häufig in der Akte des IM „Seemann" jedoch das MfS selbst. In den meisten anderen MfS-Akten bezeichnete der Begriff „Freunde" hingegen den KGB. Sofern ein anderer verbündeter Geheimdienst gemeint war, wurde das Land ergänzt, also „albanische Freunde". In der Akte des IM „Seemann" waren die „Freunde" jedoch im Regelfall das MfS.

71 [MfS, HA II/4, ca. Januar 1959:] Betr.: Albanien-Treff; BStU, MfS, AIM 1370/72, Bd. II/15, Bl. 70. Auch hier ist von den „Freunden" die Rede, die „Seemann" in Albanien treffen will, womit – wie in der vorhergehenden Anmerkung erläutert – ebenfalls MfS-Mitarbeiter gemeint sind. Da das geografisch näher gelegene Albanien ausschied, plante das MfS zur Jahreswende 1959/60, Treffs in Bulgarien durchzuführen, wo „Seemann" unauffällig bei Reisen in die Türkei einen Zwischenstopp einlegen konnte. Zu diesem Zweck wollte das MfS für Hans Sommer zwei gefälschte BRD-Pässe anfertigen; BStU, MfS, AIM 1370/72, Bd. I/2, Bl. 162–165.

mitgeteilt. Der BND, so Mielke in einem Funktelegramm an Hazbiu, erfasse unter der Tarnbezeichnung „Reiseverkehr Schirnding" sämtliche bundesdeutschen Spezialisten („Monteure, Ingenieure und Geschäftsleute"), die aus beruflichen Gründen in die sozialistischen Länder reisten. Möglicherweise werbe der BND aus diesem Kreis auch Personen für nachrichtendienstliche Zwecke an. Daher bat Mielke darum, Hazbiu möge ihm die Daten solcher Spezialisten mitteilen, „damit von Seiten des MfS geeignete Überprüfungs- und Abwehrmaßnahmen ergriffen werden können".[72] Rund zwei Monate später erhielt das MfS ein Antwort-Telegramm aus Tirana mit den Daten zweier bundesdeutscher Handelsvertreter, die sich 1957 jeweils für einige Tage in Albanien aufgehalten hatten.[73] Der Datenaustausch zwischen MfS und Sigurimi funktionierte also und erweiterte den Radius des MfS.

Albaner in der DDR

Als Reaktion auf den Ungarnaufstand im Herbst 1956 überprüfte das MfS seit den ersten Novembertagen 1956 diejenigen DDR-Bewohner, die aus Ungarn, Rumänien, Bulgarien und Albanien stammten und nun in der DDR lebten. Es wollte herausfinden, welche von ihnen Verbindungen in den Westen unterhielten und daher in besonderer Weise empfänglich für aufständische Ideen sein könnten. Ein Ergebnis dieser Überprüfung ist nur aus dem Kreis Reichenbach im Vogtland im damaligen Bezirk Karl-Marx-Stadt (Chemnitz) überliefert. Dort lebte niemand, der aus Albanien stammte und Westverbindungen pflegte.[74] Ende November 1956 begannen die MfS-Bezirksverwaltungen dann damit, alle bereits aktiven inoffiziellen Mitarbeiter an die Zentrale nach Ostberlin zu melden, die ursprünglich aus einem der genannten vier Länder stammten. Dabei sollte geprüft werden, welche dieser IM auf Emigrantengruppen in der Bundesrepublik angesetzt werden könnten. Die überlieferten Antworten aus den Bezirken Dresden, Halle und Neubrandenburg vermitteln den Eindruck, dass auf

72 Schreiben Mielkes an Hazbiu vom 21.12.1957; BStU, MfS, Abt. X, Nr. 2656, Bl. 31.

73 Telegramme v. 5.3.58. Von Funkst.: Tirana; ebenda, Bl. 32.

74 Anschreiben der MfS-Kreisdienststelle Reichenbach vom 26. November 1956 an die Abt. II/5 der BVfS Karl-Marx-Stadt, betr.: Personen aus den Volksdemokratien Bulgarien, Rumänien, Ungarn und Albanien; die BVfS Karl-Marx-Stadt hatte die Aufstellung mit Schreiben vom 7.11.1956 angefordert; BStU, MfS, AOP 4288/65, TV 1, Bd. 1, Bl. 215. Demnach lebten im Kreis Reichenbach 143 Menschen aus Ungarn, 4 aus Rumänien und 1 aus Bulgarien, die Westverbindungen unterhielten. Hinzu kamen 174 Menschen aus diesen Ländern ohne Westverbindungen.

diese Weise kaum geeignete IM gefunden wurden.[75] Vereinzelt führte das MfS in den drei genannten Bezirken Deutschstämmige aus Ungarn und Rumänien als IM, die am Ende des Zweiten Weltkrieges aus diesen Ländern geflüchtet oder vertrieben worden waren. IM mit albanischem oder bulgarischem Hintergrund gab es, zumindest in diesen drei DDR-Bezirken, nicht. Das Bemerkenswerte an diesen Überprüfungen besteht darin, dass sie erkennen lassen, wie sehr das MfS infolge des Ungarnaufstands die Emigranten aus den vier genannten Ländern als potenzielle Bedrohung wahrnahm.

Eine Übersicht des MfS aus dem Jahre 1958 nennt vier Orte in der DDR, in denen damals albanische Staatsbürger lebten: 45 Albaner studierten demnach in Leipzig, acht in Dresden, vier in Freiberg, und einer verbrachte einen Kuraufenthalt in Bad Berka. Diese Aufstellung ist nicht vollständig, aber sie vermittelt einen Eindruck davon, aus welchen Gründen sich Albaner in der DDR aufhielten. In welchem Umfang sie von MfS oder Sigurimi überwacht oder als inoffizielle Mitarbeiter genutzt wurden, geht daraus nicht hervor. Ein kurzes Schreiben der MfS-Bezirksverwaltung Dresden von Mai 1958 offenbart jedoch, dass es eine Absprache zwischen dem MfS und der Sigurimi gab, wonach „sämtliche Post an albanische Studenten" im Original vom MfS an die Sigurimi-Operativgruppe nach Ostberlin geschickt werden sollte.[76] Das bedeutet, die albanischen Studenten in der DDR standen grundsätzlich unter Beobachtung der beiden Staatssicherheitsdienste. In einem weiteren Fall aus dem Jahr 1958, der nichts mit albanischen Studenten zu tun hatte, ist ebenfalls dokumentiert, dass das MfS für die Sigurimi die Briefkorrespondenz einer Albanerin überwachte, die damals in der DDR lebte.[77]

Eine andere Übersicht, die ungefähr Ende 1959 erstellt wurde, enthält die Namen und einige weitere Angaben von 16 Menschen, die in der DDR lebten und aus privaten oder dienstlichen Gründen 1959 nach Albanien reisten oder dies für

75 Vgl. die Antwortschreiben und Aufstellungen der BVfS Dresden, Halle und Neubrandenburg zwischen dem 29.11. und 4.12.1956, die jeweils auf eine entsprechende Anforderung der HA II/5 vom 27.11.1956 Bezug nehmen; BStU, MfS, AOP 4288/65, TV 3, Bd. 1a, Bl. 260–269. Abgefragt wurden Verbindungen nach Albanien, Bulgarien, Rumänien und Ungarn.

76 MfS, Bezirksverwaltung Dresden, Abt. V/6, 20.5.1958: Schreiben an die MfS-Abt. X betr. Albanische Studenten; BStU, MfS, Abt. X, 2656, Bl. 36.

77 Schreiben des Leiters der HA II/5, Major Walter Schneider, an die für Postkontrolle zuständige MfS-Abteilung M vom 2. und 19.9.1958 über die Einleitung und Beendigung einer Postkontrolle, sowie Abschriften der kontrollierten Post in albanischer und deutscher Sprache; BStU, MfS, AOP 4288/65, TV 2, Bd. 2, Bl. 239–241, 243 f.

1960 beabsichtigten. Neben mehreren DDR-Deutschen wurden hier auch einige aus Albanien oder Griechenland gebürtige Menschen erfasst, die in der DDR studierten, eine Ausbildung absolvierten oder hier verheiratet waren und Familienangehörige in Albanien besuchten oder besuchen wollten.[78] Über einige der hier aufgelisteten Personen führte das MfS genauere Ermittlungen durch.[79] Warum gerade diese Personen in den Blick von MfS und Sigurimi gerieten, lässt sich nicht erkennen. Offenkundig ist nur, dass die Sigurimi dem MfS diese Übersicht mit der Bitte übergeben hatte, weitere Informationen über die darin genannten Menschen zu erhalten.[80] So belegt diese Übersicht vor allem, dass das MfS auch innerhalb der DDR Ermittlungen zugunsten der Sigurimi durchführte.

Menschenraub: Der Fußballtorwart Kemal Vogli

Die offene Grenze zwischen Ost- und Westberlin bis zum Mauerbau am 13. August 1961 ermöglichte einerseits vielen Menschen die Flucht von Ost nach West, sie machte es den östlichen Geheimdiensten aber auch leicht, Menschen gegen ihren Willen von West nach Ost zu verschleppen. Die Zahl der versuchten und vollendeten Entführungen durch kommunistische Geheimdienste aus Westberlin bis 1961 wird auf 600 bis 700 geschätzt.[81] Auch die Sigurimi bediente

78 Privatreisen in die VR-Albanien; ebenda, Bl. 116–118; Dienstreisen in die Volksrepublik Albanien; ebenda, Bl. 119. Die Übersichten sind undatiert und ohne Angabe eines Urhebers oder Empfängers. Vier der darin erwähnten Privatreisen fanden schon 1956–1958 statt.

79 Überliefert sind drei Ermittlungsgesuche, die die MfS-Hauptabteilung II/5 im Juni und Juli 1960 an andere MfS-Abteilungen schickte, sowie als Rücklauf die Ermittlungsberichte über zwei der potenziellen Albanien-Reisenden mit Wohnsitz in der DDR; ebenda, Bl. 127–129, 141–144, 150–153.

80 Für diese Annahme spricht unter anderem, dass diese Personenübersicht und die daraus resultierenden Ermittlungsberichte des MfS in der Mappe „Ermittlungen für die albanischen Sich[erheits] Org[ane]“ abgelegt wurden; vgl. ebenda, Bl. 114 f. Im Inhaltsverzeichnis dieser Mappe sind zudem zwei Ermittlungsberichte über Albanien-Reisende erwähnt, die sich nicht mehr in den Akten befinden, vgl. ebenda, Bl. 115.

81 Siehe hierzu insbesondere Muhle, Susanne: Auftrag: Menschenraub. Entführungen von Westberlinern und Bundesbürgern durch das Ministerium für Staatssicherheit der DDR. Göttingen 2015. Siehe auch Fricke, Karl Wilhelm; Ehlert, Gerhard: Entführungsaktionen der DDR-Staatssicherheit und die Folgen für die Betroffenen. In: Materialien der Enquete-Kommission „Überwindung der Folgen der SED-Diktatur im Prozess der deutschen Einheit“ (13. Wahlperiode des Deutschen Bundestages). Hg. Deutscher Bundestag. Baden-Baden 1999, Bd. VIII/2, S. 1169–1208, insbesondere S. 1180 f. Gemeinsame Entführungsaktionen des MfS mit dem tschechoslowakischen

sich dieser brutalen Methode. Im Fall des albanischen Fußballtorwarts Kemal Vogli belegen die MfS-Akten, dass das MfS dazu bereit war, die Sigurimi-Operativgruppe in Ostberlin darin zu unterstützen, Vogli vom Westen in den Osten zurückzuschaffen.

Vogli gilt bis heute als der beste Torhüter, den der albanische Fußball jemals hatte. Geboren im Jahre 1929, wurde er schon im Alter von 17 Jahren als Torwart in die albanische Fußball-Nationalmannschaft geholt. Bis 1956 nahm er an rund sechzig internationalen Fußballbegegnungen teil.[82] Im August 1956 war er mit seiner Fußballmannschaft „Dinamo Tirana" in die DDR gereist, um Ende dieses Monats Freundschaftsspiele gegen zwei Mannschaften der höchsten DDR-Fußballliga (Oberliga) zu absolvieren. Mit seiner Mannschaft war er am (Großen oder Kleinen) Wukensee in Biesenthal, rund zwanzig Kilometer nördlich der Berliner Stadtgrenze, untergebracht. Die DDR-Tageszeitung „Neue Zeit" berichtete kurz über das Spiel von „Dinamo Tirana" am 22. August 1956 gegen den damaligen Tabellendritten der DDR-Oberliga „SC Aktivist Brieske-Senftenberg". Sie bescheinigte den Albanern „eine erstaunlich gute technische Spielweise" und fuhr lobend fort: „Ihr Torhüter Vogli, der Läufer Shaquiri und der Halbstürmer Resjma würden in jeder überdurchschnittlichen Klassemannschaft Aufnahme finden."[83]

Geheimdienst StB und dem rumänischen Geheimdienst Securitate in Berlin bis 1961 beschreiben Horalíková, Klára: Die Anfänge der Zusammenarbeit zwischen den Sicherheitsapparaten der DDR und der ČSSR. In: Žáček, Pavel; Faulenbach, Bernd; Mählert, Ulrich (Hg.): Die Tschechoslowakei 1945/48 bis 1989. Studien zu kommunistischer Herrschaft und Repression. Leipzig 2008, S. 215–235, hier 227, sowie Herbstritt: Entzweite Freunde, S. 54–63, 66–110. Das MfS bzw. seine Vorläufer entführten in sowjetischem und ungarischem Auftrag 1949 den Ungarn István Stolte und 1950 die Pflegetochter Noel Fields, Erica Wallach-Glaser. Beide wurden nach Ostberlin gelockt und hier festgenommen. Daran erinnert Tantzscher, Monika: Die Stasi und die „Kaffeehaus-Tschekisten". Über die geheimdienstlichen Beziehungen der DDR zur Volksrepublik Ungarn. In: Horch und Guck, Heft 27, 8(1999)3, S. 48–59, hier 49. Ausführlich zum Schicksal Erica Wallach-Glasers in: Barth, Bernd-Rainer; Schweizer, Werner (Hg.): Der Fall Noel Field. Schlüsselfigur der Schauprozesse in Osteuropa. Berlin 2007, Bd. 2, S. 417 f.

82 Zur Biografie Voglis gibt es bislang offenbar keine deutschsprachige Literatur, jedoch gab es 2017 einen ausführlichen Eintrag in der englischsprachigen Internet-Enzyklopädie „Wikipedia": https://en.wikipedia.org/wiki/Qemal_Vogli (Zugriff vom 13.11.2017). Dieser ausführliche Eintrag wurde später auf einen nur noch drei kurze Sätze umfassenden Eintrag gekürzt (Zugriff vom 20.2.2019).

83 Über die Freundschaftsspiele von „Dinamo Tirana" gegen die beiden DDR-Oberligamannschaften (höchste Spielklasse des DDR-Fußballs) „SC Aktivist

Folgt man dem Sachstandsbericht des MfS vom 28. September 1956, hatte die Sigurimi-Operativgruppe in Ostberlin spätestens Anfang September Hinweise bekommen, wonach ausgerechnet der Ausnahmefußballer Kemal Vogli beabsichtige, in den Westen zu fliehen. Obwohl die Operativgruppe die Flucht noch zu verhindern versuchte, sei Vogli am 3. September nach Westberlin gegangen. Fahndungsmaßnahmen der albanischen Operativgruppe sowie mehrerer MfS-Abteilungen seien ergebnislos geblieben. Rund drei Wochen danach habe Saraci von der albanischen Operativgruppe das MfS davon in Kenntnis gesetzt, dass Vogli sich in Westdeutschland aufhalte. Saraci habe durch eine Sendung von Radio „Freies Europa" davon erfahren.[84]

Die Sigurimi und insbesondere ihre Ostberliner Operativgruppe hatte als Aufpasser versagt. Sie versuchte nun, Vogli in den Osten, nach Albanien, zurückzuholen. Das MfS war bereit, die albanischen Genossen dabei zu unterstützen. Das geht aus dem Inhalt eines kleinen, unscheinbaren Briefumschlags hervor, den das MfS zusammen mit dem oben erwähnten Sachstandsbericht vom 28. September 1956 aufbewahrte. In diesem Umschlag befinden sich zwei Passfotos von Kemal Vogli. Diese Passfotos versetzten das MfS überhaupt erst in die Lage, sich intensiv an der Fahndung nach Vogli zu beteiligen. Außerdem befindet sich in diesem Umschlag ein kleiner Zettel mit einer kurzen Notiz an den Leiter der MfS-Hauptabteilung II/5, Hauptmann Walter Schneider, also an den Leiter jenes Referats, das sich mit Emigranten aus den sozialistischen Ländern befasste. Sie wurde am 5. Oktober 1956 von einem Mitarbeiter oder Vorgesetzten Schneiders geschrieben und enthielt den Vorschlag, eine attraktive Frau an Kemal Vogli heranzuschleusen und ihn mit ihrer Hilfe in den Osten zu locken – „ihn durch einen intellig. weibl. GI zurückzuholen", wie es in dieser kurzen Notiz wörtlich formuliert wurde.[85]

Für Hauptmann Walter Schneider waren solche Menschenraub-Aktionen damals Bestandteil seines Arbeitsalltags. Beispielsweise besprach er mit der Securitate-Operativgruppe 1956 die Verbringung von mindestens drei rumänischen Emigranten von West nach Ost. In einem Fall gelang das tatsächlich, und zwar ebenfalls unter Mithilfe einer attraktiven jungen Agentin, die als Lockvogel

---

Brieske-Senftenberg" und „SC Dynamo Berlin" berichtete knapp die Neue Zeit, 29.8.1956, S. 5: „Fußballgast von der Adria" (darin auch das obige Zitat) und 31.8.1956, S. 5: „Albanier[!] siegten in Berlin". Dinamo Tirana spielte am 22.8.1956 gegen Brieske-Senftenberg 1:1 und gewann am 29.8.1956 gegen den SC Dynamo Berlin mit 3:1.

84 [MfS,] Abt. X, 28.9.1956: Sachstandsbericht. Betr.: Voigli[!], Kemal [...]; BStU, MfS, AOP 4288/65, TV 2, Bd. 2, Bl. 158.

85 Ebenda, Bl. 162.

eingesetzt wurde und den in Westberlin lebenden Emigranten Vergiliu Eftimie dazu überredete, mit ihr einen Einkaufsbummel in Ostberlin zu unternehmen.[86]

Diese kurze Notiz belegt, dass es im MfS die konkrete Überlegung gab, Kemal Vogli in den Osten „zurückzuholen". Auf welche Weise das MfS dann tatsächlich aktiv wurde und wie es hierbei mit der Sigurimi-Operativgruppe zusammenarbeitete, geht aus den MfS-Unterlagen jedoch nicht hervor. Schließlich wurde Vogli gefasst und 1957 in Albanien zu sieben Jahren und vier Monaten Haft verurteilt. Seine Fußballer-Karriere war damit zerstört. Auch nach seiner Haftentlassung durfte er an keinen Fußballspielen mehr teilnehmen. Die Staatssicherheitsdienste hatten gezeigt, wie weit ihr langer Arm reichte. Sie hatten nicht nur Vogli brutal bestraft, sondern dürften gleichzeitig zwei weitere wichtige Ziele erreicht haben: potenzielle Flüchtlinge abzuschrecken und Angst unter den bereits im Westen lebenden Emigranten zu verbreiten. Vogli, der 2004 starb, erfuhr erst nach 1990 Wiedergutmachung, indem er Ehrenbürger Tiranas wurde und zahlreiche andere Auszeichnungen erhielt. Doch über seine Flucht und die Jahre im Gefängnis wollte er offenbar auch nach 1990 nicht öffentlich sprechen.[87]

---

86 Im Mai 1956 unterbreitete die Ostberliner Securitate-Operativgruppe dem MfS einen Vorschlag, wie der in München lebende Emigrant und frühere Legionärskommandant Ilie Gârneaţă über Berlin in den Osten „zurückzuholen" sei; im Juni 1956 legte sie dem MfS einen Plan vor, wie der in Westberlin lebende Rumäniendeutsche Ferdinand Dorogi nach Ostberlin gelockt werden sollte; im November 1956 bat sie das MfS, den stellvertretenden Leiter der in Westberlin lebenden „Rumänischen Kolonie Berlin", Vergiliu Eftimie, festzunehmen, falls er mit einer Agentin der Operativgruppe nach Ostberlin komme. Der Entführungsplan gegen Gârneaţă musste aufgegeben werden; jener gegen Dorogi scheiterte daran, dass Dorogi allen Versuchungen widerstand, die Grenze nach Ostberlin zu überschreiten. Der Plan gegen Eftimie gelang: das MfS nahm ihn in Ostberlin fest und übergab ihn der Securitate-Operativgruppe, die ihn an einem geheimen Ort am Rande Berlins bis tief in die Nacht verhörte und ihn erst entließ, nachdem er sich zur Zusammenarbeit mit der Securitate bereit erklärt hatte. Wieder zurück in Westberlin, verweigerte Eftimie sich der Securitate jedoch konsequent. MfS-Hauptmann Walter Schneider war in allen drei Fällen der maßgebliche Ansprechpartner der Securitate-Operativgruppe gewesen; vgl. Herbstritt: Entzweite Freunde, S. 44, 54, 57, 71.

87 Die biografischen Daten folgen, mangels anderer zugänglicher Informationen in einer dem Verfasser geläufigen Sprache, ausschließlich der kurzen Vogli-Biografie von Bushi, Iir: Historyofthelegendarygoalkeeper, the „blackcat" (QemalVogli), 2008, in: https://en.wikipedia.org/wiki/Qemal_Vogli (letzter Zugriff: 13.11.2017).

5. Schlussbetrachtung und Ausblick

In den Jahren 1955 bis 1961 bestanden zwischen der Sigurimi und der DDR-Staatssicherheit reguläre Arbeitsbeziehungen. Beide Staatssicherheitsdienste betrachteten sich als Verbündete und arbeiteten dementsprechend zusammen. Sie tauschten Informationen aus, und das MfS stattete die Sigurimi umfassend mit technischen Geräten aus. Der albanische Staatssicherheitsdienst profitierte von der Zusammenarbeit, da das MfS als deutscher Geheimdienst in der Bundesrepublik vergleichsweise einfach agieren konnte. Vor dem Mauerbau in Berlin 1961 bot die geteilte Stadt zudem ideale Möglichkeiten, um von einer sicheren Basis in Ostberlin aus nach Westberlin und Westdeutschland hineinzuwirken. Davon machte auch die Sigurimi Gebrauch, indem sie eine Operativgruppe in Ostberlin stationierte. Die Sigurimi und ihre Operativgruppe koordinierten ihre Arbeit mit dem MfS. So half das MfS bei der Ausspähung albanischer Emigranten in der Bundesrepublik. Diese Personengruppe stand im Zentrum der geheimdienstlichen Zusammenarbeit. Auch bei der Entführung des geflüchteten albanischen Spitzenfußballers Kemal Vogli in den Osten war das MfS bereit, die Sigurimi zu unterstützen.

Erkennbar wird, dass die Sigurimi für das MfS damals ein normaler Verbündeter war, wie die anderen sozialistischen Geheimdienste auch. Erkennbar wird aber auch, dass die MfS-Akten nur einige Ausschnitte der Zusammenarbeit wiederspiegeln. So wird beispielsweise die Präsenz der Sigurimi-Operativgruppe mehrmals erwähnt, aber wie die Arbeitskontakte mit ihr konkret ausgestaltet wurden, geht aus den MfS-Akten nicht hervor. Ein einigermaßen vollständiges Bild kann daher nur gezeichnet werden, wenn auch die Akten der albanischen Seite herangezogen werden.

Nach 1961 erscheint Albanien in den MfS-Unterlagen naturgemäß in einem völlig anderen Licht. Als abtrünniger sozialistischer Staat und ideologischer Irrläufer wird es nun vom MfS ausgespäht. Das betrifft vor allem die Aktivitäten der albanischen Botschaft in Ostberlin, über die es in den MfS-Unterlagen zahlreiche Berichte gibt. Erst relativ spät beginnt das MfS offenbar damit, Informationen direkt aus Albanien zu sammeln. Noch 1970 war die bulgarische Auslandsaufklärung (PGU-DS) die wichtigste Quelle des MfS für Informationen aus Albanien.[88] Diese Tatsache verdeutlicht, dass jeder sozialistische Geheimdienst eigene regionale und inhaltliche Interessen hatte. Albanien spielte für die Bulgaren eine größere Rolle als für die DDR.

---

88 Nehring: Die Zusammenarbeit der DDR-Auslandsaufklärung mit der Aufklärung der Volksrepublik Bulgarien, S. 107, 122, 352.

Das MfS beginnt demnach erst im Laufe der 1970er Jahre, Informationen in Albanien zu sammeln. Die Auslandsspionageabteilung des MfS, die Hauptverwaltung A (HV A), richtet in der DDR-Botschaft in Tirana eine geheime Residentur ein, die systematisch, aber in überschaubarem Umfang, unter diplomatischer Abdeckung nachrichtendienstlich aktiv wurde. In den 1980er Jahren sind jeweils vier bis fünf DDR-Diplomaten in Tirana zur gleichen Zeit damit befasst, im Auftrag der HV A Informationsberichte zu erarbeiten und nach Ostberlin zu schicken. Darin berichten sie vor allem über albanische Außenpolitik, daneben über innenpolitische Themen wie Parteitage der Partei der Arbeit Albaniens, einzelne Politiker sowie die Wirtschaftspolitik. Zwischen 1981 und 1989 registriert die HV A insgesamt 141 Informationsberichte von ihrer Residentur in Tirana. Die meisten dieser Berichte schätzt die HV A als durchschnittlich wertvoll ein.[89] Überdurchschnittlich wertvoll sind aus Sicht der HV A nur 13 Informationen. Davon befassen sich sechs mit außenpolitischen Themen, unter anderem mit dem Besuch des bayerischen Ministerpräsidenten Franz Josef Strauß in Albanien im August 1984 sowie mit der Politik Chinas und Jugoslawiens. Sieben der überdurchschnittlich wertvollen Informationen enthalten im Wesentlichen Angaben über Maßnahmen der Sigurimi gegen die diplomatischen Vertretungen der DDR und der anderen sozialistischen Länder in Albanien.[90]

Die vorliegende Untersuchung hat gezeigt, dass Sigurimi und MfS in den 1950er Jahren wie selbstverständlich zusammenarbeiteten, da sie Teil des gleichen Bündnissystems waren und die Kooperation dem jeweils anderen von Nutzen erschien. Sie hat ferner gezeigt, dass beide Staatssicherheitsdienste regionale Interessensschwerpunkte und Kompetenzen besaßen: die Sigurimi hatte ein besonderes Augenmerk auf die Nachbarstaaten Albaniens, das MfS auf die

89 BStU, MfS, HV A/MD/2–5, SIRA-TDB 11–14, Recherche nach Residentur-Nummer 252 (Albanien). Die Auswertungsabteilung der HV A analysierte die Informationen und verfasste auf deren Grundlage bei Bedarf Informationsberichte für die Partei- und Staatsführung in der DDR. Einige dieser Informationsberichte gibt es heute noch im Archiv des BStU; siehe hierzu die entsprechenden Nachweise in: Bundesbeauftragter für Stasi-Unterlagen (BStU) (Hg.): Verzeichnis der Ausgangsinformationen der Hauptverwaltung A des Ministeriums für Staatssicherheit der DDR, Version 5.0. Berlin 2016, im Internet unter https://www.bstu.de/informationen-zur-stasi/publikationen/publikation/verzeichnis-der-ausgangsinformationen-der-hauptverwaltung-a-des-ministeriums-fuer-staatssicherheit/ (letzter Zugriff: 20.2.2019).

90 BStU, MfS, HV A/MD/3 und 5, SIRA-TDB 12 und 14, Recherche nach Residentur-Nummer 252 (Albanien) und Einschätzung „II". 122 Informationen schätzte die HV A als durchschnittlich wertvoll ein, sechs weitere wurden schlechter oder überhaupt nicht eingeschätzt.

Bundesrepublik. Dass Albanien den sowjetischen Einflussbereich 1961 verlassen konnte, zeigt unter außenpolitischen Gesichtspunkten die Grenzen auf, die selbst der Sowjetunion gesetzt waren. Die sicherheitspolitischen Interessen des MfS waren davon jedoch allenfalls mittelbar berührt. Beide Geheimdienste erfüllten auch nach 1961 ihre Hauptaufgabe, nämlich die Macht der herrschenden Partei zu sichern und (potenziellen) Widerstand dagegen zu unterdrücken.

Abkürzungen:

ACNSAS	ArhivaConsiliuluiNaţionalpentruStudiereaArhivelorSecurităţii (rumänisch), dt.: Archiv des Landesrats für das Studium der Securitate-Archive
AIM	Archivierter IM-Vorgang
AOP	Archivierter Operativer Vorgang
BND	Bundesnachrichtendienst
BStU	Bundesbeauftragter für Stasi-Unterlagen
BVfS	Bezirksverwaltung für Staatssicherheit
ČSSR	Tschechoslowakische Sozialistische Republik
GI	Geheimer Informator
HA	Hauptabteilung
HV A	Hauptverwaltung A (Auslandsaufklärung des MfS)
KGB	KomitetGossudarstwennoiBesopasnosti (russisch), dt.: Komitee für Staatssicherheit
MfS	Ministerium für Staatssicherheit
MGB	MinisterstwoGossudarstwennoiBesopasnosti(russisch), dt.: Ministerium für Staatssicherheit
NKGB	NarodnyiKomissariatGossudarstwennoiBesopasnosti (russisch), dt.: Volkskommissariat für Staatssicherheit
NKWD	NarodnyiKomissariatWnutrennych Del (russisch), dt.: Volkskommissariat für innere Angelegenheiten
SdM	Sekretariat des Ministers
SIRA	System der Informationsrecherche der HV A
TDB	Teildatenbank
TV	Teilvorgang
VR	Volksrepublik
WD	Westdeutschland

Peter Spary

Anmerkungen zur Gründung der Deutsch-Albanischen Wirtschaftsgesellschaft

Der Bundesverband des Deutschen Groß- und Außenhandels (BGA) war als einer der großen Spitzenverbände der deutschen Wirtschaft stets Motor für die Außenwirtschaft und Pionier bei der Entdeckung neuer Märkte und Chancen für deutsche Unternehmen speziell aus dem mittelständischen Bereich. Daher habe ich gern am 1. September 1990 die Hauptgeschäftsführung dieses Bundesverbandes übernommen. Ich konnte Erfahrungen aus 26 Berufsjahren in der Politik nunmehr konkret umsetzen und einbringen zur Förderung der Außenwirtschaftsinteressen insbesondere deutscher Groß- und Außenhandelsunternehmen. Ebenso wichtig waren meine Kontakte aus 23 Jahren Geschäftsführertätigkeit bei der CDU/CSU-Bundestagsfraktion und zugleich die Erfahrungen aus einer 16 Jahre andauernden Tätigkeit als Hauptgeschäftsführer der Mittelstandsvereinigung der CDU/CSU.

Ausgangspunkt für diese Aktivitäten war das sogenannte Paneuropäische Picknick an der ungarisch-österreichischen Grenze am 19. August 1989. Es folgte die Öffnung der Grenzen und zahlreiche Kontakte zu den ost- und mitteleuropäischen Ländern. Natürlich gehörte Albanien nicht zu diesem Kreis der Länder. Es war ein über Jahrzehnte abgeschlossener Staat mit Beziehungen allenfalls in die Volksrepublik China. Auf jeden Fall war es Neuland für Westeuropa und speziell für die Bundesrepublik Deutschland. Zu den ersten mehr inoffiziellen Besuchern zählten mein Doktorvater Clemens August Andreae aus Innsbruck und natürlich Franz Josef Strauß, die wohl prägendste Persönlichkeit der CSU. So gehörte zu meinen damaligen Aufgaben als neuer Hauptgeschäftsführer des Bundesverbandes des Deutschen Groß- und Außenhandels, auch Kontakte zu diesem uns allen noch so verschlossenen Balkanland Albanien zu entwickeln. Wir wollten Albanien „begreifen" – das deutsche Wort bedeutet ja so viel wie anfassen, sehen, fühlen, erleben, und zwar vor Ort.

Konsequenterweise folgte schnell ein vom Bundesverband organisiertes Seminar zur Förderung albanischer Exporte in die Bundesrepublik Deutschland im Oktober 1991 in Tirana unter Leitung des damaligen Vorsitzenden des Außenwirtschaftsausschusses des BGA, Harald C. Justus. Die Delegation des BGA konnte sich so ein erstes Bild vom Lande machen. Im Vortragssaal eines bedeutenden Kulturzentrums, einer früheren Enver-Hoxha-Gedenkstätte, traf die deutsche Delegation mit Vertretern albanischer Ministerien, der Staatsbank und der staatlichen Außenhandelsgesellschaft zusammen. Das war der Startschuss. Schon damals bestand Übereinstimmung, dass ohne einen Transfer von Maschinen, Anlagen und Technologie eine schnelle Ausweitung der albanischen Exporte nicht zu erwarten sei. Dennoch wurden bereits erste Kontakte im Lebensmittelbereich, bei Holzwaren und sogar bei der Herstellung von Oberhemden geknüpft. Als erste Hilfe für exportwillige albanische Unternehmen hat der BGA angeboten, eine Gruppe von 20 Vertretern aus dem oberen und mittleren Management albanischer Betriebe für etwa 2 Wochen in das Bildungszentrum des BGA nach Goslar einzuladen.

Diesem vielversprechenden Beginn folgte vom 21. bis 23. November 1991 in Tirana die 3. Tagung der deutsch-albanischen gemischten Wirtschaftskommission, und zwar auf der Grundlage des Artikels 9 eines Abkommens zwischen der Regierung der Bundesrepublik Deutschland und der Regierung der Sozialistischen Volksrepublik Albanien über die Entwicklung der wirtschaftlichen, industriellen und technischen Zusammenarbeit. Die deutsche Delegation wurde vom parlamentarischen Staatssekretär im Bundesministerium für Wirtschaft und Bundestagsabgeordneten Erich Riedl geleitet. Neben 12 Regierungsvertretern auf deutscher Seite und 11 Regierungsvertretern auf albanischer Seite war die deutsche Wirtschaft durch eine Delegation von insgesamt 27 Personen vertreten, natürlich unter aktiver Mitwirkung von Peter Spary.

Bei dieser Tagung hat auf Anregung auch des BGA Erich Riedl als Vorsitzender des gemischten Ausschusses mit der albanischen Seite vereinbart, die wirtschaftliche Zusammenarbeit zwischen beiden Ländern neu zu beleben, einen Gedankenaustausch über neue Maßnahmen und Wege der Förderung der Zusammenarbeit durchzuführen und Gelegenheit zu Kontakten und Absprachen zwischen den Unternehmen aus beiden Ländern zu geben. Auf deutscher Regierungsseite wirkte damals schon sehr aktiv Helge Tolksdorf mit für das Bundesministerium für Wirtschaft, der diesen Bereich über zwei Jahrzehnte mitgestaltet hat. Wegen der damals noch sehr ungünstigen Flugverbindungen hatte das Bundesverteidigungsministerium für die Reise dieser Delegation eine Maschine der Luftwaffe zur Verfügung gestellt. Die besondere Beachtung der deutschen Gäste wurde deutlich durch den Empfang des damaligen albanischen Staatspräsidenten Ramiz Alia für einen kleinen Teil der Delegation, zu dem auch der Hauptgeschäftsführer des BGA zählte. Ramiz Alia war der letzte Staatschef des ehemaligen Ostblocks aus stalinistischer Zeit. Er erwähnte bei seiner Ansprache mehrfach den privaten Besuch von Franz Josef Strauß, der die Beziehungen zu Albanien eingefädelt hatte. Der Präsident ließ die großen Hoffnungen erkennen, die in die deutsche Wirtschaft gesetzt waren.

Im Mittelpunkt der Erörterung stand damals der deutsch-albanische Vertrag über die Förderung und den gegenseitigen Schutz von Kapitalanlagen, der am 31. Oktober 1991 in Bonn unterzeichnet worden war. Der Vertrag diente dem Ziel, die beiderseitige wirtschaftliche Zusammenarbeit zu stärken, indem er günstige Bedingungen für private Kapitalanlagen schuf. Der deutsch-albanische Investitionsförderungs- und Schutzvertrag entsprach im Wesentlichen dem Deutschen Mustervertrag. Aufgrund des Vertrages sollten deutsche Investoren einen umfassenden Rechtsschutz genießen, insbesondere durch Gewährleistung des freien Kapital- und Ertragstransfers, der Meistbegünstigung bei unternehmerischen Aktivitäten, einer Entschädigungspflicht und Rechtsweggarantie bei Enteignungsmaßnahmen sowie Rechtsschutz in allen Investitionsstreitigkeiten, auch durch die Möglichkeit der Anrufung eines internationalen Schiedsgerichtes. Damit waren die Voraussetzungen für die Absicherung deutscher Kapitalanlagen in Albanien gegen politische Risiken durch Gewährung von Bundesgarantien gegeben. Auf deutscher Seite hatte Staatssekretär Erich Riedl in gewohnt offener Art sehr klar und deutlich erkennen lassen, dass die aktuellen Schwierigkeiten ein Ergebnis der Umstellung von der Kommandowirtschaft auf die Marktwirtschaft und die Demokratie seien. Angesichts der damals noch vorhandenen Verkrustungen im Staatsapparat von Albanien waren Ansatzpunkte für Optimismus, Aufbruchsstimmung oder greifbare Investitionschancen nur schwer erkennbar. Aber der Startschuss war erfolgreich, auch dank der flankierenden aktiven Unterstützung durch den damaligen Botschafter der Republik Albanien in Deutschland, Xhezair Zaganjori, dem später noch wichtige Funktionen in seiner Heimat übertragen wurden.

Weitere wichtige Wirtschaftsgespräche in Albanien fanden am 24. und 25.Januar 1994 statt. Ziel war es nicht nur, die vorhandenen Kontakte weiterzuentwickeln, sondern die deutsch-albanische Wirtschaftsgesellschaft, damals noch in Gründung, vorzustellen und bekannt zu machen. Dabei waren vom BGA Vizepräsident Walter Hinderer und Hauptgeschäftsführer Peter Spary, begleitet von einer hochkarätigen Unternehmerdelegation, der aus der CDU/CSU-Bundestagsfraktion Ernst Hinsken, wirtschafts- und verkehrspolitischer Sprecher der CSU-Landesgruppe und Obmann der Fraktion im Wirtschaftsausschuss sowie Hans Raidel, Obmann der Fraktion im Ausschuss für Raumordnung, Bauwesen und Städtebau sowie Mitglied im Verteidigungsausschuss, angehörten.

Das Gründungsteam der Deutsch-Albanischen Wirtschaftsgesellschaft bildeten auf deutscher Seite 13 Persönlichkeiten unter Leitung von Walter Hinderer und Staatssekretär a.D. Uwe Pautz. Wesentlich unterstützt wurde das Projekt vom Projektmanager der Hanns-Seidel-Stiftung, Michael Kosmala, die schon ein Büro in Tirana eröffnet hatte. Der Entschluss zur Gründung erfolgte in einer Versammlung in Bonn am 19. April 1994, der formale Gründungsakt am 25. Mai 1994 und die Eintragung ins Vereinsregister beim Amtsgericht Bonn am 3. Februar 1995. Erster Präsident war Walter Hinderer, als Vizepräsidenten fungierten Walter Mörchen und Uwe Pautz. Dem Vorstand gehörten noch Peter Spary, Ulrich Stumpp und Rudolf L. Deutzenberg an. Die Geschäftsführung übernahm Ulrich Stumpp, damals Geschäftsführer des BGA. Gründungsmitglieder waren neben Michael Kosmala auch die Bundestagsabgeordneten Ernst Hinsken, Lorenz Niegel, Peter W. Reuschenbach, der Vorsitzende der Deutsch-Albanischen Parlamentariergruppe, sowie Ilse Richter aus dem Bundesministerium für Wirtschaft, Staatsminister a.D. Heinz Schwarz, Thomas Wittstadt und Botschafter Xhezair Zaganjori. Aus diesem Kreis gehört aktuell nur noch Peter Spary dem Vorstand an. Walter Hinderer und Rudolf L. Dautzenberg sind verstorben, die anderen Gründungsmitglieder in den Ruhestand getreten. Ich habe meinen Beitrag geleistet für die Vorbereitung der Gründung der Gesellschaft und blieb im Präsidium aktiv bis heute, auch nach dem Umzug von Bonn nach Berlin.

Die Deutsch-Albanische Wirtschaftsgesellschaft e.V. ist die einzige ihrer Art in Deutschland. Sie bleibt den in § 3 der Satzung verankerten Zielen verbunden, nämlich „die Freundschaft und die Beziehungen zwischen der Bundesrepublik Deutschland und der Republik Albanien zu fördern [und] die Entwicklung der Wirtschaftsbeziehungen im Sinne des Gedankens der Entwicklungshilfe mit Albanien“ zu unterstützen. Darüber hinaus setzt sich die Gesellschaft für die nachhaltige Entwicklung Albaniens ein, die Wohlstand für alle schafft und dadurch die Integration der Republik Albanien in die Europäische Union fördert. Diesem Ziel fühlt sich die Gesellschaft besonders verpflichtet. Gewiss hat sich in der Entwicklung der Beziehungen viel in positiver Richtung verändert. Dessen ungeachtet bleibt die Deutsch-Albanische Wirtschaftsgesellschaft gefordert und wird auch künftig dafür wirken, den Weg Albaniens in die Europäische Union zu ebnen und dadurch zur Zusammenarbeit mit Albanien als wichtigem Partner auf dem Balkan beitragen. Präsident Hans-Jürgen Müller, der vor gut einem Jahrzehnt diese Funktion von Walter Hinderer übernommen hat, und Geschäftsführer Michael Alber sind Garanten dafür, dass die Arbeit der Deutsch-Albanischen Wirtschaftsgesellschaft konsequent und erfolgreich weiter gestaltet wird im Sinne der Gründer.

Hellmut Hoffmann

Drei Jahre deutscher Botschafter in Albanien 2013 - 2016

„Nach Albanien gehe ich nicht!", rief meine Frau Rita entrüstet. Ich hatte ihr gerade eröffnet, auf welchen nächsten – und letzten – Posten das Auswärtige Amt uns schicken wollte. Drei Jahre Tirana. Auch ich war alles andere als begeistert. Nach 31 Jahren Tätigkeit auf anspruchsvollen Posten im Auswärtigen Dienst ging es um meine letzte *„Verwendung"*, wie es im Amtsdeutsch so schön heißt. In der Verwandtschaft wurde ich sogar gefragt, was ich angestellt hätte. Seit 2009 war ich Leiter der deutschen Abrüstungsmission in Genf. Dort warteten wir im Frühjahr 2013 gespannt darauf, welche Pläne die Personalabteilung für uns haben würde.

Um es gleich vorweg zu nehmen: Als wir drei Jahre später unsere Koffer packten, um nach Berlin zurückzukehren, gehörten wir zu den Ausländern, von denen es in Tirana heißt, dass sie *„in Albanien mit Tränen in den Augen ankommen, weil sie dort nicht hinwollen und beim Abschied Tränen in den Augen haben, weil sie von dort nicht weggehen wollen"*. Meine Frau und ich blickten auf eine sehr schöne Zeit in diesem Land zurück. Viele unserer privaten Besucher, die sonst kaum je nach Albanien gereist wären, waren von Land und Leuten ebenso angetan wie wir, einige kamen sogar wieder. Hätte ich mein Ruhestandsalter nicht erreicht, wären wir gern länger geblieben.

In meinem Werdegang hatte eigentlich nichts auf Albanien hingedeutet. Schon in Studienjahren am Londoner *King's College* und an der *School of Advanced International Studies* der *Johns Hopkins University* in Washington D.C. auf Sicherheitspolitik fokussiert, war ich auf unserem ersten Auslandsposten in Wien folgerichtig bei den Verhandlungen zum *Vertrag über Konventionelle Streitkräfte in Europa* eingesetzt. Spätere Auslandsverwendungen führten mich kurz nach der Unabhängigkeit Namibias Anfang der 1990er Jahre als stellvertretender Missionsleiter nach Windhuk und in der Zeit des dramatischen Tauziehens um den Irak-Krieg 2003 als stellvertretender Leiter der Politischen Abteilung an die Botschaft in London. Als Chef des Grundsatzreferats in der Abrüstungsabteilung war ich in Berlin am Ringen um das Nuklearabkommen mit Iran unmittelbar beteiligt. Nach einem *Sabbatical* am *NATO Defence College* in Rom und der *Bundesakademie für Sicherheitspolitik* in Berlin schloss sich die Leitung unserer Abrüstungsvertretung in Genf an, zu deren Aufgaben auch die Leitung der deutschen Delegation bei dem für *Abrüstung und internationale Sicherheit* zuständigen 1. Ausschuss der Generalversammlung der Vereinten Nationen gehörte. Von drei Monaten als stellvertretender Leiter der Botschaft Zagreb Mitte der 1990er Jahre abgesehen, wohin ich kurzfristig zur Überbrückung einer Vakanz abgeordnet worden war, hatte ich in Südosteuropa keine Regionalerfahrung gesammelt. Auch wenn ich mir vor diesem Hintergrund näher liegendere Verwendungen als Tirana vorstellen konnte, erschien mir im Blick auf die historische Bedeutung des Balkans für das Schicksal Europas ein Einsatz in dieser Region durchaus reizvoll, zumal ich glaubte, mit meinem persönlichen Erfahrungshintergrund – Studium der Geschichts- und Politikwissenschaft und Herkunft aus einer sudetendeutschen Familie – zu diesem Teil Europas gut Zugang finden zu können, insbesondere zu seinen Nationalitätenkonflikten. Hinzu kam, dass ich eine zügige Annäherung der Westbalkanstaaten an die Europäische Union für geboten hielt – und zwar vor allem auch im Interesse der EU selbst – und es daher spannend fand, bei diesem Prozess mit in die Speichen greifen zu können.

Unsere Vorbehalte gegen Albanien waren auch in unseren Hinterköpfen steckenden Bildern und Stereotypen geschuldet, wie sie in Deutschland weit verbreitet sind:

- Das ärmste und am wenigsten entwickelte Land Europas mit grassierender Korruption und organisierter Kriminalität. Der schon zur Filmfigur avancierte Typ des brutalen Albaners aus den Drogen- und Rotlichtmilieus westeuropäischer Metropolen.
- Über fast ein halbes Jahrhundert die wohl repressivste kommunistische Diktatur Europas.

Ich erinnerte mich, wie ich mich mit meinen reformistischen Freunden in den 1970er Jahren in Heidelberg über K-Gruppler amüsiert hatte, die auf Tapetentischen vor der Mensa Enver Hoxhas *Gesammelte Werke* als Anleitung zu einem eigenständigen Weg zum Sozialismus angepriesen hatten. In Albanien lernten wir später einige dieser Aktivisten, die ein paar Jahre für den Deutschen Dienst von Radio Tirana gearbeitet hatten, als geläuterte, aber überaus engagierte Freunde Albaniens kennen. Ich erinnerte mich an TV-Bilder vom chaotischen Umbruch in Albanien 1990/91, an Bilder von der Besetzung der deutschen Botschaft durch mehrere tausend Albaner, an Bilder vom Sturz des Hoxha-Denkmals in Tirana vor einer riesigen Menge aufgewühlter Demonstranten, an Bilder abgerissener Gestalten bei der Entgegennahme von Hilfsgütern und an Bilder von Flüchtlingen, die auf rostigen und hoffnungslos überfüllten Kähnen über die Adria nach Italien zu entkommen suchten. Ich erinnerte mich an TV-Bilder vom *Pyramidenskandal* von 1997, an mit Kalaschnikows herumfuchtelnde und gefährlich aussehende Männer, die Albanien in einen Bürgerkrieg zu stürzen schienen und an meine Einberufung in den im Auswärtigen Amt gebildeten Albanien-Krisenstab. Nicht nur für Albanien war dies ein historischer Augenblick, sondern auch für Deutschland, denn erstmals nach 1945 wurden deutsche Streitkräfte im Ausland eingesetzt, als Bundeswehrhubschrauber unter Schusswechsel Mitarbeiter der deutschen und anderer diplomatischer Vertretungen mitten aus Tirana herausholten. Ich erinnerte mich an meinen ersten Referatsleiter Mitte der 1980er Jahre im Auswärtigen Amt, Claus Vollers, der ein Jahrzehnt später als zweiter deutscher Botschafter nach Tirana gegangen war und eindrucksvoll von seinen Erfahrungen im rückständigsten Land Europas berichtet hatte. Und ich erinnerte mich vage an meine begeisterte jugendliche Lektüre von Karl Mays *Durch das Land der Skipetaren* und an die Figur Skanderbegs als *Verteidiger des Abendlands.*

Leider ist es mir bei meinen zwölf Versetzungen im Auswärtigen Dienst kaum je gelungen, mich so intensiv auf den nächsten Posten vorzubereiten, wie ich mir dies immer gewünscht hatte. Abgesehen davon, dass ich meine nächste Verwendung in der Regel nur etwa drei Monate vor der Versetzung erfahren habe, blieben zwischen Übergabe des bisherigen Arbeitsplatzes und Antritt des neuen Postens immer nur wenige Tage, in denen Umzug und vieles anderes mehr zu organisieren waren. Dennoch versuchte ich natürlich immer, mich so gut es ging einzuarbeiten. Im Falle Albaniens studierte ich zunächst Reiseführer und Lexika-Einträge. Anschließend nahm ich mir den von Werner Daum, der als Geschäftsträger ad interim die westdeutsche Botschaft in Tirana 1987 eröffnete hatte, herausgegebenen Band *Albanien zwischen Kreuz und Halbmond* vor, später Oliver Jens Schmitts *Die Albaner – eine Geschichte zwischen Orient und Okzident.* Als Einstieg in die Belletristik wählte ich Ismail Kadares *Chronik aus Stein.* Hinzu kamen die „*Einweisung*“, d.h. Gespräche im Auswärtigen Amt und weiteren Ministerien, mit Politischen Stiftungen, Wirtschafts- und Mittlerorganisationen usw. sowie amtliche Materialien. Vor allem erhoffte ich mir immer nützliche Hinweise auf interessante albanische Gesprächspartner. Beneidet habe ich meinen britischen Kollegen Nicholas Cannon in Tirana dafür, dass er – wie im *Foreign Office* üblich – vor Dienstantritt ein Jahr zum Erlernen der Sprache und für landeskundliche Studien freigestellt worden war. Eine schwierige Sprache „*dienstbegleitend*“, also nebenher, zu erlernen, ist praktisch ausgeschlossen, wenn man seine Aufgaben als Botschafter gut erfüllen will. Das Fehlen zumindest passiver albanischer Sprachkenntnisse, um Auftritte von Politikern unmittelbar verstehen zu können, habe ich immer als großes Handicap empfunden.

Um mir eine Vorstellung vom künftigen Dienstort verschaffen und – da eine zeitliche Überlappung bei Missionsleitern nicht vorgesehen ist – meine Vorgängerin Carola Müller-Holtkämper vor ihrer Ausreise sprechen zu können, flog ich im Juni 2013 für drei Tage nach Tirana. Bei mitternächtlicher Ankunft war meine erste Überraschung der modern-ansprechende und bestens in Schuss befindliche Flughafen. Vom Botschaftsfahrer erfuhr ich, dass der *Tirana Airport* eines der ersten und wichtigsten Projekte der deutsch-albanischen Entwicklungszusammenarbeit war und das Management in Händen eines deutschen Betreiberunternehmens lag. Am nächsten Morgen von der Botschaftersekretärin an meinem kleinen und sehr ordentlichen Hotel abgeholt, ging es zu Fuß in zehn Minuten in einer schmalen Gasse unter einem dichten Gewirr von Kabeln durch ein orientalisch anmutendes Markttreiben zur Botschaft, vorbei an einer bizarren Mischung aus ebenerdigen Katen aus der Zeit vor dem Ersten Weltkrieg, unverputzten Backsteinklötzen kommunistischer Einheitsarchitektur und anspruchsloser Nachwende-Apartmentblocks. Fahrzeuge quetschten sich zwischen Obst- und Gemüseständen und Passanten hindurch, was allseits mit größtem Gleichmut hingenommen zu werden schien, die Luft war voller Abgase, Zigarettenverkäufer hockten am Straßenrand, ärmliche Gestalten fischten aus Abfalltonnen Plastikflaschen und kleine Buben drängelten sich bettelnd an meine Seite.

Rruga Skënderbeg heißt die nach dem albanischen Nationalhelden aus dem 15. Jahrhundert benannte Seitenstraße, in der das kommunistische Regime zahlreiche Botschaften in zentraler Lage angesiedelt hatte, mit bis heute praktizierter Zufahrtskontrolle. Bald stand ich vor der noch zu kommunistischen Zeiten vom albanischen Staat errichteten deutschen Botschaft – mitten in Tirana ein Gebäude bayrisch-alpenländischer Anmutung! Ob dies als Reverenz an Franz Josef Strauß gedacht war, der in der zweiten Hälfte der 1980er Jahre bei mehreren Besuchen eine besondere Zuneigung zu Albanien und seinen Menschen entwickelt hatte (was sich auf die Verhandlungen über die Aufnahme diplomatischer Beziehungen positiv auswirkte), vermochte ich nie zu klären.

Die hinter dem Kanzleigebäude in einem kleinen Garten gelegene Residenz zeigte sich hingegen als ein modernistischer, wenn auch nicht besonders eindrucksvoller Bau. Im Blick auf Residenzen wichtiger Partnerländer versuchte eine albanische Journalistin dem später in einer TV-Sendung einen positiven Dreh zu geben: *„Die Deutschen leben Bescheidenheit vor!"* Die rund 30 entsandten und lokalen Mitarbeiter und Mitarbeiterinnen der Botschaft, die mich drei Jahre tatkräftig unterstützen sollten, bereiteten mir einen freundlichen Empfang, wie in der Schule den „neuen Lehrer" erwartungsvoll in Augenschein nehmend und meine Vorgängerin gab mir manche nützlichen Hinweise.

Am Abend eine weitere Überraschung: In den Villen der kommunistischen Spitzenfunktionäre im früher für Normalsterbliche hermetisch abgeriegelten Nomenklatura-Bezirk *Blloku* unzählige, meist gut gestaltete Cafés, Restaurants und Bars mit weitläufigen Terrassen, überall dröhnende Popmusik, wie aus italienischen TV-Shows entsprungene superschlanke Frauen auf *High Heels* auf holprigen Trottoirs stöckelnd, auf den Straßen jede Menge deutscher Nobelmarken, besonders fette doppelt geparkt. Neben schmackhafter albanisch-orientalischer sehr gute italienische Küche – und dies zu äußerst moderaten Preisen. Die in meinem Kopf herumgeisternde Vorstellung von Tirana als trist-grauer Stadt wie etwa Ost-Berlin in den frühen 1970er-Jahren hätte drastischer kaum widerlegt werden können. Später fragten wir uns immer wieder, warum junge Leute in den Ländern West- und Mitteleuropas diesen Ort nicht längst entdeckt haben. Nach Genf zurückgekehrt, sagte ich zu meiner Frau erleichtert: „*Tirana ist viel besser als wir gedacht haben! Sehr urban! Und die Leute sind unglaublich nett und hilfsbereit!*"

Mit unseren drei Kindern, die bis zum Abitur auf allen Posten dabei gewesen waren und uns bei unserer letzten „*Dienstantrittsreise*" begleiten wollten, machten wir uns Ende Juli 2013 von Genf aus auf den Weg, mit Bedacht mit dem Auto und nicht mit dem Flugzeug, um ein erstes Gefühl für die Region und ihre Menschen zu bekommen. Nach Übernachtungen in Triest und Dubrovnik in Albanien angekommen, wurde es spätestens ab der Durchfahrt durch Shkodra im Auto immer stiller und als wir die Außenbezirke von Tirana erreicht hatten, war mir das Herz vollends in die Hose gerutscht: Überall in die Landschaft ragende Betonskelette aufgegebener Bauvorhaben, viele stinkend-qualmende Abfallhaufen an Straßenrändern und in Feldern, Gebäude aller Art, die aussahen, als ob sie von den Eigentümern auf einem Stück Papier mit wenigen Bleistiftstrichen selbst entworfen und eigenhändig gebaut worden wären, manche grotesk kitschig, absurd viele Tankstellen, manche längst aufgegeben, eine das Auge verletzende Zersiedelung – meine frühere zuversichtliche Behauptung, Albanien sei viel besser als sein Ruf, war gründlich desavouiert!

Dabei nahmen wir die Schönheit der Landschaft durchaus wahr. Links und rechts in wunderbares Spätnachmittagslicht getauchte karge Bergketten, in denen man sich Karl Mays *Skipetaren* gut vorstellen konnte, das in den Hang geklebte Kruja mit Skanderbeg-Burgruine, die wir immer wieder mit Gästen aufsuchen sollten. Auch bei späteren Fahrten waren wir immer von der oft noch unberührten Natur und schönen und abwechslungsreichen Landschaften berührt. Mit Besuchern sind wir immer wieder gern nach Süden gefahren, über das kleine Kloster Ardenica, die römische Ausgrabung Apollonia, den grandiosen Llogara Pass am Mittelmeer hinunter nach Porto Palermo und Saranda, zur großen Ausgrabung Butrint und hinüber nach Gjirokastra mit seiner eindrucksvollen UNESCO-Weltkulturerbe-Altstadt. Einmal versuchten wir, der Straßenkarte vertrauend, auf kürzestem Weg von Gjirokastra nach Berat zu fahren, der anderen sehenswerten osmanischen Stadt Albaniens. Nach einigen Kilometern verwandelte sich die neu gerichtete Straße schlagartig in einen wohl noch aus den 1930er Jahren stammenden breiteren Kopfsteinpflasterweg verheerender Qualität, auf dem wir oft nur im Schritttempo vorankamen – ohne unseren geländegängigen 4x4 aus Untertürkheim wären wir liegen geblieben. Dass wir ohne jede Beschilderung an zahlreichen Abzweigungen nach vielen Stunden in Berat tatsächlich ankamen, erschien uns wie ein kleines Wunder. Dabei war die Fahrt durch die schöne und sehr dünn besiedelte Landschaft höchst eindrucksvoll, besonders an diesem Tag, an dem sich Sonnenschein und Gewitter in einem großartigen Naturschauspiel abwechselten. Dass es in dieser südöstlichen Ecke Europas so oft und vor allem so intensiv regnen würde (das Land kann seinen Strom weitgehend aus Wasserkraft erzeugen) hätten wir nie vermutet. Der Fairness halber sei festgehalten: Entgegen einem verbreiteten Vorurteil sind in Albanien die Straßen zwischen den größeren Orten inzwischen praktisch überall in gutem Zustand!

Allerdings kamen bei unseren Fahrten immer wieder auch gemischte Gefühle auf, denn ein über Jahrzehnte betriebener Raubbau an der Natur und zahlreiche Bausünden waren vielerorts unübersehbar. Angefangen bei den im Land verstreuten kleinen Betonbunkern, von denen in der Hoxha-Zeit aus Furcht vor einer Invasion *„imperialistischer oder sozialimperialistischer Mächte“* etwa 200.000 gebaut worden sein sollen. Auch wenn wohl die meisten inzwischen verschwunden sind, springen immer noch viele als monströse Überbleibsel eines paranoiden Regimes ins Auge. Unglaublich auch die schiere Masse der in wenigen Jahren seit der Wende hochgezogenen und meist wenig eindrucksvollen Apartmentblöcke, wobei jene in den Küstenstädten oft nur in den Sommerferien bewohnt sind. Auch fragten wir uns oft, warum Kulturdenkmäler wie etwa das osmanische Gjirokastra nicht besser erhalten und gepflegt werden konnten. Mit umso größerer Freude verfolgten wir daher, wie sich insoweit während unseres dreijährigen Aufenthalts vieles zum Besseren zu verändern begann. Auf Anordnung von Premierminister Edi Rama, der als ausgebildeter Künstler für diese Dinge einen ausgeprägten Sinn besitzt und schon als Bürgermeister von Tirana gegen städtebaulichen Wildwuchs vorgegangen war, wurden zahlreiche Bauruinen und ohne Genehmigung errichtete Gebäude gesprengt, darunter sogar eindrucksvolle Restaurantkomplexe am Ufer des Ohridsees. Gleichzeitig wurden in Tirana und anderen Städten zentrale Plätze und Anlagen in meist gelungener

Weise neu gestaltet und entlang wichtiger Verbindungsstraßen Soldaten zum Mülleinsammeln eingesetzt.

An einem großen Kreisverkehr, in dessen Mitte ein schwarzer – bei Nacht in blutrotes Licht getauchter – Doppeladler entschlossen wacht, machten wir bei unserer ersten Einfahrt in Tirana eine wichtige Erfahrung mit albanischem Straßenverkehr: *Vorfahrt hat, wer zuerst kommt!* Wie in einen Fischschwarm fädelt man sich in die ineinander verkeilte Blechlawine und bewegt sich Zentimeter um Zentimeter langsam vorwärts – und es funktioniert! Später wurde ich gelegentlich Zeuge einer in der deutschen *Ex-Pat Community* gern geführten Diskussion nahezu weltanschaulicher Qualität: Während die einen energisch zur *„Schaffung von Ordnung"* durch Installation von Verkehrsampeln rieten, zeigten sich die anderen überzeugt, dass es mit gegenseitiger Rücksichtnahme doch gut gehe! Meiner Frau, die wie viele Ausländer anfangs unsicher war, machte das Autofahren später sogar richtig Spaß. Leider muss hinzugefügt werden, dass man sich schon in Acht nehmen muss, da manche albanischen Machos zu mehr als lebensgefährlichen Überholmanövern neigen. Einmal sah ich auf der schnurgeraden Autobahneinfahrt nach Tirana Fußballfans auf Dächern von PKWs sitzend mit mindestens 80–90 km/h zu einem Spiel ihres Vereins brausen.

Mein Beglaubigungsschreiben konnte ich Staatspräsident Bujar Nishani bereits wenige Tage nach Eintreffen im Rahmen einer kleinen und würdevollen Zeremonie im Präsidentenpalast übergeben, einem am Ende des Hauptboulevards *Helden der Nation* gelegenen Gebäudekomplexes, der in der kommunistischen Zeit als Sitz für die sowjetische Botschaft errichtet worden war. Meine Antrittsbesuche bei Kollegen des diplomatischem Corps und den wichtigsten Repräsentanten von Regierung, Parteien, Religionsgemeinschaften, Medien, NGOs usw. standen unter der das ganze Land intensiv beschäftigenden Frage, wie es nach der gerade erfolgten Wahlniederlage Sali Berishas, der als Vorsitzender der Demokratischen Partei und langjähriger Premierminister die Geschicke Albaniens fast ein Vierteljahrhundert stark geprägt hatte, und dem Sieg der Koalition unter Führung des Chefs der Sozialistischen Partei, Edi Rama, weitergehen würde. Würde die neue Regierung die (wieder einmal) versprochenen Reformen –effektive Bekämpfung von Nepotismus, Korruption, organisierter Kriminalität und Kultur der Straflosigkeit – *wirklich* voranbringen? Würde es gelingen, eine politische Kultur zivilisierteren Umgangs zwischen Mehrheit und Minderheit zu etablieren? Könnte mehr Wirtschaftswachstum generiert und die starke Arbeitslosigkeit reduziert werden? Könnte in einer Gesellschaft großer Ungleichheit mehr soziale Gerechtigkeit geschaffen werden? Würde es im Land mit der stärksten Umweltverschmutzung in Europa gelingen, auch auf diesem Feld spürbare Verbesserungen zu erreichen? Hoffnung und Skepsis, so der Eindruck, den ich aus vielen Gesprächen mitnahm, hielten sich in etwa die Waage. Das diplomatisches Corps war sehr überschaubar, ein starkes Dutzend Missionsleiter und -innen laufen sich bei meist in drei Großhotels durchgeführten Veranstaltungen andauernd über den Weg und pflegen freundschaftlich-kollegialen Zusammenhalt; einige Kolleginnen und Kollegen, bei denen der praktische Bezug zwischen Entsendestaat und Albanien zu erkennen nicht leicht fiel, sah man so gut wie nie. Die Gespräche mit dem Staatspräsidenten, dem scheidenden Premierminister, seinem designierten Nachfolger und dem designierten Außenminister ließen die große Wertschätzung erkennen, die Deutschland in Albanien entgegengebracht wird, aber auch die an Deutschland gerichteten großen Erwartungen: Die Deutschen, so eine Vorstellung, die mir immer wieder begegnet ist, haben es (mehr oder weniger allein) in der Hand, Albanien den Weg in die Europäische Union zu ebnen!

Von verschiedener Seite wurde ich auch gewarnt: Es werde sehr genau beobachtet, ob der deutsche Botschafter für die eine oder andere Partei Präferenzen zeige und alle würden versuchen, ihn in ihr Lager zu ziehen. Man solle sich auch auf die Möglichkeit einstellen, über verschiedene Kanäle in Berlin angeschwärzt zu werden. Schon in den ersten Tagen wurde mir die große Bedeutung der Medienarbeit bewusst, denn dass der deutsche Botschafter ein begehrter Interviewpartner war, zeigte sich schnell. Ein zu meiner Vorstellung geführtes TV-Interview lief zu meiner Überraschung in großer Länge in den Hauptnachrichten. Auch später war ich recht oft in den Medien, wobei meine Neigung, die Dinge – im Rahmen des diplomatisch Vertretbaren – beim Namen zu nennen, auf viel positives Echo stieß. Dass es hier aber auf einem schmalen Grat zu balancieren galt, wurde mir bald klar, denn dass der eine oder andere hyperaktive Kollege mit allzu häufigen und noch dazu allzu oberlehrerhaften Medienauftritten bei manchen Albanern schon einmal die Frage provozierte, ob es denn diplomatischen Gepflogenheiten entspreche, Gastländer andauernd öffentlich zu kritisieren, war mir nicht entgangen. Das tolerante und harmonische Zusammenleben der religiösen Gemeinschaften in Albanien – etwa zwei Drittel sind Muslime, ein Drittel orthodoxe bzw. katholische Christen, gemischte Ehen sind sehr verbreitet – fiel uns schon früh auf. Noch bemerkenswerter war, dass sich die Albaner dieses in anderen Teilen der Region und der Welt keineswegs selbstverständlichen Sachverhalts nur wenig bewusst zu sein schienen. Meine Frau und ich haben daher immer wieder dazu ermutigt, dieser guten Tradition – auch nach außen – mehr selbstbewussten Ausdruck zu verleihen.

Die erste Dienstreise führte uns Mitte August 2013 in das südalbanische Korca. Eine Einladung von Bürgermeister Nico Peleshi zur gemeinsamen Eröffnung des dortigen „*Bierfestes*" hatte ich auch deshalb gern angenommen, weil gerade bekannt geworden war, dass der junge und als pragmatischer Macher geltende Bürgermeister stellvertretender Premierminister werden sollte und sich so eine günstige Gelegenheit für ein frühes Kennenlernen in zwanglosem Rahmen bot. Wir wurden überaus freundlich aufgenommen. Inwieweit der Zufall, dass Nico Peleshi und ich für unsere Grußworte in den albanischen Farben auf die Bühne getreten waren – der eine in einem schwarzen, der andere in einem roten Polohemd – hierzu beigetragen hat, mag dahingestellt bleiben. Jedenfalls war die Stimmung unter den zahlreichen Festbesuchern ausgezeichnet und noch Jahre später wurde ich anerkennend für mein in die TV-Kameras mehrerer Sender gesprochenes Lob für albanisches Bier angesprochen. Am Tisch des Bürgermeisters, seiner Frau und einiger ihrer Freunde erlebten wir die zu Recht viel gerühmte albanische Gastfreundschaft – und vor allem erlebten wir die Albaner als außerordentlich liebenswürdige, herzliche und humorvolle Menschen, die Deutschland und den Deutschen viel Sympathie entgegenbringen, beides Erfahrungen, die sich immer wieder bestätigen sollten. Im ganzen Land kann man in Vorgärten neben dem schwarzen Doppeladler auf rotem Grund nicht selten auch schwarz-rot-goldene Fahnen flattern sehen. Auch haben wir Menschen getroffen, die die deutschen Fußball-Weltmeisterschaftsaufstellungen begeistert herunterrasseln konnten, spätestens seit 1974. Der mit deutschen Fahnen geschmückte Autokorso, der nach dem Finale in Brasilien 2014 unter ohrenbetäubendem Hupen durch das nordalbanische Shkodra kurvte, schaffte es sogar in die deutschen TV-Nachrichten!

Über die Gründe für die Sympathie für Deutschland kann man nur spekulieren. Zum einen dürfte die umfangreiche deutsche Hilfe – staatliche und von Kirchen und NGOs geleistete – eine Rolle spielen, die Albanien seit den harten Jahren nach der Wende erfahren hat. Auch ist die Erinnerung an den *„Sturm auf die deutsche Botschaft"*, wie die Botschaftsbesetzung von 1990 in Albanien genannt wird, bei vielen noch präsent, denn sie hatte nicht nur zur Ausreise von 3.200 Albanern nach Deutschland geführt, sondern auch zu einer revolutionären Umbruchstimmung beigetragen, die 1990/91 die Diktatur hinwegfegen sollte. Hinzu kommt, dass in Deutschland rd. 50.000 Menschen albanischer Herkunft leben, die fast immer enge Verbindungen zu ihrer Heimat halten, was zu der verbreiteten Bewunderung für deutsche Wirtschaftskraft, Technik, Organisation und Effizienz beigetragen haben mag. Nicht selten bekamen wir den Stoßseufzer zu hören: *„Wenn ihr Deutsche nur für ein paar Jahre in Albanien das Heft in die Hand nehmen könntet, käme hier alles viel schneller in die Gänge!"* Das am Vorabend des Ersten Weltkriegs nur ein halbes Jahr währende Intermezzo des vom *Europäischen Konzert der Großmächte* installierten deutschen Prinzen Wilhelm zu Wied als *„Fürst von Albanien"*, ist, wenn überhaupt, nur noch als folkloristische Erinnerung an *„Prinz Widi“* präsent. Selbst die deutsche Besetzung im Zweiten Weltkrieg ist kaum ein Thema, was nicht nur an ihrer vergleichsweise kurzen Dauer – September 1943 bis November 1944 – liegen dürfte, sondern auch daran, dass sie im nominell semi-souverän gebliebenen Albanien deutlich weniger drakonisch war als etwa im benachbarten Griechenland. Dass meine beim jährlichen Gedenken an ein schlimmes Massaker der deutschen Wehrmacht in Vergeltung eines Partisanenangriffs in Borova (Südalbanien) gehaltenen Ansprachen, bei denen ich auch das vorbildliche Verhalten von Albanern beim Schutz von etwa 2000 im Land lebender oder sich dorthin geflüchteter Juden gewürdigt habe, viel und freundliche Medienaufmerksamkeit gefunden haben, steht dazu nicht im Widerspruch.

Einige Grundzüge Albaniens

Albanien war für uns in vielerlei Hinsicht eine neue Erfahrung. Gut zwei Jahrzehnte nach dem Sturz der kommunistischen Diktatur war es weiterhin ein Transformationsland. Ins Auge sprang das drastische Wohlstandsgefälle zwischen Stadt und Land und zwischen einer schmalen (teilweise sehr) wohlhabenden Oberschicht und der in bescheidenen, oft sogar bitterarmen, Verhältnissen lebenden großen Bevölkerungsmehrheit. Bei Albaniens Reichtum an Rohstoffen und Ressourcen – Chrom, Kupfer, Erdöl, fruchtbare Böden, Wasserkraft, schöne Landschaften am Mittelmeer und in den Bergen, um nur die wichtigsten zu nennen – sollte es einem kleinen Land mit weniger als drei Millionen Einwohnern eigentlich möglich sein, in überschaubarer Zeit schlimmste Armut zu beseitigen und das Los der breiten Bevölkerung insgesamt spürbar zu verbessern – sofern die Wohlstandsgewinne gerechter verteilt werden als in den chaotischen Jahrzehnten der Nachwendezeit. Wenn Gemeinwohlorientierung und zivilgesellschaftliches Engagement aber schwach ausgeprägt sind, wie dies im heutigen Albanien der Fall ist – eine bemerkenswerte dialektische Wendung nach fast 50 Jahren Kommunismus – ist dies leichter gesagt als getan. Ob die vielen Medien zur Mobilisierung beitragen können, scheint im Blick auf die Interessen ihrer meist wohlhabenden Eigentümer zweifelhaft. Ein positiver Faktor ist die Stabilität des politischen Systems. Wenn auch im Gefolge meist nicht gerade perfekter Wahlen, hat es mehrfach Machtwechsel zwischen den Parteien ermöglicht, keine Selbstverständlichkeit im Vergleich mit manchen anderen post-kommunistischen Transformationsländern. Sorgen bereitet dennoch die überaus starke politische Polarisierung. An frühere kommunistische Handlungsmuster anknüpfend, wird der politische Gegner als zu bekämpfender Feind wahrgenommen – und dies, obwohl sich die Parteien ideologisch-programmatisch im

Grunde nur noch wenig unterscheiden. Tatsächlich geht es oft mehr um die Interessen konkurrierender Clans und um die Verteilung von Pfründen. Dabei ist Korruption weit verbreitet und zwischen organisierter Kriminalität, insbesondere Drogenhandel, Wirtschaft, Politik und Justiz bestehen manche undurchsichtigen Verbindungen.

Herausragende Tätigkeitsfelder

Der Reiz des Botschafterseins liegt vor allem darin, sich andauernd mit einer Vielzahl interessanter Aufgaben und Themen befassen zu können. Eine günstige Voraussetzung für die Arbeit in Albanien war, dass der Zugang zu den führenden Repräsentanten von Staat und Gesellschaft sehr unkompliziert ist – wenn es auf Schnelligkeit ankam, ging es für mich auch telefonisch oder per SMS.

EU-Beitrittsprozess

In einem Land, das sich intensiv um den Beitritt zur Europäischen Union bemüht, steht dieses Thema gerade für einen deutschen Botschafter naturgemäß im Vordergrund. Die zu beantwortende Frage war: *„Erfüllt Albanien die Voraussetzungen für die Zuerkennung des ‚EU-Kandidaten'-Status?"* – und nachdem dieser zuerkannt war: *„Welche Voraussetzungen müssen für die Aufnahme von Beitrittsverhandlungen erfüllt sein?"*

Herzstück der von der EU vorgegebenen „*Kriterien*" zur Beantwortung dieser Fragen waren Fortschritte im Kampf gegen Korruption und organisierte Kriminalität. Kriterien zu definieren ist nicht besonders schwer, sich ein belastbares Urteil darüber zu bilden, ob bei der Bekämpfung von Korruption und organisierter Kriminalität (und bei einer Vielzahl anderer Fragen) hinreichende und konkret benennbare Fortschritte erzielt worden sind, dagegen schon, denn es handelt sich bei diesem Geschäft nicht um eine exakte Wissenschaft, bei der man wie mit dem Meterstab Fortschritte messen oder gar mit jenen in anderen Ländern unmittelbar vergleichen könnte. Fragt man die Regierung, sind die Fortschritte riesig, fragt man die Opposition, sieht es ganz düster aus. Nicht viel anders verhält es sich bei den Medien, zumal diese sich oft an politischen Lagern bzw. Parteien ausrichten. Ist ein Korruptionsverdacht schon deshalb glaubhaft, weil er in aller Munde ist? In Ländern, die ein gravierendes Korruptionsproblem haben – und dies ist bei Albanien zweifellos der Fall – kann jeder der Korruption verdächtigt werden und jeder kann jeden jederzeit der Korruption bezichtigen. Fast immer weiß aber niemand nichts Genaues nicht und auch die schiere Anzahl gerichtlicher Verurteilungen kann die Frage, in welchem Maße Fortschritte bei der Bekämpfung der Korruption tatsächlich erzielt worden sind, letztlich nicht zufriedenstellend beantworten. Auch hilft die verbreitete Neigung, vor allem darauf zu schauen, ob und wie intensiv Korruption in Politikerreden gegeißelt wird (ein in der Region erfahrener Kenner sagte mir einmal, dass die Führungseliten auf dem Balkan sehr schnell gelernt hätten, *„dass die Produktion von Worten nichts kostet")*, ob *„Strategien"* zur Korruptionsbekämpfung beschlossen und wie viele *Workshops* zu deren Propagierung durchgeführt werden, auch nicht viel weiter. Entsprechendes gilt für die Bewertung von Fortschritten bei der Bekämpfung der organisierten Kriminalität und in anderen Bereichen. Auch wenn die *„Fortschrittsberichte"* der EU-Kommission einen wichtigen Beitrag zur Objektivierung leisten, können auch sie die Antwort auf die Frage: *„Wieviel Fortschritt ist genug, um die nächsten Schritte im Beitrittsprozess gehen zu können?"* letztlich nicht geben. Und natürlich ist es kein Zufall, dass Diplomaten die Dinge nicht selten unter dem Blickwinkel ihrer Heimatfront bewerten: Vertreten sie EU-Mitgliedsstaaten mit erweiterungsskeptischer Öffentlichkeit, sehen sie das Glas meist halbleer – und umgekehrt.

Von meiner Einschätzung ausgehend, dass Premierminister Rama und seine Regierung zu einer energischen Reformpolitik entschlossen waren und auf diesem Weg wichtige Schritte bereits einleiteten, war ich für mich selbst schon frühzeitig zu dem Schluss gekommen, dass Albanien der EU-Kandidatenstatus bald verliehen werden sollte, vor allem auch in dem Bestreben, den Reformkurs gegen destruktive Kräfte zu stützen, die die Regierung in einer Weise schlechtredeten, dass es den EU-Ambitionen ihres eigenen Landes objektiv zum Schaden gereichte. Dabei warb ich in der Runde der EU-Missionsleiter dafür, der albanischen Regierung zur Bekämpfung von Korruption und organisierter Kriminalität als wichtigsten Kriterien für Fortschritte in Richtung EU-Beitritt *operationalisierbare* Reformprojekte ans Herz zu legen. Zwei Bereiche drängten sich hier förmlich auf: das Justizwesen und die öffentliche Verwaltung. Wenn es gelingen würde, die in beiden Bereichen stark verbreitete Korruption und Ämterpatronage wirksam einzudämmen, könnte Albanien nicht nur eine wichtige Etappe in Richtung EU zurücklegen, sondern auch die Voraussetzungen für seine wirtschaftliche Entwicklung spürbar verbessern, denn es waren vor allem gravierende Defizite bei der Justiz und der öffentlichen Verwaltung (*„Rule of Law")*, die u.a. deutsche Investoren von einem Engagement in Albanien abhielten. Diese Linie vertrat ich auch gegenüber Berlin, wo die Meinungsbildung in Bezug auf eine Verleihung des Kandidatenstatus noch im Fluss war und daher Raum für aktive Überzeugungsarbeit bestand. Beide Reformvorhaben unterstützte ich auch immer wieder bei Veranstaltungen im Land und in albanischen Medien. Mit der Verleihung des EU-Kandidatenstatus im Juni 2014 hatte Albanien ein wichtiges Zwischenziel erreicht. Der Kampf um das nächste Ziel, die Aufnahme von Beitrittsverhandlungen, begann sogleich, ein Kampf, bei dem vor allem die Justizreform im Zentrum stehen sollte, die Bundeskanzlerin Angela Merkel Premierminister Edi Rama bei seinem Besuch in Berlin Anfang 2014 zu meiner Freude so nachdrücklich ans Herz gelegt hatte.

Bilaterale Zusammenarbeit

Wenn zwischen Entsende- und Gastland keine nennenswerten Probleme existieren, wie dies zwischen Deutschland und Albanien glücklicherweise der Fall ist, stehen für die Botschaft bei der Pflege der bilateralen Beziehungen vor allem Besuchsdiplomatie sowie wirtschaftliche und kulturelle Beziehungen im Vordergrund.

Asylmigration nach Deutschland

Mit der Ende 2013 überraschend einsetzenden und Mitte 2015 dramatische Ausmaße annehmenden Asylmigration aus Albanien nach Westeuropa – in den Spitzenzeiten machten sich allein nach Deutschland im Monat bis zu 5.500 Männer, Frauen und Kinder auf den Weg – stellte sich eine auch das bilaterale Verhältnis berührende Herausforderung, die der Botschaft und mir großen Einsatz abforderte. Über die Ursachen dieses Migrationsschubs ist viel spekuliert worden. Klar ist, dass für Albaner – dies gilt auch für ihre in Kosovo und Mazedonien lebenden Landsleute – die Suche nach besseren Lebenschancen im Ausland lange Tradition hat. Klar ist aber auch, dass die von Albanern als überaus großzügig wahrgenommenen deutschen Asylregelungen enorme Sogeffekte auslösten. In Albanien ging jeder davon aus, dass es sich bei den Asylsuchenden tatsächlich um Wirtschaftsmigranten handelte, die sich in Ermangelung legaler Zuwanderungsmöglichkeiten lediglich ersatzweise des Asylrechts bedienten. Von deutschen Medien hin und wieder herausgestellte Blutrache-Fälle – *„Blutrache in Albanien“* ist überhaupt ein die albanische Lebenswirklichkeit verzerrendes Steckenpferd deutscher Medien – dürften, soweit sie nicht fingiert waren, einen verschwindend geringen Anteil ausgemacht haben. Dass eine in der langen deutschen Verwaltungstradition stehende Behörde, nämlich das *Bundesamt für Migration und Flüchtlinge (BAMF)*, nicht über die für eine genauere Analyse der Migrationsbewegung erforderlichen Makrodaten verfügte bzw. diese der Botschaft nicht zur Verfügung stellen konnte, mochte ich kaum glauben. Noch nicht einmal waren aggregierte Angaben zu den vorgebrachten Asylgründen zu erhalten, was auch insofern bemerkenswert war, als albanische *„Asyl“*-Bewerber, wie zu hören war, zunächst in großer Naivität oft als Gründe Suche nach *„Arbeit“* oder *„besserer medizinischer Versorgung“* angaben – und dennoch in Deutschland in die Mühle monate-, manchmal sogar jahrelanger Asylverfahren geschickt wurden! Die nicht nur aus Albanien, sondern auch aus anderen Westbalkanstaaten Richtung Deutschland immer mehr Fahrt aufnehmende Asylmigration fand bei den Weisungsgebern in Berlin weniger Beachtung, als ich erwartet hätte. Davon überzeugt, dass die Anerkennungsquoten am Ende sehr niedrig ausfallen und die Sache für die Migranten daher nicht gut ausgehen würde, entschloss ich mich, in zahlreichen Interviews und bei sonstigen Gelegenheiten immer wieder vor einer Asylmigration nach Deutschland zu warnen. Bald zeigte sich aber, dass Appelle wenig nutzten, solange sich in ganz Albanien herumsprach, dass Asylbewerber auch nach Ablehnung ihres Antrags in Deutschland bleiben und sogar arbeiten oder eine Ausbildung aufnehmen durften. Erst nachdem die Botschaft auf diesen Zusammenhang immer wieder nachdrücklich hingewiesen hatte und in der Folge Rückführungsflüge in größerem Umfang in Gang kamen, die durch die aktive Medienarbeit der Botschaft viel Aufmerksamkeit fanden, flachte der Migrationsstrom langsam ab. Zu dieser positiven Entwicklung trug auch die Öffnung des deutschen Arbeitsmarktes für Arbeitnehmer vom westlichen Balkan bei, für die ich mich stark eingesetzt hatte, da sie einen im Interesse aller liegenden legalen Weg der Zuwanderung nach Deutschland eröffnete. Im Herbst 2015 spitzte sich die Arbeitsbelastung weiter zu, als sich die Botschaft im Gefolge der Schließung der Balkanroute für Flüchtlinge aus Syrien und anderen Ländern an der griechisch-mazedonischen Grenze immer mehr mit der Eventualität einer eventuellen Verlagerung des Flüchtlingsstroms Richtung Albanien zu befassen hatte.

Entwicklungspolitische Zusammenarbeit

Seit bald drei Jahrzehnten ist Deutschland einer der größten bilateralen Geber Albaniens, wenn nicht sogar der größte. Auch wenn die praktische Umsetzung des Großteils der deutsch-albanischen wirtschaftlichen Zusammenarbeit bei der *Deutschen Gesellschaft für Internationale Zusammenarbeit (GIZ)* und der *Kreditanstalt für Wiederaufbau (KfW)* liegt, ergeben sich Aufgaben für den Botschafter. Da unsere Durchführungsorganisationen nicht zu profilierter Öffentlichkeitsarbeit neigen, habe ich meine Rolle vor allem darin gesehen, über von deutscher Seite finanzierte bzw. in Partnerschaft mit albanischen Trägern durchgeführte Projekte zu informieren – u.a. durch mehrtägige Projektbesichtigungsreisen mit Journalisten – und dies nicht primär unter dem Gesichtspunkt der Werbung für uns, sondern um das öffentliche Bewusstsein für zentrale entwicklungspolitische

Anliegen zu stärken, wie etwa nachhaltiger Wasserversorgung und Abwasserentsorgung, Abfallwirtschaft und solider Berufsbildung. Ein wichtiges Anliegen war mir in diesem Zusammenhang auch, eine bessere Koordinierung zwischen Gebern und Regierung voranzutreiben. Darüber hinaus legte ich Wert darauf, die zahlreichen deutschen privaten oder kirchlichen Hilfsorganisationen, die in Albanien – viele bereits seit der Wende – mit bewundernswertem Engagement und mit beachtlichem Erfolg vor allem bei der Armutsbekämpfung, aber auch weit darüber hinaus, tätig waren, so weit es mir möglich war durch Besuche vor Ort oder durch Einladungen in die Botschaft zu würdigen und zu unterstützen. Die im Auftrag des Bundespräsidenten vorzunehmende feierliche Verleihung von Bundesverdienstkreuzen an hier besonders verdiente Persönlichkeiten hat mir daher immer besondere Freude gemacht.

Förderung der Wirtschaftsbeziehungen

Die Förderung der Wirtschaftsbeziehungen zwischen Entsendeland und Gastland gehört zu den Kernaufgaben jeden Missionschefs. Da der Handelsaustausch zwischen Deutschland und Albanien und auch deutsche Direktinvestitionen in Albanien relativ gering sind, stand in diesem Feld die Werbung für verlässliche rechtsstaatliche Rahmenbedingungen im Vordergrund, insbesondere durch Hinweise auf die Wichtigkeit der Justizreform. Gleichwohl waren die Botschaft und auch ich als Missionsleiter in mehreren Fällen, bei denen deutschen Unternehmen Steine in den Weg gelegt wurden, stark gefordert, immer wieder hochrangig vorstellig zu werden – mal mit mehr, mal mit weniger Erfolg, wobei man nie richtig in Erfahrung bringen konnte, welches Spiel auf albanischer Seite hinter den Kulissen gespielt wurde. Als recht schwierig erwies es sich, engere Kontakte zu führenden Vertretern der *einheimischen* Wirtschaft herzustellen, was auch damit zusammenhängen mag, dass – wie es in Albanien heißt – manche sehr erfolgreiche (und sehr reiche) albanische Unternehmer nicht gern gefragt werden wollen, wie sie ihre erste Million verdient haben.

Kulturpolitische Zusammenarbeit

Albanien verfügt über eine reichhaltige kulturelle Tradition in allen Bereichen – Musik, bildende Kunst, Literatur, Theater, Film usw. Die in Südalbanien immer noch lebendige Iso-Polyphonie findet seit langem bei Musikologen weit über das Land hinaus großes Interesse. Auf den großen Opernbühnen der Welt sind herausragende albanische Sopranistinnen und Tenöre zu Hause und wenn sie nach Tirana kommen, lassen sie es sich zur Ehre gereichen, ohne große Gage vor einem begeisterten Publikum aufzutreten. Die Kulturarbeit hat mir immer besondere Freude bereitet, vor allem im Rahmen des von der Kulturabteilung in Zusammenarbeit mit den deutschen politischen Stiftungen und den Mittlerorganisationen alljährlich durchgeführten *„Deutschen Oktober"*, einem uns viel Aufmerksamkeit und Wohlwollen eintragenden breitgefächerten vierwöchigen Veranstaltungsprogramm. Damit konnten wir zum albanischen Kulturleben manchen Beitrag leisten, auch weil die albanischen kulturellen Institutionen materiell meist schlecht gestellt sind und Angebote zu partnerschaftlichen Projekten daher gern aufgegriffen haben. Herauszuheben ist eine begeistert aufgenommene Ballett-Aufführung der von dem in Deutschland lebenden ungarischen Choreographen Youri Vámos mit dem einheimischen Ensemble einstudierten *Carmina Burana* im Opernhaus von Tirana zum 25. Jahrestag der Wiedervereinigung mit festlichem Empfang unter Teilnahme des Staatspräsidenten und weiterer hochrangiger Persönlichkeiten. Dass es gelang, dem in Tirana vor allem Deutschunterricht anbietenden kleinen Kulturinstitut *„Deutsch-Zentrum"* den Status eines *„Goethe-Zentrums"* zu verschaffen, war ebenfalls ein schöner Erfolg. Gern besuchte ich auch deutschen Sprachunterricht anbietende Schulen und germanistische Abteilungen an Universitäten.

Aufarbeitung der kommunistischen Vergangenheit

In der albanischen Debatte über die Aufarbeitung der kommunistischen Vergangenheit, die seit der Wende 1990/91 – wohl auch aufgrund eines nur schwachen Elitenwechsels – nur halbherzig geführt worden war, habe ich unter Bezugnahme auf die deutsche Erfahrung mit der Aufarbeitung von zwei Diktaturen jene öffentlich unterstützt, die auf einen neuen Anlauf drängten. Um es nicht nur bei ermutigenden Worten, z.B. bei Auftritten in ehemaligen Lagern für politische Gefangene, zu belassen, war mir sehr daran gelegen, deutsche Förderprojekte zu vermitteln, u.a. für die Erarbeitung des an das *„Stasi-Unterlagengesetz"* angelehnten und 2015 verabschiedeten Gesetzes zur Öffnung der Unterlagen der Staatssicherheit *Sigurimi* sowie zugunsten einer Umwandlung der *Sigurimi*-Abhörzentrale (*„Haus der Blätter"*) in ein Museum. Unsere zum 25.Jahrestag der Besetzung der deutschen Botschaft mit Zeitzeugen im Juni 2015 durchgeführte Veranstaltung gehört auch in diesen Zusammenhang.

Albanische Außenpolitik

Albanien ist um Integration in die euro-atlantischen Strukturen und um eine Politik der guten Nachbarschaft bemüht, eine außenpolitische Orientierung, in der sich ein Bedürfnis ausdrücken dürfte, nach seiner langen Irrfahrt zwischen

Ost und West eine gesicherte und anerkannte Position zu finden. So ist man auf die Mitgliedschaft in der NATO besonders stolz, gerade auch im Blick auf Nachbarn, die dieses Ziel noch nicht erreicht haben. Wenn man vom Sonderthema der EU-Beitrittsbemühungen absieht, kam für die Botschaft albanische Außenpolitik vor allem in Bezug auf Kosovo und Serbien in den Fokus. Wer sich bewusst ist, dass es bei einem für Albanien glücklicheren Verlauf der Geschichte einen die in Kosovo liegenden albanischen Siedlungsgebiete einschließenden albanischen Staat gäbe, wird nicht überrascht sein, dass die für ihren Patriotismus bekannten Albaner die Herstellung von *sui-generis*-Beziehungen zwischen Albanien und Kosovo (das in Albanien gern als *„zweiter albanischer Staat“* bezeichnet wird) anstreben. Nach über hundert Jahren blutiger Nationalitätenkonflikte auf dem Balkan sind die Albaner aber vorsichtig geworden, auch weil sie in den letzten Jahrzehnten erfahren haben, wie hochempfindlich die internationale Gemeinschaft auf kleinste Anzeichen tatsächlicher oder vermeintlicher *„großalbanischer“* Regungen reagiert. Dies im Auge habend, war nach meiner persönlichen Überzeugung gleichwohl gerade aus Sicht Deutschlands, das die Wiederherstellung seiner Einheit 1990 nicht zuletzt der europäischen Einigung zu verdanken hatte, wenig dagegen einzuwenden, wenn die Menschen in Albanien und Kosovo der angestrebten Mitgliedschaft beider Staaten in der Europäischen Union mit besonderen Erwartungen und Hoffnungen entgegensehen. Weil die Entwicklung des albanisch-kosovarischen Verhältnisses aus bekannten Gründen von Serbien sehr misstrauisch verfolgt wird und auf allen drei Seiten die Gemüter auch wegen nachrangiger Fragen schnell in Wallung geraten, war es mir ein wichtiges Anliegen, nachdrücklich für eine Verbesserung der Beziehungen zwischen Albanien und Serbien zu werben (so z.B. am Morgen nach einem in Belgrad aufgrund einer dämlichen Provokation abgebrochenen Fußballspiel Albanien-Serbien, als ich wegen der Vorbereitung seines Besuchs in Berlin mit Außenminister Ditmir Bushati zusammentraf). Dass Edi Rama manchen Widrigkeiten zum Trotz Ende 2014 den ersten Besuch eines albanischen Premierministers in Belgrad seit 1946 abstattete, freute mich daher besonders.

Westbalkankonferenz/„Berlin Prozess“

Wichtige Ansatzpunkte zur Verbesserung auch der regionalen Nachbarschaftsbeziehungen lieferte die 2014 in Berlin durchgeführte *„Westbalkankonferenz“*. In Erinnerung an den Beginn des mit dem Attentat in Sarajewo 1914 ausgelösten und 1918 zu Ende gegangenen Ersten Weltkriegs ergriff Deutschland die Initiative zu einer über vier Jahre angelegten Abfolge jährlicher Treffen mehrerer EU-Staats- und Regierungschefs mit ihren Kollegen aus den sechs der EU noch nicht angehörenden Westbalkanstaaten, an denen auch die Außen- und Wirtschaftsminister sowie der Präsident der EU-Kommission teilnahmen. Bald sollte sich hierfür der nach meiner Kenntnis von Außenminister Bushati geprägte Begriff *„Berlin-Prozess"* einbürgern. Da es auf dem Balkan bereits viele Foren gab, die sich in Routinetreffen und der Produktion wohlklingender Erklärungen erschöpften, war ich davon überzeugt, dass die Westbalkankonferenz nur dann einen Mehrwert schaffen konnte, wenn sie sich konkrete Projekte vornahm. In Berlin und Tirana setzte ich mich daher für eine entsprechende Orientierung ein, wobei ich als ein mögliches Vorhaben die Weiterführung der Mittelmeerautobahn von Südkroatien über Montenegro und Albanien nach Griechenland anregte, da Albanien noch nicht an das europäische Autobahnnetz angebunden ist und eine solche Verbindung für Tourismus und Handel sehr nützlich wäre. Die schließlich von der Westbalkankonferenz beschlossene umfassende Projektorientierung, die u.a. auch den Aufbau eines Systems regionalen Jugendaustauschs einschließen sollte, hätte ich mir besser nicht wünschen können.

Öffentlichkeitsarbeit

Ein immer wichtigerer Teil der Tätigkeit eines Missionschefs ist die Öffentlichkeitsarbeit. Gelegenheiten gibt es viele, da der deutsche Botschafter in Albanien ein gefragter Mann ist, sei es als Redner bei Veranstaltungen oder als Interviewpartner für die Medien. Für ein Land mit weniger als drei Millionen Einwohnern gibt es in Albanien eine erstaunlich große Zahl an Print- und elektronischen Medien. Über Äußerungen von Diplomaten wird oft ausführlich berichtet und gern wird auch ihre Meinung zu wichtigen aktuellen Fragen eingeholt. Ich habe diese Möglichkeiten aktiv genutzt – vor allem zu den Themen Asylmigration und Justizreform – war mir aber immer bewusst, dass man des Guten nicht zu viel tun sollte. Ein effektives Instrument der Öffentlichkeitsarbeit waren auch meine offiziellen Besuche in größeren Städten, bei denen ich mit Bürgermeistern, Unternehmern sowie Vertretern von Kultur- und Bildungseinrichtungen, NGOs, Medien usw. zusammentraf.

Besuchsdiplomatie

Last but not least muss das Besuchsmanagement als eine zentrale Aufgabe der Botschaft erwähnt werden. Die führenden Vertreter der albanischen Politik waren an Reisen nach Berlin und in die deutschen Landeshauptstädte immer stark interessiert – Regierungsvertreter vor allem zur Werbung für die albanischen EU-Ambitionen, Vertreter der Opposition nicht selten in der Absicht, im

Ausland für ihre Auseinandersetzung mit der eigenen Regierung Unterstützung einzuwerben. Deutscherseits führten vor allem Interesse an den albanischen EU-Beitrittsbemühungen und an den Gründen und Treibern der albanischen Asylmigration viele Besucher nach Tirana, wie Abgeordnete des Deutschen Bundestages und diverser Landtage, Bundes- und Landesminister oder Vertreter gesellschaftlicher Organisationen. Dass in meiner Amtszeit gleich mehrere sehr hochrangige Repräsentanten Deutschlands Albanien offizielle Besuche abstatten würden, war ein Privileg, über das man sich als Botschafter nur freuen konnte, auch wenn Vorbereitung und Betreuung solcher Besuche für kleinere Vertretungen eine große Herausforderung sind. Bei der Begleitung von Besuchern kann man auch unter interkulturellen Gesichtspunkten viel beobachten, etwa die Art und Weise, wie Gesprächsteilnehmer die Interessen, Positionen und Anliegen ihres Landes präsentieren. So ist mir u.a. immer wieder aufgefallen, wie wenig manchen bewusst zu sein scheint, dass Monologisieren und ungeduldiges Ins-Wort-Fallen nicht notwendigerweise die wirksamste Strategie ist.

Premierminister Edi Rama in Berlin

Auf Wunsch des Auswärtigen Amts habe ich Edi Rama bei seinem Antrittsbesuch in Berlin Anfang April 2014 begleitet, ein Privileg, das deutschen Missionschefs in der Regel nicht vergönnt ist. Wie nützlich dies ist, zeigte sich bereits daran, dass ich so Gelegenheit hatte, mit dem Regierungschef im Flugzeug in entspannter Atmosphäre ausführlich über ein breites Spektrum von Themen sprechen zu können, was bei Büroterminen kaum möglich ist, eine gemeinsame Erfahrung, die zur Entwicklung unseres vertrauensvollen Verhältnisses wesentlich beigetragen haben dürfte. Mindestens ebenso wichtig war für mich, eine direkte Anschauung davon erhalten zu haben, mit welchem Nachdruck Bundeskanzlerin Angela Merkel im Rahmen der Erörterung der albanischen EU-Beitrittsanstrengungen zu einer grundlegenden Reform der Justiz geraten hat, worauf Edi Rama später auch öffentlich gern Bezug genommen hat.

Bundeskanzlerin Angela Merkel in Tirana

Im Juli 2015 kam Bundeskanzlerin Angela Merkel zu ihrem auf albanischer Seite lange ersehnten Gegenbesuch nach Tirana. Es war eine echte Premiere, denn es war der *erste bilaterale* Besuch eines deutschen Regierungschefs in Albanien überhaupt (Bundeskanzler Gerhard Schröder hatte sich im Rahmen der Kosovo-Krise zu einem *multilateralen* Treffen in Albanien aufgehalten). Bei strahlendem Sonnenschein wurde der Bundeskanzlerin von am Straßenrand winkenden Menschen ein sehr herzlicher Empfang bereitet. Einige Medien erinnerten an die Besuche von Franz Josef Strauß in den 1980er Jahren und verbanden dies mit der Hoffnung, dass Albanien diesmal die Chance beherzter ergreifen möge, die enge Beziehungen mit Deutschland eröffnen könnten. Die Gespräche mit Premierminister Edi Rama und Staatspräsident Bujar Nishani und der Auftritt beider Regierungschefs beim Deutsch-Albanischen Wirtschaftsforum belegten eindrucksvoll den Willen beider Seiten, auf diesem Weg entschlossen voranzuschreiten.

Bundesinnenminister Thomas de Maizière in Tirana

Vor dem Hintergrund dramatisch wachsender Zahlen albanischer Asylbewerber in Deutschland und in anderen westeuropäischen Staaten wie insbesondere Frankreich, Schweden und Großbritannien, kam Bundesinnenminister Thomas de Maizière gleich zweimal nach Tirana, 2014 mit seinem französischen Amtskollegen Bernard Cazeneuve und erneut Ende 2015, als es Anzeichen dafür gab, dass an der griechisch-mazedonischen Grenze festsitzende Flüchtlinge aus Syrien und anderen Staaten versuchen könnten, ihren Weg nach Westeuropa über Albanien fortzusetzen. Der starke Zustrom albanischer Asylbewerber führte überhaupt recht viele Besucher nach Tirana, darunter auch Vertreter der Kirchen wie den Kölner Kardinal Rainer Maria Woelki, der sich mit einer hochrangigen Caritas-Delegation ein eigenes Bild davon machen wollte, aus welchen Gründen so viele Albaner ihrem Land den Rücken kehrten. Bei Gesprächen zu diesem Thema wurden wir an der Botschaft immer wieder mit der eigentümlichen Vorstellung konfrontiert, dass Deutschland es in der Hand habe, durch Verstärkung seiner Unterstützungsleistungen das Entstehen von Migrationsbewegungen verhindern zu können. Abgesehen davon, dass dabei ausgeblendet wurde, dass Deutschland Albanien schon seit Jahrzehnten auf ungewöhnlich hohem Niveau unterstützte, war leicht zu sehen, dass selbst eine *über Nacht einsetzende Vervielfachung* unserer Unterstützung an der Migrationsbereitschaft überhaupt nichts ändern würde, solange zwischen Albanien und Deutschland ein signifikantes Wohlstandsgefälle besteht, das in überschaubaren Zeiträumen einzuebnen völlig unrealistisch ist.

Bundestagspräsident Norbert Lammert in Tirana

Die Wertschätzung, die in Deutschland den Reformanstrengungen Albaniens insbesondere im Bereich der Justiz entgegenbracht wird, war ein wichtiges Thema beim Besuch von Bundestagspräsident Norbert Lammert im April 2016. In einer Ansprache vor dem Parlament würdigte er das von Toleranz und gegenseitigem Respekt geprägte Zusammenleben der Religionsgemeinschaften von

Muslimen sowie katholischen und orthodoxen Christen in Albanien als über die Region hinaus beispielgebend. Die starke Polarisierung des albanischen politischen Lebens im Blick, die immer wieder auch im Boykott der parlamentarischen Arbeit durch die jeweilige Opposition Ausdruck findet, rief der Bundestagspräsident zu einer politischen Kultur gegenseitigen Respekts und der Fähigkeit zum Kompromiss auf.

Bundesaußenminister Frank-Walter Steinmeier in Tirana

„Der Außenminister holt seinen Botschafter persönlich in den wohlverdienten Ruhestand ab" war der *Running Gag* in den Gesprächen, die Bundesminister Steinmeier bei seinem Besuch in Tirana Mitte Juni 2016 mit Staatspräsident Nishani, Premierminister Rama und Oppositionsführer Lulzim Basha führte, bei denen es in erster Linie um die EU-Beitrittsperspektive Albaniens ging, auch hier mit Fokus auf der Dringlichkeit von Fortschritten bei der Justizreform. Der äußerst kurzfristig vereinbarte Besuch war genau auf den Tag nach unserer längst geplanten Ausreise gefallen und so kam es, dass ich die Ehre und das Vergnügen hatte, mit dem Minister und seiner kleinen Delegation in einer Sondermaschine nach Berlin fliegen zu dürfen. Hätte ich mir einen schöneren Abschluss meiner 34-jährigen Tätigkeit im Auswärtigen Dienst wünschen können?

Wiedersehen in Tirana

Ein Jahr darauf sind meine Frau und ich für ein paar Tage nach Tirana gereist, weil wir neugierig waren, wie sich die Dinge nach den Parlamentswahlen im Juni 2017, aus denen Premierminister Edi Rama mit seiner Sozialistischen Partei als klarer Sieger hervorgegangen war, weiterentwickeln würden, und weil wir gern Freunde und Bekannte wiedersehen wollten. Im Zentrum der Stadt bestaunten wir die Verwandlung des noch im Jahr zuvor verkehrsumtosten Skanderbeg-Platzes in eine Fußgängerzone und zahlreiche weitere städtebauliche Verbesserungen. Wir besuchten neue Museen, die sich mit der kommunistischen Vergangenheit kritisch auseinandersetzen, darunter das von deutscher Seite geförderte *„Haus der Blätter"* in der ehemaligen Abhörzentrale der *Sigurimi*. Auf Einladung eines geschätzten Kollegen mit weiteren ebenso geschätzten Missionsleitern und albanischen Kennern die politische Lage analysierend, war mir, als ob ich von Tirana nie weg gewesen wäre, nicht nur wegen des unverändert freundschaftlichen Umgangs bei diesem „Arbeitsessen", sondern auch deshalb, weil die zur Sprache gebrachten Fragen und Probleme sehr vertraut klangen. Und schließlich zu Gast bei Edi und Linda Rama unsere drei Jahre Albanien nochmals in den Blick nehmend, sprachen wir die Vorbehalte an, die wir der Versetzung nach Tirana zu Beginn entgegengebracht hatten und wie wir dieses Land und seine Menschen sehr bald zu schätzen gelernt hätten. Unsere Gastgeber versicherten uns ebenso großzügig wie freundschaftlich, dass es anderen mit Albanien auch schon so ergangen sei.

Bundesaußenminister Frank-Walter Steinmeier nahm beim Rückflug von seinem offiziellen Besuch in Albanien am 14. Juni 2016 den nach 34 Jahren im Auswärtigen Dienst in den Ruhestand gehenden Botschafter Hellmut Hoffmann in der Regierungsmaschine mit in die Heimat. Foto: Privat

Susanne Schütz

Die weiteren Schritte zur Integration Albaniens in die Europäische Union

Der vorliegende Band belegt eindrucksvoll die engen historischen und kulturellen Beziehungen zwischen Deutschland und Albanien im Laufe der wechselvollen Geschichte des 20. Jahrhunderts. Heute, über 30 Jahre nach Wiederaufnahme der diplomatischen Beziehungen 1987, ist Deutschland einer der engsten politischen und wirtschaftlichen Partner Albaniens. Als größter bilateraler Geber, der in drei Jahrzehnten mit über einer Milliarde Euro an Zuschüssen und zinsgünstigen Krediten zur Entwicklung Albaniens beigesteuert hat, wollen wir zu wachsendem Wohlstand im Land und einer stetigen Annäherung an europäische Standards und Werte beitragen. Vor dem Hintergrund jahrzehntelanger nahezu vollkommener Isolation zu Zeiten des Hoxha-Regimes ist für Albanien heute das Ziel, Mitglied in der Europäischen Union zu werden, für die Bevölkerung unumstritten und alternativlos. Dies ist verbunden mit der Erwartung, dass das Land zu den EU-Mitgliedern wirtschaftlich und rechtsstaatlich aufschließt.

Die schon 2003 in Thessaloniki Albanien und den anderen Westbalkanstaaten in Aussicht gestellte EU-Perspektive muss daher glaubwürdig bleiben. Die Aufnahme von Beitrittsgesprächen, die von der EU-Kommission in ihrem Länderbericht im April 2018 empfohlen wurde, ist hierfür von entscheidender Bedeutung. Dies gerade auch in dem Bewusstsein, dass diese Region nicht nur geographisch und historisch, sondern auch politisch und kulturell Teil Europas ist und positive wie negative Entwicklungen direkte Auswirkungen auf Deutschland und die Europäische Union haben. Wie der Staatsminister für Europa im Auswärtigen Amt, Michael Roth, sehr treffend formuliert hat, ist der Westbalkan nicht der „Hinterhof", sondern der „Innenhof" Europas, umgeben von EU-Mitgliedsstaaten! Albanien hat dabei in dieser Region als Stabilitätsanker bislang eine positive Rolle gespielt. Vor dem Hintergrund der Bedeutung des Westbalkans für die Europäische Union hatte die Bundesregierung 2014 – 100 Jahre nach Ausbruch des Ersten Weltkriegs – den „Berlin-Prozess" ins Leben gerufen, der die Verbesserung der regionalen Kooperation der sechs Westbalkanstaaten verfolgt. Wir freuen uns, dass dieser Prozess inzwischen gut etabliert ist und wichtige Ergebnisse zeigt, neben der zentralen Konnektivitätsagenda auch z.B. die Gründung des „Regional Youth Cooperation Office (RYCO)" in Tirana, das sich mit Unterstützung des Deutsch-Französischen Jugendwerks die Vernetzung und

Versöhnung der jungen Generation auf dem Westbalkan zum Ziel gesetzt hat und bereits sehr erfolgreich arbeitet. Aber natürlich ist der Berlin-Prozess nur eine Ergänzung, kein Substitut für den EU-Annäherungsprozess Albaniens und der anderen Westbalkanstaaten. Die Aufnahme von Beitrittsgesprächen ist für Albanien der nächste logische Schritt nach Gewährung des Kandidatenstatus 2014 und nicht nur im Interesse Albaniens selbst, sondern – u.a. aus sicherheitspolitischer, wirtschaftlicher oder migrationspolitischer Sicht – auch im Interesse Deutschlands und der Europäischen Union.

Die Aufnahme dieser Gespräche ist allerdings kein Selbstläufer. Fortschritte in den von der Europäischen Union schon vor einigen Jahren formulierten fünf Schlüsselprioritäten als Voraussetzung für die weitere EU-Integration – allen voran die Umsetzung der Justizreform und die Bekämpfung von Organisierter Kriminalität und Korruption – müssen auch in den Augen der Mitgliedstaaten gegeben sein, wenn sich der Rat der Europäischen Union im Juni 2019 auf Grundlage des Länderberichts der Kommission erneut der Frage zuwenden wird.

Hinsichtlich der Justizreform hat Albanien seit der einstimmigen Verabschiedung im Juli 2016 von umfangreichen Verfassungsänderungen zur Einführung einer umfassenden Reform des gesamten Justizwesens große Fortschritte gemacht. Trotz aller Schwierigkeiten ist diese Reform präzedenzlos und trägt Modellcharakter auch für andere Staaten dieser Region. Mit dem Ziel größerer Unabhängigkeit und der Beseitigung von teils endemischer Korruption im Justizbereich wurde 2018 ein sogenannter Vetting-Prozess zur Überprüfung aller ca. 800 Richtern und Staatsanwälte gestartet, der langsam, aber stetig vorankommt und bislang in etwa der Hälfte der bis dato überprüften Fälle zu Entlassungen führte. Nach Konstituierung neuer Justizinstitutionen ist in den kommenden Monaten auch mit der Schaffung einer Sonderstaatsanwaltschaft für Organisierte Kriminalität und Korruption, dem sogenannten SPAK, der Wahl eines neuen regulären Generalstaatsanwalts sowie der Nachbesetzung vakanter Stellen beim Verfassungsgericht zu rechnen, so dass die vorübergehende Lähmung der Justiz bald überwunden sein wird.

Weniger deutlich sind bisher leider die Fortschritte bei der Bekämpfung der organisierten Drogenkriminalität und Korruption. Auch wenn die albanische Regierung hier in der letzten Zeit einige Erfolge zu verbuchen hat, bleibt aus Sicht Deutschlands bei der Bekämpfung organisierter und schwerer Kriminalität und Korruption noch Einiges zu tun. Die Bundesregierung, die ihre Entscheidung über die Aufnahme von Beitrittsverhandlungen im Einvernehmen mit dem Bundestag zu treffen hat, dringt daher weiter auf nachhaltige Reformen und kompromisslose Bekämpfung von Straftaten einschließlich der Einleitung justizieller Verfahren und Verurteilungen. Und immer wieder sei daran erinnert, dass diese Reformen in allererster Linie dem Interesse der albanischen Bevölkerung dienen.

Die Aufnahme von Beitrittsverhandlungen mit der Europäischen Union, so sie die Mitgliedsstaaten einstimmig beschließen werden, ist nur der Auftakt eines mehrjährigen, komplexen Verhandlungsprozesses über mehr als 30 Kapitel des EU-Acquis, d.h. des Besitzstands an umzusetzenden EU-Regelungen. Für Albanien wird dies mit vielen gesetzlichen und regulatorischen Anpassungen verbunden sein, deren Umsetzung z.T. tiefgreifende Veränderungen im politischen und wirtschaftlichen System erfordert. Schon jetzt ist erkennbar, dass dieser Integrationsprozess nur gelingen wird, wenn auf der Grundlage eines breiten Konsenses in der Bevölkerung auch die Politik parteiübergreifend dahintersteht. Erfahrungen jüngerer EU-Mitglieder, die diesen Verhandlungsprozess durchlaufen haben, zeigen, dass parteipolitische Polarisierung mit dem Ziel, den Anpassungsprozess für machtpolitische Profilierung gegen den politischen Gegner zu nutzen, kontraproduktiv und letztlich zum Schaden des ganzen Landes ist. In diesem Sinne stehen Albanien noch schwierige Aufgaben bevor, bei deren Bewältigung es jedoch auf Deutschland und die Europäische Union als verlässliche Partner zählen kann.

Susanne Schütz
Botschafterin der Bundesrepublik Deutschland in Tirana 2016 – 2019

Liste der Herausgeber und Autoren sowie der Übersetzerin

Matthias Dornfeldt, Studium der Politischen Wissenschaften, Doktorand, Dozent für Diplomatie und Energiepolitik, externer Mitarbeiter am Forschungsverbund SED-Staat an der Freien Universität Berlin, zahlreiche Publikationen zu diplomatiebezogenen Themen sowie zur Energie- und Rohstoffpolitik.

Enrico Seewald, Diplom-Politologe, wissenschaftlicher Mitarbeiter an der Freien Universität Berlin, beim Forschungsverbund SED-Staat zuständig für die Diplomatie der DDR, zahlreiche Publikationen zur Geschichte der deutschen Diplomatie.

Georg Herbstritt, Studium der Geschichte und katholischen Theologie in Freiburg, Promotion an der Humboldt-Universität zu Berlin, 1994 bis 1998 wissenschaftlicher Mitarbeiter beim Landesbeauftragten für die Unterlagen des Staatssicherheitsdienstes der ehemaligen DDR in Schwerin, seit 1999 beim Bundesbeauftragten in Berlin, zahlreiche Veröffentlichungen zur Tätigkeit des Ministeriums für Staatssicherheit der DDR und dessen Verbindungen zu Geheimdiensten anderer sozialistischer Staaten.

Hellmut Hoffmann, Studium der Politischen Wissenschaft, Geschichte und Anglistik in Heidelberg, London und Washington, 1982 Eintritt in den Auswärtigen Dienst der Bundesrepublik Deutschland, unter anderem Leiter des Grundsatzreferats für Abrüstung, nukleare Rüstungskontrolle und Nichtverbreitung, 2009 bis 2013 Leiter der deutschen Abrüstungsmission in Genf, weitere Auslandsposten in Windhuk, Zagreb, London und Rom (NATO Defence College), 2013 bis 2016 Botschafter in Tirana.

Marenglen Kasmi, Magisterstudium für Geschichte an der Helmut-Schmidt-Universität/Universität der Bundeswehr Hamburg, Promotion an der Verteidigungsakademie „Spiro Moisiu“ in Tirana, Dozent für Militärgeschichte und Leiter der militärgeschichtlichen Gruppe an der Akademie der Albanischen Streitkräfte in Tirana, ab 2015 Dozent an der Tirana Universität, Fakultät für Geschichte/Gastdozent an der Luarasi-Universität in Tirana, seit 2016 Mitglied der Behörde für die Öffnung der Akten des ehemaligen Staatsicherheitsdienstes Albaniens.

Paskal Milo, Studium der Geschichte an der Universität Tirana, Mitglied des wissenschaftlichen Rates des Instituts für Geschichte der Akademie der Wissenschaften und Dekan der Philologischen Fakultät, ab 1992 Mitglied des albanischen Parlaments, von 1997 bis 2001 Außenminister und 2001/2002 Minister für Europäische Integration, gegenwärtig Professor für Zeitgeschichte an der Universität Tirana, Autor zahlreicher Publikationen wie „Albanisch-Deutsche Kreuzungen" von 2016 oder „Die Außenpolitik Albaniens 1912–1939" Band 1 von 2013.

Michael Schmidt-Neke, Studium der Geschichte und Promotion über Albanien in der Zwischenkriegszeit in Freiburg, 1988 bis 1993 Redakteur der Bände über Bulgarien und Albanien der Reihe „Südosteuropa-Handbuch", seit 1995 Referent der SPD-Fraktion im Schleswig-Holsteinischen Landtag, 1990 bis 1993 Vorsitzender sowie 1999 bis 2017 stellvertretender Vorsitzender der Deutsch-Albanischen Freundschaftsgesellschaft, Redaktionsmitglied der „Albanischen Hefte", zahlreiche Veröffentlichungen zur Geschichte und Gegenwart Albaniens.

Peter Spary, Diplom-Volkswirt, Promotion an der Universität Innsbruck, 1967 bis 1990 Geschäftsführer des Diskussionskreises Mittelstand der CDU/CSU-Bundestagsfraktion, 1975 bis 1990 Hauptgeschäftsführer der Mittelstandsvereinigung der CDU/CSU, 1990 bis 2001 Hauptgeschäftsführer des Bundesverbandes des Deutschen Groß- und Außenhandels, seit Gründung 1994 im Vorstand der Deutsch-Albanischen Wirtschaftsgesellschaft; Vorstandsmitglied in vielen weiteren Wirtschaftsgesellschaften und bilateralen Organisationen.

Delina Binaj, Studium der Germanistik, der Translationswissenschaften und der Geschlechterstudien in Tirana, Graz und Wien, Lehrbeauftragte an den Universitäten Tirana und Graz, wissenschaftliche Mitarbeiterin im Projekt „Gender und Sprache in Südosteuropa" an der Humboldt-Universität zu Berlin, freie Übersetzerin und Dolmetscherin für deutsche politische Stiftungen, das Georg-Eckert-Institut für internationale Schulbuchforschung, das Bundesamt für Migration und Flüchtlinge und die albanische Behörde für die Aufarbeitung der Akten des früheren Staatssicherheitsdienstes, derzeit Promotion an der Humboldt-Universität zu Berlin.

Studien des Forschungsverbundes SED-Staat
an der Freien Universität Berlin

Herausgegeben von Klaus Schroeder und Jochen Staadt

Die Bände 1-14 sind beim Akademie Verlag erschienen.

Band	15	Jochen Staadt (Hrsg.): „Die Eroberung der Kultur beginnt!" Die Staatliche Kommission für Kunstangelegenheiten der DDR (1951-1953) und die Kulturpolitik der SED. 2011.
Band	16	Benjamin Schröder / Jochen Staadt (Hrsg.): Unter Hammer und Zirkel. Repression, Opposition und Widerstand an den Hochschulen der SBZ/DDR. 2011.
Band	17	Klaus Schroeder/ Monika Deutz-Schroeder / Rita Quasten / Dagmar Schulze Heuling: Später Sieg der Diktaturen? Zeitgeschichtliche Kenntnisse und Urteile von Jugendlichen. 2012.
Band	18	Jochen Staadt (Hrsg.): Schwierige Dreierbeziehung. Österreich und die beiden deutschen Staaten. 2013.
Band	19	Beate Kaiser: Die Pionierorganisation *Ernst Thälmann*. Pädagogik, Ideologie und Politik. Eine Regionalstudie zu Dresden 1945-1957 und 1980-1990. 2013.
Band	20	Steffen Alisch: Strafvollzug im SED-Staat. Das Beispiel Cottbus. 2014.
Band	21	Klaus Schroeder / Jochen Staadt (Hrsg.): Feindwärts der Mauer. Das Ministerium für Staatssicherheit und die West-Berliner Polizei. 2014.
Band	22	Klaus Schroeder / Monika Deutz-Schroeder: Gegen Staat und Kapital – für die Revolution! Linksextremismus in Deutschland – eine empirische Studie. 2015.
Band	23	Monika Deutz-Schroeder / Klaus Schroeder: Linksextreme Einstellungen und Feindbilder. Befragungen, Statistiken und Analysen. 2016.
Band	24	Klaus Schroeder / Jochen Staadt (Hrsg.): Die Todesopfer des DDR-Grenzregimes an der innerdeutschen Grenze 1949–1989. Ein biografisches Handbuch. 2., bearbeitete Auflage. 2018.
Band	25	Klaus Schroeder / Jochen Staadt (Hrsg.): Die Grenze des Sozialismus in Deutschland. Alltag im Niemandsland. 2018.
Band	26	Stefan Appelius: Fluchtweg Bulgarien. Die verlängerte Mauer an den Grenzen zur Türkei, Jugoslawien und Griechenland. 2019.
Band	27	Matthias Dornfeldt / Enrico Seewald (Hrsg.): Kontinuitäten und Brüche. Albanien und die deutschen Staaten 1912–2016. 2019.

www.peterlang.com

Printed in Great Britain
by Amazon

46fc0a6c-92f9-4611-826d-c6ce8718691dR01